しぐさの民俗学

常光 徹

しぐさの民俗学

目次

序　俗信と心意

しぐさは、伝承を担う主体の存在そのものと深くかかわっているだけに、民俗関係の報告書や論文に登場する機会は少なくないが、ただそれらのほとんどは、しぐさに焦点をあてたものではないので部分的あるいは断片的な記述にとどまっているケースが多い。

比較的早い時期にしぐさを取り上げたものとしては、南方熊楠《みなかたくまぐす》「出口君の『小児と魔除』を読む」（『東京人類学会雑誌』二四―二七八・一九〇九年）、出口米吉《でぐちよねきち》「指切りにつきて」（『人類学雑誌』二八―八・一九一二年）、金城朝永《きんじょうちょうえい》「琉球児童の指切り」（『民族』四―一・一九二八年）、柳田國男《やなぎたくにお》「笑の文学の起源」（『中央公論』四三―九・一九二八年）、松村《まつむら》武雄《たけお》「『あかんべ』に就きて」（『民俗学』四―一・一九三二年）、山田弘通《やまだひろみち》「民俗断片　べかかう」（『土俗雑誌　怒佐布玖呂』五、六・一九三二年）、宮澤信夫「口笛に就いて」（『郷土研究』七―二・一九三三年）、能田太郎《のうだたろう》「口笛考」（『郷土研究』六―三・一九三二年、角田序生「『女握り』と雷除」（『旅と伝説』七―三・一九三四年）、北野博美《きたのひろみ》「ねずみなき―都会に残る民間伝承」（『日本民俗』一―八・一九三六年）、澤田四郎作《さわだしろさく》「山での事を忘れたか」（『旅と伝説』九―四・一九三六年）などがあげられよう。

南方熊楠の「出口君の『小児と魔除』を読む」は邪視について、澤田四郎作の「山での事を忘れたか」は指さしや女陰にぎりについて論じた内容である。こうした報告や論文の関心事は多岐に亘《わた》るが、総じていえば、伝承の実態や類似する資料の紹介、語源、信仰的な意味などについて述べたものが多い。しぐさは自明のものとして扱われていて、そこでの関心は、特定のしぐさが表象する民俗的な意味に向けられている。しぐさ自体、あるいはしぐさという視点から伝承との関係を捉《とら》える意識は希薄である。

特定のしぐさをめぐる伝承とは異なる関心から取り上げた例としては、辻村太郎《つじむらたろう》の「訛りや身振りの分布」(『旅と伝説』第十一年第七号・一九三八年)と題する報告がある。地域によって会話のさいのしぐさや身ぶりに特徴がみられる点に注目し、「岡山附近の人には特有の鼻がかった声で、返事を重ねる癖がある。物を言った後で句ぎったように笑う格好にも特色がある。越中の人々には話した後すぐに、顔を上に向け口を開けて笑う仕草が眼に着く。金沢附近に育った人は、話の間に顎をぐっと引き、上目でにらむような表情をする場合があり、土佐人で談話の途中に顔を左右に動かす癖のある人も多い」と述べている。

ほかにも、しぐさの違いに注目したものとしては、長岡博男《ながおかひろお》が満州での生活やソ連で三年間抑留生活を送った体験にもとづいて、日本とのしぐさの違いについて報告をしている(『民間伝承』昭和三〇年九月号・一九五五年)。ただ、こうした報告も地域や国によるしぐさの特徴や違いを指摘するに止《とど》まり、民俗学においてはその後の展開はみられない。

民俗学の立場からしぐさを研究することの意義を説き、その重要性を訴えたのは柳田國男である。柳田は、昭和一六年(一九四一)に発表した「涕泣史談《ていきゅうしだん》」のなかで「今日は言葉というものの力を、一般に過信して居る。(中略)書いたものだけに依って世の中を知ろうとすると、結局音声や『しぐさ』のどれ位重要であったかを、心づく機会などは無いのである」と、言語の力を過信する当時の風潮を批判した。そして、「泣く」ということが最近五十年百年の社会生活において激変したことの一つで、関心をもたずにはいられない現象だと述べている。とくに大きな変化は、大人も子どもも泣くことが著しく少なくなってきたことだという。泣き声の少なくなってきた時代の背景について柳田は、子育ての歴史や、言葉による表現技能の発達という側面から考察しているが、しかし一方では、泣くことがお互いの交流をはかる大切なはたらきをもっていることを認めないで、これを嫌う傾向がつよくなっている点には警鐘を鳴らした。

　また、葬式のときに女性が儀礼的に号泣する習俗や、三月節供の雛《ひな》流しの際の泣き祭りに触れ、さらに、ナクという言葉に音声とは関係のない漢字を当てたことの弊害など、「泣く」ことにまつわる諸問題を多面的な角度から論じている。そして、こうしたテーマを「記録文書の自然の登録に任せて置いては、誤った推量に導かれるという経験を、我々は持っている」と、危惧《きぐ》の念を表明して、民俗学が積極的に取り上げるべきとの意向を示した〔柳田一九六八〕。

「涕泣史談」で柳田は、しぐさに着目して研究を進めることの重要性と豊かな可能性を示唆したが、しかし、その後の研究は活発に展開してきたとは言い難い。民俗学に限ったことではないが、研究者の関心を集める特定のしぐさがくりかえし取り上げられる傾向がつよかったといってよいだろう。「指きり」もその一つである。研究の軌跡を辿《たど》ると、出口米吉「指切りにつきて」（一九一二年）から、柳田國男「蟷螂考」（一九二七年）、倉田《くらた》一郎《いちろう》「児童文学と民俗学」（一九四一年）、同「ゆびきり考」（一九四四年）、前田勇《まえだいさむ》『児戯叢考』（一九四四年）、鯨井《くじらい》千佐登《ちさと》「子供の誓言と仕草―この世と異界の懸橋」（一九九二年）、千々《ちじ》和到《わいたる》「誓約の作法―『ユビキリ、ゲンマン』の歴史」（一九九九年）、倉石忠彦《くらいしただひこ》「小指の思い出―指の伝承」（一九九九年）といった成果が重ねられてきている。とくに、二〇〇〇年に発表された鯨井千佐登の「子どもの誓言としぐさ」は、従来の研究を批判的に検証しながら指きりの歴史的、民俗的な背景を考察したすぐれた研究である（鯨井 二〇〇〇）。身体的な生理現象に関するテーマでは「クシャミ」を挙げることができよう。クシャミについては比較的文献資料が残っており、諸外国からの報告も多い。

早くは、石井研堂《いしいけんどう》が明治二八年（一八九五）に「嚏《くさめ》に就いて」という文章を『東京人類学会雑誌』一一五号に発表している。その後、出口米吉「徒然草に見ゆるクサメの風習」（一九〇八年）、堀維孝《ほりいこう》「『くさめ』に関する俗信」（一九二六年）、同「『くさめ』に関する俗信（完）」（一九二七年）、柳田國男「クシャミのこと（孫たちへの話）」（一九四九年）、木村博「ヒズルシイとクシャミが出るか―〈反射条件〉の民俗」（一九七四年）とつづく。近年では、長野《ながの》晃子《あきこ》「クシャミと唱え言葉」（一九九四年）、山里純一《やまざとじゅんいち》「くしゃみの呪文『クスクェー』」（一九九七年）、小馬徹《こんまとおる》「クシャミの比較民族学―キプシギス文化を中心に」（二〇〇三年）といった論考がある。特定のテーマが長い期間にわたって繰り返し論じられてきた。「指きり」「クシャミ」以外にも、「笑う」「泣く」「にらむ」「覗《のぞ》く」「指さし」「にが手」「女陰にぎり」「口笛」「アカンベ」などが、これまでしばしば話題にされてきた。言い換えれば、それだけ伝承の層が厚く、奥行きと広がりをもった魅力的なテーマであることを示しており、その面では地味だが継続的に成果を積み上げてきているといってよい。

しかしこうした傾向は、見方を変えればしぐさ研究の視野の狭さでもあった。倉石忠彦は、民俗学におけるしぐさ研究の関心が信仰的側面に偏っている点を指摘している。「民俗学は伝承文化としての身体のありかたを研究対象とする。身体そのものが生活文化とどのようにかかわっているか、あるいはどのように認識されているかということに関心を示している」と述べて、社会的存在としての身体を、もっと多様な視野から柔軟に捉える必要性を説いている（倉石 一九九九）。

人間の社会的行為にみられる型や様式を、演技という視点から捉えて鋭い考察を加えたのは戸井田道三《といだみちぞう》である。『演技―生活のなかの表現行為』（一九六三年・紀伊國屋書店）では、日常、私たちが無意識のうちに行なっている行為が、じつは演技を媒体として習得した表現であるとの認識にもとづいて、身辺に現象する多くの事象を読み解いている。しぐさについても、にらむ・あかんべぇ・たたく・なくといった問題を取り上げて、興味ぶかい論を展開した。

さまざまなしぐさや身ぶりを対象にして、それを取り巻く多彩な視座から日本文化論を展開したのは、多田道太郎《ただみちたろう》である。一九七二年に出版した『しぐさの日本文化』（筑摩書房）で「しぐさ、身振り、姿勢―それらは、けっきょく、人間関係をととのえるための、精神・身体的表現であり、そういったものが、ある社会的まとまりをもつと、私たちは、いかにも日本人らしいとか、いかにもアメリカ人らしいといった印象をうける。文化の型の刻印がそこにしるされているように思うのだ」と述べている。多田は、欧米のしぐさとの比較や社会学、民俗学、文学、芸能などの成果を駆使して、しぐさのなかに見られる日本文化の特徴を浮き彫りにした〔多田 一九九四〕。

しぐさや身ぶりは小児の社会化の過程で習得していく社会・文化現象であり、基本的な動きはそれぞれの民族の文化的な鋳型にはめられている。野村雅一《のむらまさいち》は一九八三年に『しぐさの世界―身体表現の民族学』（NHKブックス）を著し、身体的コミュニケーション論を中心に、日本人の身体感の変遷やしぐさにおける意識と無意識、あるいは、今日的状況における身体伝承のあり方など、さまざまな問題について理論的な分析を行なった〔野村 一九八三〕。人類学の成果を導入してこの分野の系統的・理論的な研究を切り拓《ひら》いた先駆的な仕事といってよい。野村の仕事には『ボディランゲージを読む―身ぶり空間の文化』（平凡社）のように、民俗学の蓄積と深く交錯するところから身体伝承を解読したものや、『身ぶりとしぐさの人類学――身体がしめす社会の記憶』（中公新書）などの成果がある。身体技法が物理的法則に拘束される実用的な面と、文化的拘束にもとづく意味の両面をもっていることを指摘し、身体技法と物質文化・技術体系が、自然条件やさまざまな文化と深い関係をもつことに注目したのは川田順造《かわだじゅんぞう》である。川田は、西アフリカ内陸社会を、日本およびフランスと対比させて、身体技法と物質文化・技術との関連について興味深い研究をすすめている〔川田 一九九二〕。

歴史学の分野では、黒田日出男《くろだひでお》が中世の人々の身体感覚をさぐる試みとして『春日権現験記絵』を素材に、聖なる身体をねぶるしぐさや異香に対する嗅覚《きゅうかく》的な感動について論じている〔黒田 一九八六〕。網野善彦《あみのよしひこ》は、絵巻物などに描かれている扇の骨の間から見るしぐさに注目し、それが行なわれる場の状況やしぐさの意味について考察した〔網野 一九八六〕。

本書は、日常の遊びや行事などでしばしば顕在化する呪術性を帯びたしぐさや声、あるいは身体の生理的な現象をめぐる呪的な伝承に注目し、それらの伝承に内在する民俗的な意味や論理を解明するとともに、しぐさや声に伴う身体感覚や心性の一面をさぐったものである。なかでも、しぐさに関する論考が大部分を占めている。

しぐさの概念や、しぐさと身ぶりとの違いをどう捉えるかについては一様ではない。柳田國男は先の「涕泣史談」のなかで、「言語以外の表現方法は、総括して之を『しぐさ』又は挙動と謂って居るが、或いは此語では狭きに失して、『泣く』までは含まぬような感じがある。しかしもっとよい名が出来ぬ以上は、用心をして此名で呼ぶより他はない」と述べている〔柳田 一九六八〕。

多田道太郎は、しぐさは社会のさまざまな集団につたわる伝承の文化だという。「子供が母親のしぐさをまねて成長するように、ある文化は、それをになう人びとがたがいにたがいをまねあうことによって、成りたつともいえる。生き方をまね、個性をまね、ことばをまねることはかなりやさしい。それは多くは意識の部分だからである。それに反し、身振り、しぐさをまねることはそれほどたやすくはない。これは多くは無意識の部分によりかかっているからである。それだけによけい、後者のほうが変わりにくく、恒常的であるといえる」と述べて、身振りやしぐさは無意識のうちに身につけていくために変化しにくい特徴をもっていると指摘した。その上で、身振りとしぐさのちがいについて多田は「わが国では『身振り』は『大げさな身振り』であり『しぐさ』は『優しいしぐさ』なのである。身振りとは抑制のないゼスチュアであり、しぐさとは抑制のきいたゼスチュアである」との認識を示した〔多田 一九九四〕。

野村雅一は身ぶりとしぐさについて「身体運動は連続する過程ではあるが、うごきのある『動作』とうごきに意味の無い『姿態』とにわけて考えることができるだろう。これは運動の次元での分類だが、もっと重要なのは機能の次元での分類で、主として伝達的、表現的機能をもつ『身ぶり』と、主として技術的機能をもつ『しぐさ』にわけることができるように思われる」と機能の面から区別している〔野村 一九八三〕。また、『日本民俗大辞典』では、しぐさを「歴史的、文化的に無意識に形成されてきた立ち居振る舞い、身のこなしといった身体の動き」と説明している〔野沢 一九九九〕。野村の分類に従えば、本書で対象にしているような事例は、しぐさというよりもむしろ身ぶりに近いといえるが、ただ、二つの語が用いられるいくつかの例に目を通すと両者の区分は必ずしも明瞭《めいりょう》ではない。

本書では、主に呪術的な意味を帯びた動作や表情・態度などを広く対象としているが、それらをまとめてしぐさと呼ぶことにした。

各テーマを論ずるにあたっては、民俗資料のほかに関連する絵画資料や近世の文献なども利用したが、なかでも重視したのは俗信である。呪術、とりわけお呪《まじな》いと称されるような身近な伝承を掬《すく》い上げ、その背後に脈打っている心性の問題に目を凝らすとき、俗信という分類のもとに集積されている資料群を抜きには論じられない。それらは豊かな手がかりを埋蔵している知の鉱脈といってよいが、実は、俗信という考え方、捉え方そのものが人びとの心性を明らかにしていく手段・方法として打ち出されてきたことと無縁ではないだろう。心性は広い意味で心のありようを指しているが、(1)これは柳田國男が説く心意と重なり合う概念といってよい。柳田は、よく知られている民俗資料の三部分類において、心意現象に注目してこの問題を論じている。昭和九年（一九三四）に出版した『民間伝承論』や翌年出した『郷土生活の研究法』で、民俗資料の分類についてヨーロッパでの先行例を紹介しつつ、三部分類案をわかりやすく示している。

そこでは、まず眼に映ずる資料を第一部とし、耳に聞える言語資料を第二部に、心意や感覚に訴えて理解できるものを第三部に入れて、第一部を有形文化、第二部を言語芸術、第三部を心意現象に分類した。第三部の心意現象についてはこれをさらに「知識」「生活技術」「生活目的」に分けたが、これは「知識」にもとづいて「生活技術」（手段と方法）を駆使し、人は何のために生きているのかという「生活目的」を明らかにすることが狙いであった。第三部の心意現象は、ものの感じ方や心のくせ、好き嫌いの感情や性癖など精神活動の広い領域を指しており、柳田はこうした心意現象の解明がこの学問の目的であるとさえ述べている。

まず「知識」には批判的知識と推理的知識があると説き、推理的知識に「兆」と「応」という概念を設定した。「烏鳴きが悪いと近いうちに誰か死ぬ」というのは兆で、「親が死んだ。そういえばあのとき烏鳴きが悪かった」と結果から兆しを求める知識が応である。「生活技術」では、現在までに残っている昔からの生活技術の意味を明らかにすることによって、前代の人びとの人生観がわかるのではないかと述べ、その手段・方法としての「呪（呪術）」と「禁（禁忌）」に注目した。呪術の性格については「まず呪はそういう兆候があってから、これを封じてワザハイをなくしようとするもの、即ちそういうことがやって来られては困るというものと、既に来てしまってからなくしようとするもの、たとえば病気になってからそうさせた原因のあるものを除こうとするものとがある。これはその基礎となっている知識から来ているので」と説明している（柳田 一九六七）。そして生活技術としての呪に注目する意義についてつぎのように発言している。

我々の知識と技術との結びつきはきわめて緊密であった。今残っている以前の技術のなかには、その基礎となっていた知識は消えてしまって、何のことだか解らずに、ただ技術のみが惰性でもってわずかに残っているものが多い。これによって前代の人生観が分ると思うのである。即ち私たちがこうして一つ一つの技術を注意してみようとするのは、その基礎をなす知識であるところの、世の中の見方がどうであったかを、知ることに目的があるのである（柳田 一九六七）。

呪は災いを防ぎ除去するための生活技術であるが、ただ、そのようにすることで何故効果がもたらされると考えたのか、その裏づけとなっていた知識は消えて、技術としての呪のみが伝承されている場合が多いという。呪を深く意識する向こうに柳田が見据えていたのは、呪を意味づける基礎としてあった前代の人生観、世の中の見方を知ることであった。柳田のこの考え方は、本書で取り上げた呪術的なしぐさと心性の問題を考察するうえで大切な指針を与えてくれる。また、禁（禁忌）については、郷土の人以外にはなかなか分らないことだから、郷土人自身によって研究されなければならないと強調した。

心意現象にかかわって柳田はさまざまな課題を想定しながら、こうしたテーマを分析し解明していく概念として「兆」「応」「禁」「呪」を見出《みいだ》したといってよいだろう（のちに「応」に代わって「占」が入る）。心意現象と俗信との関係については『北安曇郡郷土誌稿』第三輯（一九三二年・郷土研究社）で「私たちは通例一国の民間伝承を三部に分け、主として同郷人の永年共住の感覚を通さなければ、採集し難いような心理上の諸事実を一部とし、不十分ながら之を俗信などと名づけて居る」と述べている。現在、俗信といえば、兆・占・禁・呪に関する諸事象、とくに一行知識といわれるような短い表現形式のものを指すことが多いが、俗信がこのような伝承を意味する用語として使用され定着していったのは昭和六年（一九三一）から八年（一九三三）頃ではないかと思われる。ただ、柳田自身は、心意現象、あるいは兆・応（占）・禁・呪を俗信と呼ぶことに意義を認めつつも、他方ではこの語を用いることで心意現象の多様な可能性が制約をうけるのではないかと危惧の念も抱いていた(2)。

いずれにしても、呪術的な伝承（呪い）と心性の問題を考えるうえで俗信が有益な情報を提供してくれるのは、俗信が心意現象をさぐる手段・方法として概念化され、それにかかわる伝承の諸相を掬い取り蓄積してきた経緯を考慮する必要があるだろう。

本書は、呪術的なしぐさをはじめとして身体をめぐる伝承に対する関心から、これまでに発表した論文をもとに構想したものである。不足していると思われる部分については新たに書き足した。第一章から六章は、主に呪術的な意味をおびたしぐさについて論じたもので、多様な伝承の実態を紹介するとともに、しぐさが表象する民俗的な意味やしぐさの論理的な面について考察した。第七章から九章では、生理的な現象であるクシャミ、発話や動作の同時現象といった民俗を取り上げて、伝承の諸相を提示するとともに、そこに表出される感覚や心性について論じた。

《注》

(1) 二宮宏之《にのみやひろゆき》は心性について「広い意味でのこころのありようを指しており、マルク＝ブロックはこれを『感じ考える、そのしかた』と言い表しているが、意識下の隠れた次元から、感覚・感情・欲望など身体に密着した次元を経て、時間意識・空間意識・価値観・世界像に至る幅広い領野を包み込む概念である。哲学・思想・芸術といった高度に結晶化された精神的達成よりは、人びとの日常的な営みのうちに潜むこころのくせを重視するところに、この概念の有効性の鍵がある。(中略)日本の研究史との関連でいえば柳田国男のいう心意の概念に極めて近い」と述べている〔二宮 一九九九〕。

(2) たとえば「俚諺と俗信との関係」で「元来が俗信という語は咄嗟の訳字であって、簡便だから使っているものの、我々が知ろうと心掛ける前代知識の、全部を包括するには大分に狭すぎている。その総称はよい代わりの見つかるまでそっとして置くとしても、此語に囚われて内容を誤解してはならなかった。私の分類も当座のものではあるが、先ず性質に従うて体と用、もしくは単なる知識と術芸との二つに分ち、更にその二つを今からと今までの、時の前後に分けてみようとするのである。兆応禁呪の四つの漢字が、大体この分堺を弁別させるに足るかと思う」と述べている〔柳田 一九三二〕。

《引用・参考文献》

網野善彦　一九八六『異形の王権』平凡社
板橋作美　一九九八『俗信の論理』東京堂出版

井之口章次　一九七五『日本の俗信』弘文堂
川田順造　一九九二「身体技法の技術的側面」『西の風・南の風—文明論の組みかえのために』河出書房新社
鯨井千佐登　二〇〇〇「子どもの誓言としぐさ」『境界紀行—近世日本の生活文化と権力』勁草書房
倉石忠彦　一九九九「小指の思い出—指の伝承」「日本文學論究」五八頁　國學院大學國文學會
黒田日出男　一九八六『姿としぐさの中世史—絵図と絵巻の風景から』平凡社
小嶋博巳　一九八三「『俗信』覚書—概念の再検討にむけて」『民俗学評論』二三
真野俊和　一九七六「兆・占・禁・呪—俗信の民俗」桜井徳太郎編『日本民俗学講座3　信仰伝承』朝倉書店
鈴木棠三　一九八二『日本俗信辞典』角川書店
関一敏　一九九六「俗信論序説」『族』二七
多田道太郎　一九九四『多田道太郎著作集3　しぐさの日本文化』筑摩書房
常光徹　二〇〇九「俗信と心意現象」宮本袈裟雄・谷口貢編著『日本の民俗信仰』八千代出版
戸井田道三　一九九三『戸井田道三の本3　みぶり』筑摩書房
二宮宏之　一九九九「心性」福田アジオ他編『日本民俗大辞典　上』七五三頁　吉川弘文館
野沢謙治　一九九九「しぐさ」福田アジオ他編『日本民俗大辞典　上』七五三頁　吉川弘文館
野村雅一　一九八三『しぐさの世界—身体表現の民族学』日本放送出版協会

野村雅一　一九九六『身ぶりとしぐさの人類学』中央公論社
原田敏明　一九六二「俗信」『日本民俗学大系』第七巻　平凡社
宮田登　二〇〇六『宮田登　日本を語る4　俗信の世界』吉川弘文館
柳田國男　一九三二「俚諺と俗信との関係」信濃教育会北安曇部会『北安曇郡郷土誌稿第四輯
　俗信俚諺篇』郷土研究社
柳田國男　一九三四『民間伝承論』共立社
柳田國男・関敬吾　一九四二『日本民俗学入門』改造社
柳田國男　一九六七『郷土生活の研究』筑摩書房（初版は一九三五年に『郷土生活の研究法』と
　題して刀江書院から出版）
柳田國男　一九六八「涕泣史談」『定本柳田國男集』七　筑摩書房
吉成直樹　一九九六『俗信のコスモロジー』白水社

第一章　息を「吹く」しぐさと「吸う」しぐさ

しぐさに関する民俗学的研究は、身体、病、感性などといった主題とともに今後の新しい展開が期待される領域である。しかし、これまでは「笑い」や「指切り」など特定のテーマに関心が集まる傾向がみられ、しぐさそれ自体を対象として多様な視座から総合的に取り上げられることはなかった。本章で話題にする、ある対象に向けて意識的に息を吹く、あるいは、何らかの意図をもって息を吸うというしぐさ（もしくは行為）についても、従来検討される機会の乏しかったテーマの一つである。

ただ一口に、「吹く」と「吸う」に関する伝承といっても、当然、それが機能する場の状況や文脈のなかでその性格は一様ではないが、ある状況の変化を期待する呪術的な意味を帯びて行なわれる場合が多いと考えられる。ここでは、それぞれのしぐさにまつわる資料を整理・分類し、主にその呪術的な内容を明らかにするとともに、「吹く」と「吸う」という対照的なベクトルの向きが、二つの伝承群の意味や機能の違いとして表出される点についても触れる。

1　息を「吹く」しぐさ

災厄を祓う

愛媛県上浮穴《かみうけな》郡久万《くま》町（久万高原《くまこうげん》町）の渡辺満尾氏の家には、火傷《やけど》の呪《まじな》いと血止めの呪いが伝えられている。以前、毎年のように渡辺氏の家にやってきて接待を受けていた遍路が、お礼代わりに教えていったものである。もし火傷をしたときには、その場ですぐ「霜柱氷の梁《はり》に雪の桁《けた》雨の垂木に霧の葺草《ふきくさ》ナムアブラウンケンソワカ〳〵」と唱えて、痛む箇所を自分の口でフウフウフウと三回吹く。これを三回繰り返すと不思議に痛みが止まるという〔渡辺　一九七四〕。

「霜柱氷の」の歌は火伏せの目的でも唱えられる呪歌のひとつである。野本寛一《のもとかんいち》は、この歌の呪的な原理について「火を消す力を持つ『水』が、霜・雪・雨・露という様々な形で列挙され、しかも、それらが建築物の部位に冠せられているからである」と説明している〔野本　一九九三a〕。火傷の際にこの歌が用いられるのも、火がもたらす災いを打ち消すという点で共通の心意に根ざしているのは言うまでもないが、ここで注目してみたいのは、呪歌の最後にフウフウフウと息を吹きかけるしぐさを伴っていることである。火傷の治療について類似の伝承には次のような例が見られる。

(a)「ほのぼのと明石の浦の朝霧に島がくれゆく舟をしぞ思ふ」という歌を三回唱えて、息を患部に吹きかける（奈良県磯城郡）〔恩賜財団母子愛育会 一九七五〕

(b)「猿沢の池のほとりのささ竹は　火焼き場やきの薬となるぞや　アビラウンケンソワカ」と三回唱えて、息を大きくフウフウフウと三回吹きかけながら「七谷明神のお水を榊の葉で患部にかけて冷やす（高知県大川村）〔北村 二〇〇二〕。

(a)の歌は『古今和歌集』に見える読人しらずだが柿本人麻呂の作ともいわれる歌で、ここでは、人麻呂（人丸）を火止るの意味に掛けている。(b)の「猿沢の池」も火を鎮めるすぐれた力をもつと信じられ、火伏せや火傷の治癒に効果があるとする伝承は多い〔花部 一九九八〕。

いずれも、言葉の呪的な作用によって火傷の治癒を願うものだが、最後に息を吹きかけるしぐさがついている。呪歌や呪文を唱える際にこのしぐさを伴っている例は少なくない。いくつか例を挙げてみよう。

・沖縄県北中城《きたなかぐすく》村ではウルシにかぶれることをハジマキというが、ハジマキはただのかぶれではなく一種の祟《たた》りだと信じられ、熱田ではハジマキにかかるとハジマキの神に出会ったのだねといってカッティ（手馴《な》れた人）が息を吹きかけて呪文を唱えたり、また、ハジマキの木に石を下げる呪いなどをした〔北中城村 一九九六〕。

・血を止めるには、白いきれいな紙（紙がなければきれいな葉）を九つに折り「やまおくのおにのかけたるたまだすき、めもはもきれてかたちもなし、アビラオンケンソワカ」と三回言い、紙または葉を傷口にあて三度息を吹きかける（岡山市）〔有森 一九六三〕

・目に入った塵《ちり》を取るまじないは「向えのばばさ、目ちりがはいったで、杓子《しゃくし》をもってとりにこい」と言って、プーッと目を吹いやる（岐阜県）〔板取村教育委員会 一九八二〕

・すばこのときには「朝日さしこうがの山の痩せ女（男）招かつとすれどこうでいたさよアブラウンケンソワカ」と三度唱えて痛いところを三度吹く（長野県北安曇郡）〔信濃教育会 一九三二〕

・クサ（瘡）ができたときは「セングワン（千貫）の牛、この草みな取ってくれ、アベラウンケンソワカ」と唱えて、患部に息を吹きかけることを三回繰り返す（奈良県）〔鈴木 一九八二〕

病気や怪我だけでなく、マムシやムカデなどに咬《か》まれた際にも呪歌を唱えて傷口に息を吹きかけることがある。たとえば、富山県東礪波《ひがしとなみ》郡では、マムシに咬まれたときには「宝の山の知者マムシ、チボヨ（道芝）の恩を忘れたか」と一気に三喝し傷口に息を吹きかける〔鈴木 一九八二〕と言い、宮崎県西臼杵《にしうすき》郡では、ムカデに咬まれた箇所を口で吹きながら「ここか筑前大近の渡し、ムカデなんぞわざわいすんな、アブラウンケン、アブラカス」と三回唱えると痛みが取れる〔鈴木 一九八二〕と伝えている。

幼児が転んで手足を打ったときなどに、母親がさすりながら「ちちんぷいぷい いたいのいたいの とんでいけー」と唱えて、痛むところをふうーと吹いてやる呪いも広く知られている。山川範子《やまかわのりこ》によれば、この呪文の解釈についての早い時期の記録は、天保三〜五年（一八三二〜四）にかけて山崎美成《やまざきよししげ》や屋代弘賢《やしろひろかた》などが催した疑問会の活動を記した『疑問録』だという。

ちゝんぷい〱御代の御寶と云事如何　志賀理斎

智仁武勇は御代の御寶と云事也　美成

という簡単なやり取りが交わされている。智仁武勇説の他に「ちんぷんかん」説も登場する。しかし、影響の大きかったのは、昔話の竹伐爺《たけきりじい》の屁《へ》の妙音とする柳田國男の説だが、山川は放屁《ほうひ》音からまじない言葉になったのではなく、まじないが放屁音に転用されたとみている。「ちちんぷいぷい」は、江戸時代から小児の痛み止めの呪いとしてさまざまに変化しながら普及するが、山川は、江戸時代の初期に誕生し、江戸から広まったのではないかと推測している[1]〔山川 二〇〇四〕。伊藤晴雨《いとうせいう》『江戸と東京風俗野史』にも迷信の一つに「ちゝんぷい〱御代のおんたから〱 三度となへて痛い所をなぜると直なをる」と出ている〔伊藤 二〇〇一〕。

これまでの例はいずれも、すでに発生した災難を鎮静化するケースだが、事前に防ぐ目的で行なう場合もある。山梨県富士吉田《ふじよしだ》市小明見《こあすみ》古原では、山に入るとき蛇やムカデを除《よ》けるために「なむ、ちりゅうのおみょうじんさん、へびにも、むかでにも、あわせねーでくでー」と唱えて、人差し指と親指で図1-1のような形をつくり、その間から右手の中指を手前に差し入れて「フーフーフー」と三回吹き込む〔富士吉田市 一九八四〕。穴の前にだした中指を蛇やムカデに見立ててそれを吹き払っているのであろう。

日常生活を送る上で怪我や毒虫の害はしばしば体験する現実だが、それをたまたま遭遇した不運だと割り切ってすませるのではなく、そこに何か目に見えない邪悪なモノの影響を感じ取っている。おそらく、そうした不安は以前には一層強かったにちがいない。そこで、呪いを駆使して痛みを取り去り治癒の効果を期待するわけだが、その時に「ふうふう」と息を吹きかけるのは、邪悪なモノや不浄なものを祓《はら》い浄化するためだといってよいだろう。高知県香美《かみ》郡物部《ものべ》村《そん》（香美市）で、いざなぎ流御祈祷《きとう》を伝承する小松為繁《ためしげ》太夫（一九一七年生れ）によれば、悪いものが人に取り憑《つ》いて病気になったときには、指をラッパのように組んで病人をフーッとつよく吹いて祓いのけたという（図1-2）。

もちろんこれは、祈禱の過程でみられる儀礼の一齣《こま》であってこれだけで憑いている病魔が退散するわけではないが、しかしここには、息を吹くことの呪的な機能の一面が窺《うかが》えて興味深い。「吹き祓う」呪力に関していざなぎ流では、息を吹くほかに、悪魔・外道を吹き飛ばす力を秘めたものとして鞴《ふいご》にまつわる伝承が知られている(2)。

小さな怪我や毒虫の害では、「ちちんぷいぷい」のような呪文を唱えて患部をさすりながら、最後に顔を近づけて息を吹きかける。息のうごきは邪悪なモノを吹き飛ばす感覚として直《じか》に皮膚に伝わる。単純な手続きのなかにも呪いの効果が実感される。しかし、太夫が病人を相手に息を吹きかける場合には、対象が大きいだけに吹く側と吹かれる側の間隔が広がる。口をすぼめてただ吹くだけでは息の力動は距離に吸収されて届かない。ラッパ状に組んだ手は、病人の体全体を視野に入れながら、その延長はまちがいなく病魔に向け

図1-1　蛇・ムカデよけのしぐさ
（富士吉田市『古原の民俗　市史民俗調査報告書第三集』）

図1-2　病魔を吹き祓う　小松為繁太夫

られている。それは、吹き出す息の無駄な拡散を防ぎ、息の力を束ねて目標を的確に照射するための演出といってよい。

　福岡県大野城市《おおのじょう》には、大正八年（一九一九）ごろまで「吹き屋」と呼ばれた一見神職風の人物がいたことが知られている。タズという湿疹ができる皮膚病に罹《かか》ったときには、この人の呪いが効果があったといわれる。素人にはわからないが何か呪文をとなえてからタズを吹くと治ったという〔大野城市史編纂委員会 一九九〇〕。タズの吹き方についての記載がないが、同種の他の事例から推して直接口で吹いていたと考えられる。「吹き屋」という命名から、人びとにとってこの行為がいかに印象深かったかがうかがえる。岩手県大《おお》船渡《ふなと》市で「流行病の人と話をしたら息でフーフー吹き返せばうつらぬ」というのも、病魔を祓うという点で同想である。

　岩手県二戸《にのへ》地方では、他人の怪我について手まね物まねをまじえて話したときには、あとで怪我の箇所に息を吹きかけておかないと自分も同じ箇所に怪我をすることがあるという〔小林 一九四三〕。岡山県でも、他人の怪我話をするときには自らの身体を指して話してはならないという〔上道郡教育会 一九八六〕。他人の怪我を口にすれば同様の怪我に見舞われるとの不安が読み取れる。話し終えたあとでその箇所に息を吹きかけるのも、指さすのを忌むのもその影響を避ける手段だが、他人の怪我を話す際にこのような不安心理を持ち伝えてきたことについて、南方熊楠は自らの経験を振り返ってこう述べている。

予幼児、和歌山の小学生抔人が斬れたとか、負傷したとかの噺しをするに、必ずまづ「吾が身じゃないが」と前置きして、扨、爰をこう斬れた、これからそれ迄火傷した抔と自身の其所を指して話した。先づ自身を祓除して、後に凶事を報示するのだ。予はそんな前置きせずに、そんな咄しをする毎に、年長者から、必ずかく前置きを述よと叱られた。今も此の風が行はるゝ地方ありや。この田辺抔では全たく消滅し了った様だ〔南方 一九三一〕

南方は、元禄《げんろく》一四年（一七〇一）板の『傾城色三味線』大阪之巻三に「喧嘩の咄し抔するとて、俺が事ではないが、爰をきられてと云るは、愚かに聞ゆ。おれが事と云ば、そこに口があくべきか。然も二本差た口から猶更見苦し」と出ている例を挙げて、このような心意がはやくからあったことを示した〔南方 一九三一〕。南方の呼びかけに応じて、沢田広茂が「高知県長岡郡田井村（土佐町）付近、香美郡大楠植村（香美市）付近にては『わが身でなし』と言う」との報告を寄せている〔沢田 一九三一〕。

板坂元《いたさかげん》は、南方のこの発言をヒントにして、日常の会話でしばしば「芥川の言葉じゃないが」とか「池田首相のせりふじゃないが」といった論理的に矛盾した言い回しをすることに注目している。そして、こうした表現を生み出した思考の背景について、「何かよそで起こった事故などを第三者が話題にする時、そのできごとは自分には関係がないというまじないの言葉をはじめに言ってから語り出すという習慣が昔からあったことがわかる。

（中略）とにかく不吉なことを口に出していうと、口にすることによって話し手がそのわざわいに巻き込まれるおそれがある、という信仰がわれわれの先祖にあったことはたしかである」と指摘している〔板坂一九七二〕。高知県香美郡物部村（香美市）の小松豊孝《とよのり》太夫（一九二三年生れ）の話では、昔の人は他人の怪我や不幸を人に話すときには「わしじゃないが」（自分のことではないが）と前置きをして話す人が多かったという。

邪気を祓うという心意に根ざした俗信にはつぎのようなものもある。「奥南新報」の昭和六年（一九三一）八月四日付の記事である。

悪い水　野沢（階上《はしかみ》村）のさいかち平の人が、春先に杉苗を植えるに、ある谷地《やち》に来か丶り（谷地の名は記憶にない）そこまでくると、急に水を欲しくなった。持っていたかんだいで矢も鉄砲もきかずそこを掘っていた。山にいってたいてい掘ると水が湧くように、こんこんと、さいかち平の人にも清水が溢れた。澄むのをまって、すぐ口を寄せて一気に飲むと、見るみるうちに顔がはれあがり、身体にまわっていった。そして家に着くか着かないうちに倒れてしまった。あとできくと、そこで昔乞食が死んだところだったそうだ。水を飲むには直に口をやらず手で掬うか手拭を浸すそうである。他に行って飲む水が無かった場合に悪い水でも、その上に指で「水」の一字を三度書き、ふう、ふう、ふうと吹いてのむと当てられないというはなし〔青森県環境生活部一九九八〕。

谷地の水を飲んで倒れたのは、昔その場所で死んだ乞食《こじき》が取り憑いたためではないかと推測し、野外で水を飲むには息を吹きかけて飲むとよいと教えている。山野の生水を不用意に口にするのは危険な行為と考えられてきた。秋田県では、他所で水を飲むときの呪文として、「『この水にジャバラ虫がいたならば、とってたもれよヒマラヤ坊さん』と三回となえ、『ハァー』と息を吹きかけてから飲むと、水当りをしない」と伝えている〔井之口一九七五〕。兵庫県では「谷川の水を飲むとき、ホーと言うとあたらない」という〔井上一九三七〕。

また、原泰根《はらやすもと》は『茶ァ喰らい爺――負の民俗』（初芝文庫）のなかで、長崎県の対馬《つしま》に行ったときの体験として「上県《かみあがた》の佐護《さご》で、あるお年寄りに話を聞いていて、飲み水の話が出た時のことである。山の中やなんかで喉がかわいて来て水が飲みたくなり、湧き水を飲むときには、必ず『ウヲォーン』と声をかけて、山の神さんと水の神さんに許しを得てから飲むようにしたらいい、と教えられたことがあった。八十歳を過ぎたおばあさんの教えであった」と報告しているが、これも同類であろう〔原一九九四〕。かつて、高知県香美郡物部村では、赤痢にかかった人の家に呼ばれて行った太夫は、そこで茶を出されたときには、まず呪文を唱え茶碗《ちゃわん》をふっと吹いてから口にしたという(3)。

沖縄県には、水を飲むときに息を吹きかける呪いの由来を説く昔話が語られている。宮《みや》古《こ》郡多良間村《たらまそん》に伝わる話から該当する箇所を引用してみよう。

三人の友人がね親しく毎日交わっていたが、ある日二人はかわいそうに、先に死んでしまった。そしてその二人は、おばけになって、中の一人が言うには「さあ僕らは、あの一人はスダに変りなく、一人で淋しいでしょうから、命をとろうじゃないか」と言ったところ、一人のおばけは「どんな方法でとるのか」といった。すると「彼が真夜中に水飲みに出る時に、毒を入れて置けば」と。この話を聞いていた一人は「彼が水を飲もうとする前に、水に息をプーッと吹きかけて飲めば、台無しだよ。何にもならぬ」と言ったから、素早くとんで行って、スダの友人に「今晩の水は、飲む前に、フーッと吹いてから飲むように」と教えたので、さすがの計略も失敗した〔多良間村役場一九八一〕。

　水を飲む前にフーッと息を吹きかけることによって死霊の害を退けた話だが、ほかにも、沖縄県には「子どもに飲ませる水には息を吹きかける」という俗信の由来譚《たん》が伝承されている。

　飲み物を口にする前にその表面に息を吹きかけるしぐさは、わが国に限ったことではないようだ。菅原和孝《すがわらかずよし》が『身体の人類学―カラハリ狩猟採集民グウィの日常行動』（河出書房新社）のなかで興味深いエピソードを報告している。隣のキャンプから訪ねてきたショーホという中年の男が、ナマキエホという女性がさしだした酒を飲むときに、唇をとがらせてふうふうと酒の表面に息を吹きかけ「女の手は汚い」とつぶやいた。その訳を尋ねたところ「ナマキエホはいま妊娠をしていて手が汚いからだ」と答えたという。

著者は「私はそれまでに何度もグウィの男たちが酒を飲む前にそれを吹くのを見たことがあったが、表面に浮かんだ滓を吹き払って飲みやすくしているのだとばかり思っていた。彼らはふつう、ショーホのようにわざわざ自分の『吹いた』という行為に注釈をつけくわえたりしないので確かなことはわからないが、いっけん『滓を吹き払う』という実体的効用をもっているかのようにみえるこれらの行為のかなりの部分が、じつは『けがれ（ツォリ）を吹き払う』ための儀式だったのかもしれない」と述べている（菅原 一九九三）。

妖怪を吹く、妖怪に吹かれる

日が照っているのに雨の降る天気のことを「日当り雨」とか「狐の嫁入り」などと呼ぶ。このときに左右の指を組んで「狐の窓」を作り、その穴から覗《のぞ》くと狐の嫁入り行列が見えると伝えられている。妖怪の正体を見破るのに狐の窓から覗くとよいとの伝承は各地にあり（第三章参照）、はやく、藍亭晋米（晋米斉玉粒）作・歌川国丸《うたがわくにまる》画の『化物念代記』（文政二年）に「化もの見やうの事　此見やうハ日にも時にもかまハづ　なンでもあやしいと見たらバ　づのごとくゆびをくミ　けしやうのものかましやうのものか正たいをあらハせト三べんとなへてのぞけハ　もとのすがたをあらハす」と見える（図1-3）。狐の窓はそこから覗き見るとともに穴から息を吹くこともある。大分県直入《なおいり》郡では「狐窓をして吹けば狐火が消える」といい（高田 一九二五）、長野県北安曇《きたあずみ》郡では「狐に騙された時には狐

図１－３　狐の窓（藍亭晋米作・歌川国丸画『化物念代記』文政２年、国立歴史民俗博物館蔵）

の窓をこしらえて三度吹けばよい」〔信濃教育会　一九三二〕という。愛知県渥美《あつみ》郡伊良胡小塩津（田原市）では「狐の火を見た時には指を組合せ『ソーコーヤアサダガハラニモンタッテ　トーヤヒガシヤ　ランヤ　アララン』と唱え、その窓へ息を吹き込むと狐の火が消える」といわれている〔白井　一九三〇〕。

当然、狐の窓から覗いたり息を吹くのは妖異に向けてすることであって人に向けて行なってはならない。大分県直入郡では「両手ノ指デ狐窓ヲ作ッテ其ノ窓カラ口デ人ヲ吹クト其ノ吹カレタ人ガ死ヌル」といって禁忌とされている〔高田　一九二五〕。狐の窓に限らず人に向かって息を吹きかけるのを忌む土地は少なくない。「人を吹けば死んだとき大風が吹く」（岩手県）、「人を吹くと福が逃げる」（長野県丸子町〈上田市〉）、「人を吹くと自分が死んだとき大風が吹いて倒れる」（島根県）などという。秋田県雄勝《おがち》郡や平鹿《ひらか》郡などで「人に息を吹きかけると夜間幽霊に息を吹きかけられる」（東北更新会　一九三九）というのは、吹き祓うべき対象から反対に人が吹かれた場合の危険性を暗示している。幽霊や妖怪から息を吹きかけられるという薄気味悪い想像力は、怪談を構成するモティーフとして成立している。たとえば、小《こ》山《やま》真夫《まさお》編『小県郡民譚集』にこんな話が収められている。

　ある寺の小僧が友達を集めて百物語を始めようと蠟燭百燈を点して本堂に立て列べた。別室で怪談を一話終わると話し手が本堂へ行って一燭を吹き消して帰る。臆病の者から先にやりだんだん剛の者に廻るのである。最後に小僧と荘屋の息子とが残った。燈は二本となり一本となり遂に最後の燈も消えた。先にすんだ人々は終わり次第家へ帰ったがやり残った人々は今やっとすんだところ。夜は大層ふけた様子。小僧のすすめで二人は寺で泊った。そろそろ眠りついたが独り眼がさえているのは荘屋の息子である。そのうちに物のけはいがするので夜着の袖から細目に見ていると幽霊がうらめしそうに小僧の夜着を持上げふうと吹いて去った。暫くすると又来て刀屋の息子をふうと吹いて去った。そこで二人の名を呼ぶに返事がない。もう死んでいる。今度は自分の番かと心配していると鶏の一番どきがしたので安心して家へ帰った。二度と再びあんな物に来られぬようにと氏神に祈りに行った。ところが帰りがけにいつも同じ女に会う、願がきれたころには何となく心安くなり遂にその女と夫婦になった。ある晩妻が勝手へ行ってはるか来ないから窺いてみると先年寺でみた幽霊そのままの顔で火を吹いていた。夫は急に胸を躍らせた。百物語は去年の今夜。わっと叫んで引きさがった。妻は急に走りより夫を一跨ぎにふうと吹く。その一息に夫は絶命した。（里老）

〔小山　一九七五〕

百物語にまつわる怪異譚である。幽霊に「ふう」と吹かれた小僧と刀屋の息子はその場で絶命する。その日からちょうど一年後の夜、荘屋の息子の妻が幽霊そのままの顔で火を吹いていたというのは怖い。野村純一《のむらじゅんいち》はこの話の結構について、ラフカディオ・ハーンの『怪談』に収められた「雪女」に通じる点を指摘している〔野村　一九九八〕。ハーンの「雪女」は、西多摩《にしたま》郡調布《ちょうふ》村（東京都青梅市）の百姓が土地に伝わる伝説として語ったものだというが原話を辿《たど》ることは難しい。その成立過程については外国文学の影響がつよいのではないかとされるが、大島広志《おおしまひろし》は「小屋に現れた白装束の女が、寝ている茂作の上にかがみこみ息を吹きかけて殺す」モティーフは、山仕事に従事する人たちのあいだで早くから伝承されてきた可能性が高いと論じている〔大島　一九九八〕。

大島が事例の一つとして紹介している東京都西多摩郡檜原村《ひのはらむら》の昔話「大きな柳の木」は興味深い。この話は、谷間の大きな柳の木を数人の木こりが伐《き》ることになったところから始まる。ある晩、一人の若い木こりが表に出たところ、美しい女が立っていて、柳の木を伐らないでくれと懇願する。しかし、木こりたちは女の願いを聞き入れずに伐り倒してしまう。その夜、若者は小屋のなかで怖ろしい光景を目撃する。

そしたら、雪がぱらぱら降り始めてきてね、そいで小屋の中でみんなで一杯お酒を飲んで、火を燃してあたって、あしたから木を引き出さなきゃならないってゆうんで、小屋でみんな一杯飲んだからみんなうたた寝に寝ちまった。そしたら、その若者は、夕べきた女の人が気になって眠れないんだって。そいで、そこにねえ座っていると、向こうの方から赤くなったなあと思ったら、女の人が来たの。ものすごい顔でね。「あんたは、あれほど頼んだのに木を伐ってしまった。どうして伐ったの。あれほどお願いしたんじゃないのか」とって、ものすごい顔で来たから、その人は怖くなっちゃってね、まあ、戸のすき間とかどことかに隠れて見てたらしいの。そしたら、男が見てたらしいの、男が逃げ出してね。

そしたらあたりをこう見回してね、寝ている人へね、七、八人そこに男が寝てんだけどね、その人がね、息をさあーと吹きかけるとね、みんな体が固まったようになってね、口も動けなくなってね、凍ったように死んじまうの。

このあと女は若者と結婚するが、物語りの最後は夫に息を吹きかけて殺してしまう。女は伐り倒された柳の木の妻だった〔高津 一九八七〕。いずれの話も、幽霊や妖怪といった魔性のモノに「吹かれる」という恐怖が語られている。このように、妖異が人に向かって息を吹きかける行為を危険とみなすのは、人が邪悪なモノに向かって息を吹きかける行為と裏腹の関係にあるといってよい。

息と霊魂

呼吸は私たちの諸活動の根源の働きを司《つかさど》っている。生命と呼吸が密接不可分なものと考えられているのは、呼吸停止や心臓停止を自然な死と認めていることからも理解できる〔柴田 一九九九〕。堀維孝は、一九二七年に発表した「くさめに関する俗信(完)」のなかで、気息(息)を生命や霊魂と同一とする思想は各種族にわたってみられる原始的信仰だと述べている。

堀によれば、くさめ(クシャミ)は普段はほとんど気づかれることのない気息を意識させるきっかけであって、そこにくさめの多様な言い伝えの要因を認めている〔堀 一九二七〕。柳田國男も「日本では、二三の民間説話の中に、鼻の穴をたましいの出入口のように、たゞ痕跡をとゞめているだけであるが、知能のまだひらけない民族の中には、生命と不可分なる気息がそこを通路とし、睡中にも遠く遊び」と思っている者がずいぶん多い。息と魂の深い関係については早くから関心がもたれてきた。」と述べている〔柳田 一九七〇〕。

近年では、谷川健一《たにがわけんいち》が沖縄での調査をもとにつぎのように言っている。

南島地帯をあるくようになってから、「フー」という言葉にしばしば出合うことが多いからである。「フー」というのは息をふきかけることがそもそものはじめであって、それが魂ともみなされるようになったと私は思う。呼吸と霊魂との関係は不可分であり、往々にしてそれは同一物であるとみなされてきた。アイヌの間でも息は魂と考えられている。そうして息は風のごときものとみなされたことは、南島では帆をプーと呼ぶことからも推察される〔谷川　一九九三〕。

沖縄県の宮古では人間の運気の衰えた状態を「フーさがり」と言うそうだが、このときの処方について谷川は万古山の老婆からの聞き書きをもとに「苧（麻糸）をまるめてしばり、それをフーの下がった人間の頭の上におくまじないをする。また、ぐったりとした子どもの頭の頂点の毛の渦巻き、すなわち『つむじ』にむかってフーと息を吹きかけることもある。そうするのは、頭の頂点の毛髪の渦巻きのところは、そこから息を吹き入れる場所と考えられていたためである」と述べている〔谷川　一九九三〕。高知県香美郡物部村のいざなぎ流の太夫、小松豊孝太夫の行なう病人祈禱のなかの「おったての加持」では、病魔を追い払う儀礼の最後で、呪文を唱え、病人に向けてフーッと息を吹きかける。これを「魂《たましい》止め」と称している。病人の体に魂を固定するためのようだ。

この法は山などで倒れたりふさぎこんだりしたときにも行なうが、ただ、八十歳を過ぎた高齢の病人にはやってはならないと、同じく太夫であった父から教えられたという。というのは「魂が戻って、かえって病人が難儀をする場合があるから」だという。この法についいて、小松太夫自身が書き留めている「人間の魂を止める法」では、呪文を唱えたあと

「御印は、両手でツツ（筒）の印にて両小いび（指）を、交互に巻きこみ乍ら、病人に口からいきを吹きこむ。三回。いしきを失わせん様にするまじない。年老いて自然に死んで行く人には使ふな。再び正気に成ってなんぎをさし苦しめる」と記している[4]。

宮古で「フーさがり」のときに子どものつむじに息を吹きかけるとか、小松豊孝太夫の病人祈禱における「魂を止める法」はどのように理解すべきだろうか。邪悪なモノを吹き祓うことによって病人の活力を取り戻し魂を安定させる狙いのようにもみえるが、しかし、この場合はそう解釈するよりも、モノに取り憑かれて衰えた身体に〈力〉を帯びた息を吹き込み、あるいは息を吹き付けて、魂に活力を与え安定化させる意味合いがつよいのではないだろうか。右の資料で太夫が「病人に口からいきを吹きこむ」と表現しているのはそのことを示しているのであろう[5]。

息を吹き込む行為は同時に、その〈生命力に満ちた息〉を吸収するという、二者の関係が想定されている。息は生命の根源と不可分に結びついている。ただ、息で「吹き祓っている」のか、息を「吹き込んでいる」のか、その判断は常に確定しているわけではない。それは個々の現場の状況のなかで理解すべきだが、実際には、両者の意味の境界は重層している場合も多いと予想される。

岡山市今村《いまむら》では「苦労性の人（何かにつけて苦労の種にするくせのある人）は、死者入棺の前に棺の中にはいり、蓋をしてもらって、しばらく寝て、息を三息吹きかけておけば、死者がすべての苦労をもっていってくれ、あまりくよくよしなくなる」という（土井一九九七）。悪癖を黄泉路《よみじ》へ旅立つ死者に持っていってもらおうとの魂胆である。

ここでの息を吹きかける行為は、何かを吹き払うためではなくて、癖というとらえどころのないものを、吹き出す息とともに身体から離して外に移す手段である。石川県石川郡河内村《かわち》（白山市《はくさん》）では「大正時代に流行性風邪（スペイン風邪）が流行した時、白山宮より白紙を人形に切り、息を吹き込んで川に流す法が行われた」という（上山　一九八三）。「息を吹き込んで」という表現からわかるように悪いものを人形に移す行為である。長野市の芋井《いもい》神社では、毎年十二月十日前後に氏子が集まって神主が作った人形で体をさする。とくに悪い箇所をよくさすった後、息を吹きかけて人形に移し、これを大晦日《おおみそか》に境内で燃やす（細井　二〇〇三）。

また「病気のとき、さんだわらに洗米をのせ線香をとぼし病人の呼気を吹きかけ、これを道に捨てておけば人に伝染して病気治す」（岡山県）という報告もある（上道郡教育会　一九八六）。酒に酔ったときには壁に息を吹きかければ治る（石川県金沢市）という俗信も、酔いを壁に移す呪いであろう。時代はずっと遡《さかのぼ》るが、平城京や平安京跡で発掘された顔を墨描きした小壺《つぼ》について、水野正好《みずのまさよし》はそれらの使用の仕方について、「小壺の中に玉や餅や人形代を入れ、口を和紙で封ずるのです。女官が陛下にこうした小壺をさし上げますと陛下は小指の先に唾をつけて、その紙の真中をこの指をそえて穴を明けられます。天皇がこの穴へ息を吹き込みますと病気のもととなっていた行疫神—鬼の主従が壺に入ります。陛下はこの穴を指で押さえて女官に下げ渡すと女官が穴に紙を貼り封じこめまして、やがて川へ流してしまうのです」と述べている〔水野 一九九四〕。

こうしてみると、息を「吹く」といっても、その意図は一様ではない。「取り憑いているかも知れぬ邪気を吹き祓う」「生命力に満ちた息を相手に吹き込む」「体内の悪いものを吹き出す息とともに他に移す」といったはたらきが認められる。

高知県高岡郡中土佐《なかとさ》町上ノ加江《かみのかえ》で「赤ん坊を夜間に連れ出すときには息を吐きかけておく」〔桂井 一九七三〕というのは、夜間に徘徊《はいかい》する悪霊から子どもを守る一種の魔よけの俗信と思われる。また、徳島県鳴門《なると》市では、食物を持って夜道を歩くときは狸に取られぬようにホケシ（息）をかけておくとよいという〔鈴木 一九八二〕。茨城県龍ケ崎《りゅうがさき》市の高橋美奈子氏は母親（一九三六年生れ）から、新しい靴をおろすときにはハーッと息を吹きかけておくと怪我をしないと教えられたという。これらの場合は、口をすぼめて息を吹きかけるというよりも、体内の息を絞り出すように、さらに対象を息で覆うようにハァーッと吐きかけるしぐさであろう。

齋藤孝《さいとうたかし》は、吐き出す息について「吸い込まれる前の空気は匿名的であるが、吐かれる呼気には私の身体の内側の刻印が残されている」と表現している〔齋藤 二〇〇三〕。息のかかったものには外部のモノは容易に手をつけることができない、そこには、息を吐きかけた者の意志、言葉を変えれば霊的な力が作用しその影響下にあることを示唆している。特定の人間の影響や支配を受けることを「〇〇の息がかかった者」と言うのと共通の心意が流れている。

ウソブキと風

一月一五日に小豆粥《あずきがゆ》をつくって食べる風習は広く見られるが、その際、小豆粥を吹いて食べてはならないとされている。吹いて食べると、田植えのときに風が吹く（岩手・新潟・長野・和歌山）、二百十日に風が吹く（群馬・岡山）、稲が風害にあう（群馬・三重・和歌山）、死んだときに風が吹く（長野）などという。禁忌を犯したときの心配（制裁）の多くが風による稲の害に集中している。小正月には、一年間の農作業の真似事をして秋の豊かな収穫を期待する予祝儀礼が行なわれてきたが、小豆粥の伝承にもその一環としての性格がみられる。

たとえば、新潟県では「小豆粥はトロトロと出来ると苗代のできがよく、吹いて食べると田植えの時に大風となり、焦げると田が乾くという。板倉町では、若木で小さな馬とエブリを作り、男が、この馬を小豆粥に入れて掻きまわし、エブリで表面をならして田ならしの真似をする」という〔新潟県 一九八二〕。小豆粥を田んぼに見立てている。吹いて食べると風が吹くというのは、似たものは似たものを生む、つまり結果はその原因に似るという類感呪術にもとづく伝承である。とりわけ、正月という始まりの時空でのしぐさや行為が、その後の稲の生育に影響を及ぼすと意識されている。

口をすぼめて息を強く吹いたり口笛を吹くことをウソブキ（嘯）というが、ウソブキが風を招く話が『日本書紀』の海幸山幸の神話に出ている。

又《また》、兄、海に入《い》りて釣《つり》せむ時に、天孫海浜《うみへた》に在《ま》して、風招《かざをぎ》を作《な》したまふべし。風招は即《すなは》ち嘯《うそぶき》なり。如此《かく》せば、吾瀛風《われおきつかぜ》・辺風《へつかぜ》を起《おこ》し、奔波《はやなみ》を以《も》ちて溺《おぼほ》し悩《なやま》さむとまをす。火折尊《ほのをりのみこと》帰来《かへりき》まして、具《つぶさ》に神《わたつみ》の教《をしへ》に遵《したが》ひたまふ。兄《え》の釣《つり》する日に至及《いた》り、弟《おと》、浜《うみへた》に居《ま》しまして嘯《うそぶ》きたまふ。時に迅風《はやち》忽《たちまち》に起り、兄則ち溺《おぼほ》れ苦《くる》しび、生《い》くべきに由《よし》無《な》し。

〔小島他 一九九四〕。

「風招とは嘯なり」と説明されているように、口をすぼめて息を吹きだす状態やその時の音が風の連想に結びついた呪術であろう。「口笛を吹くと風が吹く」という俗信は現在もよく耳にする。

・口笛を吹くと風が吹く（青森・岩手・鹿児島・沖縄）
・朝、口笛を吹くな。その日大風が吹くから（千葉県市川市）
・家の中で口笛を吹くと風が吹く（岩手・秋田）
・海で口笛吹けば風がたつ（青森県五所川原《ごしょがわら》市）

特に、船の中で口笛を吹くのを忌む（青森・岩手・宮城・石川・静岡）のは、風がでると波が高くなって漁ができなくなることを心配するためであろう。石川県輪島《わじま》市でも「口笛を吹くと海がシケる」というが、この禁忌の理由を土地の人は「口笛の音がシケの時の音に似ているからではないか」と説明している〔竹内 一九九九〕。海上で口笛を忌む一方で、帆船の時代には一定の風を必要としたので「帆を張るとき風がなければ口笛を吹くとよい」（青森・沖縄）ともいう。土佐藩士で安政《あんせい》四年（一八五七）に函館《はこだて》を視察した手島季隆《てしますえたか》の『探箱録』五月九日条に「四ツ時西風吹来リ碇ヲ揚ケ走ルコト三里余風忽止ミ忽吹キ波濤ノ為ニ進退ス未ノ刻ニ至リ風ナキニ至ル帆壁ノ如ク立チ舟子激潮ノ為ニ東洋ヘ流出セラルヽ患ヘ頗ル恐惧ス口笛ニテ風ヲ呼タリ楫ヲ以テ押セドモ何トモ致方ナシ」とみえる（手島 一九七六）。

口笛で風を呼ぶ伝承はいろいろな場面でみられる。海上で禁忌とされるだけでなく、「農民が籾などの撰別・風撰作業で箕を使おうとする時、無風では仕事にならないので風を呼ばなければならない。その風を呼ぶのに口笛を吹く」といった事例も報告されている（野本 一九八八）。筆者も同様のことを沖縄県八重山《やえやま》郡竹富《たけとみ》町で聞いた。沖縄県中頭《なかがみ》郡北《きた》中城村《なかぐすくそん》では、かつて、夏の涼をとっているさいに夕凪《なぎ》で風が止んだときには、大人たちが口笛で風を呼び寄せていたという（北中城村 一九九六）。また、凧《たこ》揚げの風が欲しいときにも口笛を吹いたようだ（碓井 一九八二）。類似の俗信は中国にも伝承されている。[6]

口笛と蜂

口笛を吹いて蜂を退散させる俗信もよく知られている（鈴木 一九八二）。

・口笛を吹いたら蜂に刺されない（和歌山県高野口《こうやぐち》町）
・蜂は口笛を吹くと逃げる（秋田・山形・群馬・神奈川・長野・奈良・佐賀・長崎・熊本）
・口笛を吹くと蜂が寄ってこない（秋田県仙北《せんぼく》郡）

明応《めいおう》八年（一四九九）の序文をもつ『竹馬狂吟集』巻第五に「花を折りをりうそをこそ吹け」の句に「軒端なるはちのずはいに梅さきて」と付けた例がみえる。『竹馬狂吟集新撰犬筑波集』（新潮日本古典集成）では「花を折りつつ鼻歌を口ずさんでいるよ。軒端の蜂の巣のある若枝に梅が咲いてね。実は鼻歌ではなくて蜂を吹き払っているのさ」と現代語訳を付している（木村・井口 一九九二）。

「うそを吹く」の意味を、鼻歌をうたう風流人から、枝に巣くっている蜂を恐れてふうふう吹き払っている姿に転じているところが面白い。蜂を退散させるには、口をすぼめて強く息を吹く、あるいは口笛を吹くとよいという俗信を踏まえた句である。鎌倉時代の説話集『十訓抄』には、蜘蛛《くも》の巣にかかったところを助けられた蜂の恩返し譚が載っている。恩のある餘五太夫に加勢する蜂が敵を襲う場面を「蜂ども仮屋より雲霞むのごとく涌いで、敵一人に二三十・四五十とりつき、目鼻ともわかず、物具のあきまをさしつめけり。手足ふところにも入つゝ、すべてはたらく所ごとにさしそんぜずといふことなし。うちころせども三四十ばかりこそ死すれ。敵にあふまではおもひもよらず、今は目をふさぎうそをふきて、あきまをさゝれじとあはてさはぐほどに」と描写している。

蜂に襲われた人間がうそを吹きながら逃げまどうさまが『弘法大師行状絵詞』巻六（一四世紀後半成立）に描かれている。永池健二《ながいけけんじ》は、この場面について「東大寺に巣くった大蜂の群れに襲われて逃げまどう人びとの中に、両手を空に挙げ顔をあおむけ口をとがらして逃げる少年の姿を描き出している。ウソブクという行為の実際の姿を伝える貴重な画証である」と述べている〔永池 一九九五〕。図1-4は、大蜂が老若男女かまわず襲いかかっている場面だが、ところが、うそぶいている少年（図1-5）のそばに描かれた二匹の蜂だけは頭の向きがちがう。少年から逃げ去ろうとしているようにみえる。「口笛を吹くと蜂が逃げる」という俗信の近時に起こったものではないことが了解できる。

蜂を払う呪いとして人々のあいだに深く定着していたようすは、昔話のなかに登場する例があるのをみてもわかる。新潟県北魚沼《きたうおぬま》郡守門《すもん》村（魚沼市）の馬場マスノさん（一九〇

上から、図1-4　逃げまどう人々、図1-5　うそを吹きながら逃げる少年（「弘法大師行状絵詞」小松茂美編『続日本の絵巻10　弘法大師行状絵詞　上』中央公論社、1990年より）

五年生れ）が語った「六十二の木の股（姥捨山）」の話である。殿様が「打たぬ太鼓に鳴る太鼓うそふき面《づら》の袖かぶり」を持って来いと難題を出す。婆さんの知恵で、蜂の巣を袋にいれて持参するが、その場面をつぎのように語っている。

そして、「殿様持って来ました」って言って、殿様がちゃーんとこっけんなって座っているとこへ、ゴロゴロゴローッと転ばしてやったと。ほうしたら、ボン、ボン、ボンボンボンボンボン、ボン、なんていってんがの。殿様は不思議のこったんだんが、それ取ってこうして見て、こうして見ているども、またこう転ろばすと、ボン、ボン、ボンボンボンボンボンボン、というんだんが。ああ不思議で不思議でどうしようもねんだんが、また殿様それ拾い上げて、錐もみでもってこれくらいの穴、キリーッとこう開けたと。ほうしたら蜂が、待ってました、なんて思って出て、モンモンモンモンと出て、ほんのからだ中チクチクチクチクチク殿様刺すな、殿様でっこい袖の着物着てるわい、ほうしておおごとがって、うそふき面で、「フーフーフー」。それが、〝うそふき面（口笛を吹くような顔）の袖かぶり〟だってが（民話と文学の会 一九九一）。

蜂に向かって息を吹きかけるさまを「うそふき面」と呼んでいるのは面白い。蝮《まむし》やムカデ以上に蜂に襲われる危険度は高く、身近な恐怖にちがいないが、それにしても、なぜ口笛を吹くのだろうか。「口笛を吹くと逃げる」というのは、吹き鳴らす口笛の音に退散させる呪的な力が宿っているようにみえるが、しかし本来は、この虫に向かってふうふうと息を吹きかけて遠ざけようとしたしぐさに由来していると考えられる。地を這《は》う虫とちがって空中を自在に飛び回る蜂には、とっさに身をかわすとか、手や足で即座に払うことが難しいという事情もあるのだろう。あるいは、蜂は天候の予知にたくみで大風を避けるという俗信が各地に伝承されているように、(7)口笛を吹くのは蜂の嫌いな風を呼び起こす手段ではないかとの推測も可能だが、この点については今後の検討が必要である。

2　息を「吸う」しぐさ

漁師とねず鳴き

息を「吹く」しぐさに関する民俗の諸相についてみてきたが、それとは別にある意図のもとに、口をすぼめて息を「吸う」というしぐさや行為にまつわる伝承もいくつか報告されている。ただし、息を「吹く」事例に比べると「吸う」ことに関する事例の方は少ない。チュウチュウと音をたてて息を吸う「ねず鳴き」は、ネズミナキあるいはネズグチなどとも呼ばれて漁師や海女の間で伝承されている。高知県宿毛《すくも》市鵜来《うぐる》島では、船霊様にお神酒《みき》をあげたり、釣針を投げる時などにねず鳴きをする習慣があって、そのことをネズグチといっている〔牧田　一九六六〕。同県宿毛市沖《おき》の島《しま》弘瀬などでもネズグチ（鼠口）といい、漁師が網を海に投げるときなどに神に豊漁を祈って「チュウ」と音を立てる。同時に「ヤットエベスサマ」とも唱える〔財団法人民俗学研究所 一九五五〕。

高知県高岡郡中土佐町の常光昭亘《てるのぶ》によれば、船でキスゴを釣りに出たとき、同船の漁師から餌のゴカイを釣針にさす際にチュウチュウと口を吸うと餌がつけやすいと習ったという。桜田勝徳《さくらだかつのり》は「土佐漁村民俗雑記」で「漁者が釣糸を下す時には盛んに鼠鳴きをなし、また屢々『やっとえべす』と云う懸声を出す。又船が沖から帰って魚市場の岸壁に横づけにつくと、まず船員が潮を汲んで、之を水押にかけ、その余った海水を（余らねばもう一度汲んで）船上より魚を揚げる場所へ鼠鳴きをし乍ら撒く。かくしてから、始めて魚を揚げることにしていた」と述べている〔桜田 一九八〇〕。島根県隠岐《おき》郡都万《つま》村（隠岐の島町）でネズミグチというのは、漁師が釣りでなかなか魚が食わぬとき、釣針に唾《つば》をかけて「チューオエビス」と言うことだという〔財団法人民俗学研究所 一九五五〕。瀬戸内海の各地で、釣漁師が釣糸を海に入れるとき、あるいは網漁で網を海に入れるときに「チョイ、エビスサン」とつぶやいて大漁をいのる〔瀬戸内海歴史民俗資料館 一九八〇〕。この「チョイ」もねず鳴きを表現したものであろう。鹿児島県奄美《あまみ》大島《おおしま》でも、チュウチュウと唇を吸う音をたてることをネズグチといっている。

登山修《とやまおさむ》のつぎの報告は、このしぐさを発する生業の現場を的確にとらえている。「魚釣りのとき。釣糸をウルシと呼ばれる錘用の礫に巻いて海底におろし、ころあいをみはからってぐいと引くと、錘用の礫がスルッとはずれるしくみになっている。この後、魚を誘引するかのように、『チュッ チュッ』と鼠口をする。そのときには、まるでそこに大きな魚が近づいてきたふうに、『ウレ　カナコーヨ（そら　愛しい者よ　やって来いよ）』とか、『ウレー　チャード（そら　大魚がやってきたぞ）』などと、あたかも大魚が接近して来て、眼のあたりにみえるかのような言葉を発する。もちろん二十乃至三十尋もある深い海だから釣舟の下の様子など皆目わからないのである。そして、そのあとにチュッ　チュッと鼠口を発するのである」（登山　一九九六）。

柳田國男も「九州各地の釣漁師などは、針に餌を挿して海に投げ入れる際に、初度には少なくともチュウチュウと唇を吸う音をさせる。今では是もたしか鼠鳴きと謂って通じて居る」と述べている（柳田　一九六四）。餌をつけた鉤《はり》や網などを海中に投げ入れるときに発するねず鳴きは、豊漁を期待する呪的な行為だが、漁の習俗として長い歴史をもっているようだ。中世から近世にかけての庶民生活を色濃く映し出しているといわれる『狂言六義　抜書』に収められている「ゑびす大黒」には、「ゑびすは釣をたれんとてねずなきをしつゝさおゝたれめでたいをつりあげたる」とみえている（天理図書館　一九七六）。ねず鳴きは、釣り糸をたれるとき以外にも次のような場面で行なわれる。

(a)釣船では食事をすることが多かったので、米、水、しょう油から割木にいたるまで積み込んでいた。ご飯をたくと釜の蓋に載せてフナダマサマに供える。また「リュウゴンサン」と唱え、チュチュと口をならして海中にも投げ込んだ（愛媛県宮窪町〈今治市〉）（瀬戸内海歴史民俗資料館　一九八〇）。

(b)荒見崎の南方、今の突堤の東側に「ハラノ島」というのがある。これは「祓の島」(はらいのしま)の意、漁人は出漁ごとにこの島に礼拝して、豊漁と安全とを祈願したものである。大祭りのときには、この島に小石三個をおき、その一個ずつに洗米と鰹節と神酒をさゝげて、「チュー、チュー」と鼠鳴きをなし、ついで「ホイツイナ」と唱える。古い頃にはいずれも何かの由緒があったと思われる(三重県志摩町〈志摩市〉)〔鈴木 一九六九〕。

(c)瀬戸内町では、オオダマサン(豊漁の神様=筆者注)をまつるのは、主として正月元旦と網おろしの時である。家の床の間に小机を置き、オオダマサンが中心になるように吾智網を置く。その前にお神酒と供物を並べる。船頭(網主、船主)がお神酒をオオダマサンと網とミトイワに三回ふりかける。最初にワラスベを徳利に浸すときに、船頭は「おおいオオダマサン」とつぶやき、口の中で「チュッ」という。海女のねずみ鳴きにそっくりである。網おろしのときには、正月元旦と同じように家の中で儀礼をしたのちに、網を船にのせて、オオダマサンと網にお神酒をそそぐ。つぎに例の「チュッ」というねずみ鳴きをして、お神酒を海にそそぐ。リュウゴンサン(龍宮様、龍王様)に加護を祈るためである(香川県)〔瀬戸内海歴史民俗資料館 一九七九〕。

こうしてみると、ねず鳴きは、リュウゴンサンをはじめ漁と関わりの深い信仰の場で多く行なわれてきたことがわかる。神霊との交感を図るしぐさといってよいが、いずれの場合にもその背後には、豊かな海の幸への願いがこめられている。第一節で取り上げた「息を吹く」行為の多くが、ある対象を遠ざける意図のもとに行なわれるのに対して、「息を吸う」ねず鳴きは対象を招き寄せる意味を帯びているといってよい。

ねず鳴きは海女の習俗のなかにもみられる。岩田準一《いわたじゅんいち》は『志摩の海女』のなかで「沖へ出て採取場の適宜な所に舟を留めて、潜水する前に、トマエは先ず杓で海水を汲んで嘗め、それを舟縁に振りかけながら、チュッチュッと鼠鳴きをするか、あるいは『ツイヤショウジョウ』などと唱える。龍神への挨拶で、また魔を除けるためでもある。これは漁夫のあらゆる場合に斉しく行うている呪禁である。海女は舟縁にたたずみノミを以て海水を拯い嘗め、あたりへ振灑いだ後、それを額へ押当てて戴きながら鼠鳴きをする。或は舟縁をノミで敲き『ツイツイツイ』と唱えて鼠鳴きをしたり、ノミで海水を拯うて『ツイヤ龍グンサン』と唱えてから鼠鳴きをしたりする」と報告している〔岩田 一九七一〕。

同様の民俗は、一九六八年刊行の『鳥羽、志摩漁撈調査報告書』にも「アマの盛んな志摩地方では竜神へのあいさつは魔除けと解釈されフナドアマが船から入水するときにはコベリを、カチドアマが磯から入水するときには桶を、ノミでたたいて『悪事災難逃して下され、大漁下され、ツイツイ』と唱える。トマエ（船中でアマの助けをする役で、専らその夫か息子）もアマ潜水の前には杓子で水をくんでなめ、それを船べりへふりかけながら同じようにネズミなきをする」とでている〔三重県教育委員会 一九六八〕。徳島県海部《かいふ》郡由《ゆ》岐《き》町阿部《あぶ》（美波町）の海女は、海に入る直前に「チョベッサン」と呪文をつぶやくという〔瀬戸内海歴史民俗資料館 一九八〇〕。これは「チュウえびすさん」が縮まったもので、「チョ」はねず鳴きの音を写したものだろう。

昭和一二年（一九三七）に三重県北牟婁《きたむろ》郡須賀利（尾鷲《おわせ》市）という漁村を調査した牧田茂は、氏神を拝むときに「ツヤ高宮神社」と言って、神棚にお神酒を供えるとか、海に網を投げるときに「ツヤ」と言う伝承について記録し、柳田國男に報告している〔牧田 一九六六〕。この問題について柳田は、九州の漁民などが行なうチュウチュウと唇を吸う鼠鳴きをヒントに「私の想像ではツヤのツも、其音を言語に現わしたので、もう一歩を進めて考えると、人が何物かを欲求する場合に、我知らず出て来る生理上の発作を、わざと力強く意識して表示したのが、そのチュウチュウの音のもとであったかも知れぬ」と推測している〔柳田 一九六四〕。

野本寛一の報告によれば、三重県志摩《しま》町布施田《ふせだ》の海女、田畑たづさんは、海へ入るときには必ずノミで磯桶《おけ》を叩《たた》きながら「ツイヤ マメソクサイで大漁させて下さい」と祈るといい、同町和具《わぐ》の海女、西川嘉栄さんの話では、一月十一日のイソノクチアケには海岸の岩のもとに行き、大島さんの方を向いて「今年も大漁させて下さい」と祈ってから、手にノミ（イソガネ）を持って、「大漁させてください。ツイ ツイ ツイ」と唱えながらノミで岩の上に置いたヘギ餅を起こす所作をするという〔野本 一九九三b〕。また、神奈川県鎌倉市腰越《こしごえ》の漁師は、延縄《はえなわ》を入れるとき「ツイ エベッサマ」、一本釣りのときは

「ツイホラ」と常に口にした〔内海 一九九〇〕。漁師や海女が唱えるツヤ、ツイヤ、ツイ、ツヨなどの言葉は、ねず鳴き同様に豊漁を呼び込む祈りの際に唱えられるが、それは柳田が推測したようにチュウチュウと唇を吸う音を言語に表したものだろう。

遊女とねず鳴き

遊女が客を呼び込もうとするときや、男女の逢引《あいびき》の合図などにねず鳴きを行なったことはよく知られている。ふつう「ねず鳴き」といえば、漁師の習俗としてよりもこちらの方を思い浮かべる人が多いかも知れない。『今昔物語集』巻第二十九「不被知人女盗人語《ひとにしられぬをむなぬすびとのこと》第三」では、道を行く男を半蔀の陰から女が招く場面を「夕暮方ニ、□ト□トノ辺《わたり》ヲ過ケルヲ、半蔀《はじとみ》ノ有ケルヨリ、鼠鳴《ねづなき》ヲシテ手ヲ指出《さしいで》テ招《まねき》ケレバ、男寄テ、『召《めす》ニヤ候《さぶらふ》ラム』ト云ケレバ、女音《をむなごゑ》ニテ、」と描いている〔森 一九九六〕。浮世草子『新色五巻書』三には「三條の小橋伏見屋と云ふ旅籠屋に宿を求め。四條の川原残らず見物して。歸り様道繩手《なはて》の夷《ゑびす》屋《や》には。簾の内から鼠啼《ねずみな》き。何事かと寄る袖の時雨」とみえており、夷屋は色茶屋と考えられている〔野間 一九六六〕。中尾達郎の『色町俗謡抄—浅草・吉原・隅田川』〔三弥井書店〕には、次のような鼠鳴きの唄《うた》が紹介されている。

〽思うこと　ままならぬこそ苦の世界　じれて紙縒《こより》の待人も　抜けて来るかと鼠鳴き

〽島影が　ちらちらとさして嬉しき朝日影　梅の小窓に初音もゆかし　来るか来ぬか　ちょいとちょいと　辻占開けば来るという　鼠鳴き

中尾によれば「鼠鳴きは唇をすぼめてチュウチュウと息を吸い込む動作で、一口にいって待人を呼び寄せる色町の呪である」といい、それには、直接客に向かって行なうものから、待人が来たり喜ぶべきことが起こったときにしてやったりという感じで行なう場合など、いくつかのケースがあるという〔中尾一九八七〕。現在でも「客を呼ぶ時には、ねずみの啼声をまねして内股を三度叩き、手まねきを三度すると客が来る」という〔杉一九七八〕。石川県加賀《かが》市片山津《かたやまづ》の伝承だが、おそらく片山津温泉で働く女性たちの間で伝えられてきたものと思われる。

『隠語大辞典』（皓星社）には、各種の辞典類に収められている「ねずみなき」の解説が紹介されている。いくつか引用してみる。

鼠啼　㈠鼠の鳴くこと。㈡花柳界にて四隅に向ひ、切火灯かけ、鼠の啼く真似をなす呪。東京語辞典　一九一七

鼠啼き　芸娼妓（げいしやうぎ）がチュウチュウと口を鳴らして通行する男子の注意を引き込むやうにするのをいふ。〔花柳界〕時勢に遅れぬ新時代用語辞典　一九三〇

鼠泣き　淫売窟の女が客を呼ぶに鼠の鳴き声を真似て合図することをいふ。隠語構成の様式并其語集　一九三五

鼠啼　淫売婦などが通行する男をくわえこもうとして呼びかける声のこと、口をすぼめ空気を吸うて鼠の様な声を出すから。語源明解・俗語と隠語　一九四九

鼠鳴　思ふ男又は幸福を吸ひ寄せる意味を持つ一種の性的遊戯にして之を行ふ時は洋人キッスを行ふ時の如くチュウチュウと鼠の鳴声に似たる音を発するを以って斯く名づくる物。芸妓通（モダン軟派語彙）一九三〇

花柳界で娼妓《しょうぎ》が客を呼ぶために行なうと解説している例が多い。ねず鳴きの語源については、鼠の鳴き声の真似からとの説が目立つが、ほかにも鼠は物を引くので人の心を引くように（『江戸語辞典』平文社）、とか、「ちょっと、ちょっと」の簡略化されたもの（『類語辞典』東京堂）といった説明がみられる。北野博美は「ねずみなき――都会に残る民間伝承」で「子《ね》祭りが寝まつりに通じた事などよりも前に、鼠の鳴き声を真似る事によって鼠の或行為を示す事が、人に淫情を催させるまじないになる、と考えたのであったろう。元は、厳粛な、子孫繁盛の、引いては穀類を実らす呪法として行われたのであろうが、その本来の意義を忘れて、只、まじないとしてだけ残った」と、このしぐさの始まりを鼠の鳴き声を真似た呪的な民俗に求めている（北野　一九三六）。実際のねず鳴きは、チュウチュウとのばして吸う場合と、チュッチュッと舌を打つように短く吸う場合があるようだが、いずれにしても、その音から鼠を連想したと考えるべきで、鼠の鳴き声や行動を真似たところから始まったとは推測しづらい。それは、この俗信が「吸う」という生理的なしぐさや感覚に深く根ざしたところから意味を生成し伝承されてきたと考えられるからだ。

そもそも、このしぐさを「ねず鳴き」と呼ぶのは、口をすぼめてただ息を吸うのではな

く、発音することと不可分に結びついていたしぐさであることを物語っている。「ちゅうちゅうと唇を吸う」という言い方自体が音との密接な関係を示唆している。それは、こちら側の気持ちを相手に伝える手段であるとともに、なにかを引き寄せる具体的な感触を含んでいる。吉兆やわが意を得たときなどに思わず出る表現でもある。当然、相手との関係によっては、音を出す際にみせる口をすぼめた表情も意味を帯びてくるにちがいない。

三重県志摩郡志摩町布施田や大王《だいおう》町船越《ふなこし》（志摩市）では、船出に際して神棚へ供え物をするとき、「ツイヨ」または「ツヨ」と唱える。これは神との親しみを表す言葉だとされているが、他方で、夫婦が同衾《どうきん》する前にも小さな声で「ツヨ」とささやく。頼むぞという意味だという〔三重県教育委員会 一九六八〕。先に、ツヨはねず鳴きを言葉に写したものであろうと述べたが、それが夫婦の間でも交わされている。歌舞伎の脚本『お染久松色讀販』にも「こんな仕事に當《あたら》ふ端《はし》か、夕部行燈《ゆうべあんど》へ丁子《ちやうじ》が出かけ、内の嚊《かゝ》めが鼡啼《ねずみなき》。」とでているが、ここでの鼡啼は妻が夫を誘う意味である〔浦山・松崎 一九六二〕。男女の逢引のときの合図として、また、相手の気を引くためにねず鳴きをする様子は『松の葉』などの歌謡集に見えている[8]〔浅野他 一九五九〕。

『枕草子』一五一に「うつくしきもの　瓜にかきたるちごの顔。雀の子の、ねず鳴きするにをどり来る」とあるように、動物を呼ぶときにもこのしぐさがみられる。ねず鳴きは一般に縁起のよいしぐさとされている。三重県志摩地方では、竈《かまど》の火《か》焔《えん》が横に広がって音を立てるのを竈の神の喜ぶ声だといい、朝、火を焚《た》きつけてこの声のする日は一日中縁起が良いといって鼠鳴きをする〔岩田　一九七二〕。鹿児島県奄美大島の漁師のあいだでは、知人に久しぶりに道で遇《あ》ったときには、「ニンギン　ヌ　チュー　ヌ　ウトゥマラシャ　ヌーガーヨ　チュッ　チュッ　チュッ（人間の人の、珍しいことだ。何としたことか。チュッチュッ　チュッ）」とネズグチをするという（登山　一九九六）。また、出立の際にまじないとして鼠鳴きをしたことが『江戸語辞典』（平文社）にでている。

こうしてみると、ねず鳴きは、豊漁の祈願、客の呼び込み、逢引の合図、動物を呼ぶときなど、さまざまな場面で行なわれてきたことが知られる。そこに共通しているのは、一口で言えば、豊かな幸や福運、あるいは目をかけた相手を引き寄せようとするはたらきだといえよう。その対象は人や動物をはじめ、相手の気持ちや霊的な存在にまで及んでいる。

先に、息を「吹く」しぐさの裏返しとして、他者や妖怪から息を「吹きかけられる」ことの危険性を指摘したが、同様の関係は、息を「吸う」しぐさに対して息を「吸い取られる」ことにもみられる。山口県阿武《あぶ》郡福栄《ふくえ》村《そん》（萩市）では「他人の寝息を吸うと、吸われた方が死ぬ」と伝えている（波多　一九六六）。睡眠中の霊魂は不安定で身体から離脱しやすいのであろう。諸国から集めた奇事異聞や民間伝承の類を収録した『桃山人夜話』（天保一二年・一八四二）には、ヤマチチという妖怪について「このもの人の寝息をすい、あとにて其人の胸をたたくとひとしく死するとなり」と解説して絵を添えている（図1-6）。猿のようなヤマチチが男の寝息、つまり魂を取っている場面である。ここには、妖異に息を吸い取られることの恐怖が描かれている。

図1-6　寝息を吸うヤマチチ
（桃山人文・竹原春泉斎画『桃山人夜話』天保12年、多田克己氏蔵）

息を「吹く」のも「吸う」のも、ともに口をすぼめて空気の流れを一時的に加速させる能動的なしぐさだが、「吹く」に、邪悪なモノを払いのけたり、体内の霊気のようなものを外に移すはたらきが強調されるのに対して、「吸う」には、常に外部のものを手元に招き寄せるはたらきが認められる。このベクトルの向きの対照は、呼気／吸気の息づかいと相同関係にあり、「吹く」か「吸う」かの違いが、それぞれの伝承群の意味や機能の方向性を基本的に規定しているといってよい。同じ身体部位の対照的なしぐさが、意味の上でも対照的な関係を示す例はいくつかあると思われる。たとえば、次章で述べる親指を外に弾《はじ》く「爪弾《つまはじ》き」は、非難や排斥などを表す積極的・攻撃的な意味をもつしぐさだが、親指を内側に包み隠すのはケガレや邪悪なモノから身を護《まも》る消極的・防御的なしぐさである。そのほか、「目を見開く（睨《にら》む）」と「目を閉じる」、「舌を出す」と「舌を巻く」といったしぐさなども、それぞれ積極的・攻撃的な意味と消極的・防御的な意味に大きくわけられそうである。

《注》

(1) 山川はこの呪文の早い時期のものとして、『新燕石十種』第二巻の『了阿遺書』の記事を紹介している。ここには「☆『陰針口傳集』、これは元禄比の板本に、少さきたゝみをこしらへ、それへこの☆を書す、それをこの五行、考えるに、五の字の形と云ことか、但し五行といふ事か不知、は人體のかたち也、これへ五體を配し、馬銜鍼にてうつなり、其咒文は火々風々御世蒼生《ちちんぷいぷいごよのおほんだから》とあり、右取意、此本は、無古本屋にはころげて可有之候」と見えている。山川範子氏のご教示によれば、『了阿遺書』の底本が所在不明のため『新燕石十種』の記載に頼らざるを得ないが、記述を信ずるならば「ちちんぷいぷい」は呪術的な鍼《はり》治療として使われていたのではないかという。小児を対象とした呪文としての記録は、たとえば天保一五年(一八四四)刊の『幼稚遊昔雛形』中之巻に、この呪いを施している絵とともに「まじなひ　子どもがころんで、手をいためたり、あし(足)をいためたりしたときのまじなひに、〽ちゝんぷい〳〵、ごよのおんたから。トとなへて、いためたところをふ(吹)いてやると、そくざ(即座)になほ(治)る事、神《しん》のごとし」と記されている(尾原一九九一)。

(2) 斎藤英喜《さいとうひでき》は、いざなぎ流の病人祈禱において太夫が、鍛冶《かじ》師と深いかかわりを持つ天神を駆使して病魔を退散させる儀礼について論じている。風を吹き起こす鞴の呪力について「病人祈禱においてであっても、取り憑いた悪魔の力が強大であるならば、たんなる切り離し程度では治癒しえない。そこで、病魔を八つ裂きにするような、血花を咲かせるような、激しい祈禱法が必要となる。そのとき唱えられる法文は、まさに悪魔を調伏する内容なのだ。鉄を生成させる火を起こす鞴の、その強力な風の力で、病人に取り憑いた悪魔・外道や呪詛などを木端微塵に吹き飛ばす呪力。そうした『悪魔』に向けられた力を、そのまま『向こう相手』＝仇となる相手へもちいたならば、それは呪詛・調伏の法文となるのだ」と考察している〔斎藤 二〇〇二〕。病人に向かって太夫が息を吹く際に指を筒状に組むのは、あるいは鞴の口のイメージもはたらいているのかも知れない。悪いモノの類を吹き飛ばす鞴の力を利用したと思われる民俗もある。物部村栃本の恒石順敏氏の牛小屋には鞴の口が掛けられている（図1・7）が、魔よけの意味だとされている。

図1－7　牛小屋にかけられた鞴の口

(3) 高知県香美郡物部村小松豊孝太夫のご教示による。

(4) 小松豊孝太夫は自ら習得したいざなぎ流の諸祈禱や過去の太夫が書き残した記録をもとに、式法次第や祭文等について二十を超える冊子を作成している。「人間の魂を止める法」はそのなかの一本である『小禁《コマジナイ》及切り九字家伝秘伝』に次のように載っている。「木性九ッ火性三ッ土性一ッ金性七ッ水性五ッ六ッ八ッ十二魂魄　魂は伊勢の鳥居ゑ飛でわします共神が社殿ゑ飛ふでわします共佛けが仏殿に飛んでわします共十方世界え飛ふでわします共日取る玉ともこじ取る水取る玉ともこじ取るあこやすいしょうの玉もこじ取り請けじ返いた請じもどいた　おゝるいおゝきゑん仏　人のぬかぬにぬけなほどけな玉の魂　百二十三迄神道我が体えシッカとしておれ　へりんにソバカ。御印は両手でツッの印にて両小いびを、交互に巻きこみ乍ら、病人に口からいきを吹きこむ。三回。いしきを失わせん様にするまじない。年老いて自然に死んで行く人には使ふな。再び正気に成ってなんぎをさし苦しめる」

（5）野村雅一は『ボディランゲージを読む―身ぶり空間の文化』（一九八四　平凡社）で「イスラム文化圏に属するバングラデシュでは、息には回生力があるとされているようだ。病人には、村のモスクの僧をよんで息を吹きかけてもらう。またとくに、夜驚症の子どもには、コーランの一節を詠んで、胸に三回息を吹きこむとよいといわれる」と述べている。

（6）筆者は、二〇〇二年から二〇〇五年にかけて行なった中国浙江省沿海村落の民俗調査（代表・福田《ふくだ》アジオ）に参加して次のような伝承を聞くことができた。「船中で口笛を吹いてはいけない。風がでる」（陳其勝・一九六一年生れ・温嶺市石塘鎮箬山）。「船の中で風と言ってはいけない。昔、手漕ぎ舟で帆を掛けていたころには、風がほしいときには口笛を吹いた」（陳其忠・一九四六年生れ・石塘鎮東山村）。「一、二歳の子どもがぷーぷー口をふくと大風がくる」（郑达春・一九三一年生れ・石塘鎮前紅村）。「船のうえで口笛を吹いてはいけない。吹くと風がでる。昔、帆を使っていたときには風がなくなると口笛を吹いて風を招いたこともある」（江福清・一九三〇年生れ・宇波市象山県石浦鎮東門島）。いずれも男性で、若いころに漁業や海運業に従事していた体験をもっている。なお、中国の嘯の歴史については澤田《さわだ》瑞穂《みずほ》『中国の呪法』（一九八四　平河出版社）に詳しい。

（7）鈴木《すずき》棠三《とうぞう》『日本俗信辞典』（一九八二　角川書店）の蜂の項目には、蜂が低いところに巣をつくる年は、大風がある（全国的）台風が多い（群馬・京都・徳島など）、高いところにつくる年は大風の心配がない（全国的）といった俗信が収録されている。

（8）浅野《あさの》建二《けんじ》他『中世近世歌謡集』（一九五九　岩波書店）では、『松の葉』第一巻の「誰でござり申す、壁越のまた鼠鳴《ねずなき》、今宵は殿御の後に寝て聞く」の鼠鳴について、「忍び男が女の許に逢引に来た合図」と注釈している。

《引用・参考文献》

青森県環境生活部県史編さん室　一九九八『奥南新報〈村の話〉集成』上　青森県

浅野建二・新間進一・志田延義校注　一九五九『中世近世歌謡集』三七〇頁　岩波書店

有森猛　一九六三「美作地方の呪」『岡山民俗』美作民俗特集号　岡山民俗学会

板坂元　一九七一『日本人の論理構造』七〜一二頁　講談社現代新書

板取村教育委員会　一九八二『板取村史』

伊藤晴雨著・宮尾與男編注　二〇〇一『江戸と東京風俗野史』国書刊行会

井上一男　一九三七「但馬の禁厭（続）」『民間傳承』三―一一

井之口章次　一九七五『日本の俗信』九一頁　弘文堂

岩田準一　一九七一『志摩の海女』中村幸昭（本書は『志摩の蜑女』一九三九　アチックミュウ

ゼアム刊の復刻である）
碓井益雄　一九八二『霊魂の博物誌―原始生命観の体系』河出書房新社
内海延吉　一九九〇「海鳥のなげき―海と魚の風土記」『日本民俗文化資料集成』五　五〇頁　三一書房
浦山政雄・松崎仁　一九六一『歌舞伎脚本集』下　二六二頁　岩波書店
大島広志　一九九八「〈雪おんな〉伝承論」『國學院雑誌』九九―一一
大野城市史編纂委員会　一九九〇『大野城市史　民俗編』六〇二～三頁　大野城市
尾原昭夫　一九九一『日本わらべ歌全集27　近世童謡童遊集』九九頁　柳原書店
恩賜財団母子愛育会編　一九七五『日本産育習俗資料集成』第一法規出版
桂井和雄　一九七三『俗信の民俗』岩崎美術社
上山秀之　一九八三『河内村史』下巻　河内村役場
川島秀一　二〇〇三『漁撈伝承』法政大学出版局
北中城村　一九九六『北中城村史　第二巻　民俗編』五一四～一五頁　北中城村史編纂委員会
北野博美　一九三六「ねずみなき―都会に残る民間伝承」『日本民俗』八
北村三郎　二〇〇一「奇妙なお呪い」『土佐の民話』三五三　一九頁　土佐民話の会
木村三四吾・井口壽　一九九二『竹馬狂吟集　新撰犬筑波集』二〇頁　新潮社
小島憲之他　一九九四『日本書紀①』一八五頁　小学館
小林文夫　一九四三「二戸地方の俗信俚諺」『民間伝承』九―六・七合併号

小山真夫　一九七五「小県郡民譚集」『日本民俗誌大系』六　三六八～六九頁　角川書店（本書は『小県郡民譚集』一九三三　郷土研究社刊を再録したものである）
齋藤孝　二〇〇三『息の人間学』一〇頁　世織書房
斉藤英喜　二〇〇二『いざなぎ流祭文と儀礼』三〇九頁　法藏館
財団法人民俗学研究所　一九五五『改定　綜合日本民俗語彙』三　平凡社
桜田勝徳　一九八〇「土佐漁村民俗雑記」『桜田勝徳著作集』一　三〇三頁　名著出版
沢田広茂　一九三一「紙上問答」『民俗学』三―九
澤田瑞穂　一九八四「嘯の源流」『中国の呪法』平河出版社
信濃教育会北安曇部会編　一九三二『北安曇郡郷土誌稿』四
柴田佳子　一九九九「生命《いのち》の息づかい、交歓の音徴―ジャマイカのリヴァイヴァリストの儀礼パフォーマンスの事例より」『叢書・身体と文化』一　大修館書店
上道郡教育会　一九八六『上道郡誌』臨川書店（復刻版）
白井一二　一九三〇「東三河の狐の嫁入」『民俗學』二―四　二七〇頁
菅原和孝　一九九三『身体の人類学』一四九頁　河出書房新社
杉靖子　一九七八『金沢の迷信』北国出版社
鈴木棠三　一九八二『日本俗信辞典』角川書店
鈴木敏雄　一九六九『三重県郷土資料叢書』一五　三重県郷土資料刊行会
瀬戸内海歴史民俗資料館　一九七九『瀬戸内の海上信仰調査報告（東部地域）』

瀬戸内海歴史民俗資料館　一九八〇『瀬戸内の海上信仰調査報告（西部地域）』
高田十郎　一九二五「各地のいひならはし　其六」『なら』三二
高津美保子　一九八七『檜原の民話』六八～七二頁　国土社
竹内潔　一九九九『海民文化の現在―石川県輪島市海士町・舳倉島』富山大学人文学部文化人類学研究室
谷川健一　一九九三「魂と首飾り」『民俗の宇宙』Ⅰ　三一書房
多良間村役場　一九八一『多良間村の民話』多良間村役場
手島季隆著・高知地方史研究会編『探箱録』九七頁　高知市立市民図書館
天理図書館善本叢書和書之部編集委員会　一九七六『狂言六義　抜書』二七～八頁　天理大学出版部
土井卓治　一九九七『葬送と墓の民俗』岩田書院
東北更新会秋田県支部編　一九三九『秋田県の迷信・俗信』
登山修　一九九六『奄美民俗の研究』一四九頁　海風社
中尾達郎　一九八七『色町俗謡抄―浅草・吉原・隅田川』五二～六二頁　三弥井書店
永池健二　一九九五「独歌（ひとりうた）考―ウソと鼻歌の始源をめぐる考察」『口承文藝研究』一八　一三〇頁
新潟県　一九八二『新潟県史　資料編22　民俗・文化財一　民俗編』新潟県
野間光辰　一九六六『浮世草子集』四五六～五七頁　岩波書店

野村純一　一九九八『昔話の森―桃太郎から百物語まで』二六八～六九頁　大修館書店
野村雅一　一九八四『ボディランゲージを読む―身ぶり空間の文化』二一八頁　平凡社
野本寛一　一九八八「海上信仰」『静岡県・海の民俗誌―黒潮文化論』静岡新聞社
野本寛一　一九九三a『言霊の民俗―口誦と歌唱のあいだ』三四～三五頁　人文書院
野本寛一　一九九三b「海女の環境伝承」『民俗文化』五　一九五・二〇八～九頁
波多放彩　一九六六『福栄村史』福栄村史編集委員会
花部英雄　一九九八『呪歌と説話』三弥井書店
原泰根　一九九四『茶ァ食らい爺―負の民俗』二一二頁　初芝文庫
富士吉田市　一九八四『古原の民俗―富士吉田市小明見古原市史民俗調査報告書第三集』一〇六頁
細井雄次郎　二〇〇三　本資料は長野市立博物館の細井氏のご教示による
堀維孝　一九二七「『くさめ』に関する俗信（完）」『民族』二―三　三七頁
牧田茂　一九六六『海の民俗学』五四～五五・八〇～八二頁　岩崎美術社
三重県教育委員会　一九六八『鳥羽、志摩漁撈調査報告書』　一一五～一六頁
水野正好　一九九四『まじなひの文化史―水野正好主要著作目録』一八～二一頁　水野正好さんの奈良大学学長就任を祝う会
南方熊楠　一九三一「紙上問答」『民俗学』三―六
民話と文学の会　一九九一『越後・守門村　馬場マスノ昔話集』四一～四六頁　民話と文学の

会・守門村役場
森正人　一九九六『今昔物語集』五　二九二頁　岩波書店
柳田國男　一九六四「民俗覚書」『定本柳田國男集』二七　筑摩書房
柳田國男　一九七〇「クシャミのこと（孫たちへの話）」『定本柳田國男集』二〇　筑摩書房
山川範子　二〇〇四「ちちんぷいぷいの系譜」『伝承文化研究』三　七二～八〇頁　國學院大學伝承文化学会
渡辺満尾　一九七四『ふるさと久万』九　四頁　久万郷土会

第二章　指を「隠す」しぐさと「弾く」しぐさ

指に関するしぐさは多様だが、本章では指（とくに親指）を握り「隠す」しぐさと「弾《はじ》く」しぐさを取り上げる。現在、「霊柩車《れいきゆうしや》に出合ったら親指を隠す」という俗信が広く伝承されているが、かつてはこの他にも、夜道を歩くときや、病人の家に入るときなどさまざまな場面でこのしぐさはみられた。そこに共通しているのは、恐怖を感じる場面や不安な状況に足を踏み入れたときに行なってきたという点である。霊柩車に出合って親指を隠す理由については、そうしないと親が早死にするからなどと説明されるが、本来は親のためではなく、わが身に降りかかってくるかも知れぬ災厄を防除するためであった。

今日ではほとんど意識されることはないが、この俗信の背景には、邪悪なモノの類《たぐ》いが指先とくに親指の先から侵入するとの観念が横たわっている。親指を隠す伝承から触発される民俗文化の広がりを提示するとともに、このしぐさの呪術性《じゆじゆつ》について述べる。一方、爪弾《つまはじ》きについては、「爪弾きにされる」といった言い方をするが、日常生活のなかでこのしぐさを見かける機会はほとんどない。しかし、歴史を遡《さかのぼ》ると、嫌悪の情を表わすとか排斥する目的で人びとの日常に広く浸透していたしぐさだったと思われる。文献に残る記録と高知県香美郡物部村（香美市）のいざなぎ流の祈禱《きとう》に見られる爪弾きから、その具体的な所作や呪術性について述べる。また、指を「隠す」か「弾く」か、その対照的な指の動きが表現する意味の違いについても触れる。

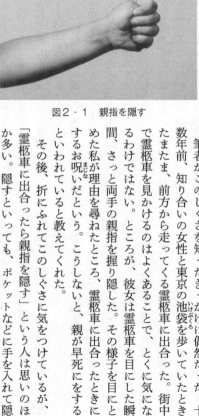

1　指を「隠す」しぐさ

霊柩車に出合ったら親指を隠す

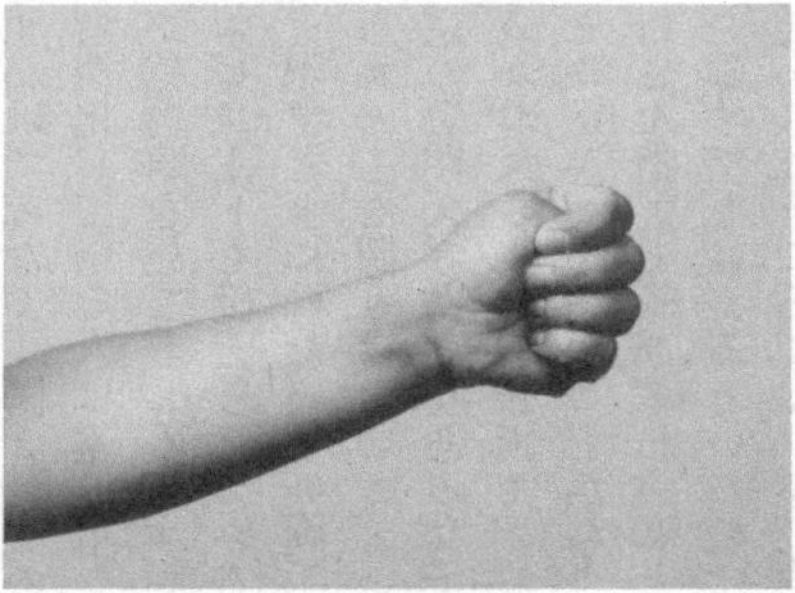

図２－１　親指を隠す

筆者がこのしぐさを知ったきっかけは偶然だった。十数年前、知り合いの女性と東京の池袋《いけぶくろ》を歩いていたとき、たまたま、前方から走ってくる霊柩車に出合った。街中で霊柩車を見かけるのはよくあることで、とくに気になるわけではない。ところが、彼女は霊柩車を目にした瞬間、さっと両手の親指を握り隠した。その様子を目にとめた私が理由を尋ねたところ、霊柩車に出合ったときにするお呪《まじな》いだという。こうしないと、親が早死にをするといわれていると教えてくれた。

その後、折にふれてこのしぐさに気をつけているが、「霊柩車に出合ったら親指を隠す」という人は思いのほか多い。隠すといっても、ポケットなどに手を入れて隠すわけではなく、図2-1のように親指を手のひらに包みこみ拳《こぶし》の形をつくることをいう。習慣化している人は霊柩車を見ると反射的に指が動くものらしい。自転車に乗っていた人が霊柩車を見て、おもわず両手の親指を握りしめたために転倒したという笑い話のようなエピソードも伝えられている。

隠すときにはたいてい両手の親指を同時に隠す。しかしなかには「片親の場合にはどちらか一方を隠せばよい」という人もいて、必ずしも両手と決まっているわけでもない。東京の短期大学に通うある女子学生は「お葬式の家の前を通るときは指を隠す。亡くなった人がお父さんなら親指で、お母さんなら人差し指を隠す。そうしないと、親の死に目に会えないか、不幸なことがおきる」と話してくれた。親指を「お父さん指」人差し指を「お母さん指」と呼び習わすことからの連想らしい。ただ、死者の生前の立場を確認したうえで隠す指を変えるというのは、通りかかった霊柩車を見ただけでは判断がつかない。また、変わったところでは「霊柩車や葬式をしているお寺の前を通ったら親指を隠して、つぎに、走っている赤い車を見るまではしゃべってはいけない。しゃべると親の死に目に会えない」という女子大学生もいた。

このしぐさの実態や広がりの一端を知る目的で、一九九五年七月に、大学生を対象に簡単なアンケートを実施した。協力してくれたのは、宮城教育大学（仙台市《せんだいし》）の一年生から四年生まで、男女合わせて二三〇名である。つぎにその結果を紹介する。

一、何かに出合ったり、ある場所を通るときに「親指を隠す」というしぐさについて
　・知っている（一八五名）／・知らない（四五名）

二、親指を隠すのはどのような場合か（知っていると答えた人）
名）／・霊柩車に出合ったとき（一三七名）／・お葬式をしている家の前を通るとき（二五・救急車に出合ったとき（二二名）／・お墓のそばを通るとき（七名）／・救急車のサイレンを聞いたとき（六名）／・カラスを見たとき（四名）／・柳の木の下を通るとき（四名）／・消防車に出合ったとき（一名）／・パトカーに出合ったとき（一名）／・黒い外車に出合ったとき（一名）／・八木山橋を通るとき（一名）
三、親指を隠す理由は
　・親が早死にするから（九六名）／・親の死に目に会えないから（四八名）／・なぜそうするのか知らない（一九名）／・悪いことが起きるから（九名）／・身近な人が死ぬから（四名）／・自分が死ぬから（三名）／・縁起がわるいから（三名）／・悪霊が憑くから（二名）

八割強の学生がこの呪いを知っていたのは驚きであった。学生の出身地は、宮城県（九一名）を中心に、岩手県（一九名）、福島県（一四名）、青森県（一一名）、秋田県（一一名）とつづくが、関東地方や中部地方出身者もいて分布は広範に及ぶ。知ったきっかけについては大部分の学生が、小学生のころに友達から教えてもらったと答えている。このし

ぐさを「今も行なっている」という学生は「たまに行なう」も含めて六〇名だった。

親指を隠す場面は「霊柩車に出合ったとき」がずば抜けて多く、ついで「お葬式をしている家の前」「救急車に出合ったとき」とつづく。一例だが市内の広瀬《ひろせ》川にかかる「八木山橋」があげられているのは、この橋から身投げをする者が多いからのようだ。隠す理由としては「親が早死にするから」「親の死に目に会えないから」という例が多く、自分と親との間に不幸な事態が発生するかも知れないという心理がはたらいている。学生の中には「親指を隠すのは親を隠す意味だ」と、親指と親とを直接結びつけて理解している者も少なくない。

湯《ゆ》川《かわ》洋司《ようじ》が一九九六年一〇月に山口大学（山口市）の学生を対象に行なった「霊柩車を見たら親指を隠すしぐさについて」のアンケートの結果を見ても、その内容は宮城教育大学の学生の報告とよく似た傾向を示している。[1] 報告のなかには、ただ親指を握り隠すだけでなく「霊柩車を見たら親指を隠して他人の家の屋根の下ではなす。そうしないと自分の両親が死んでしまう」（女子学生）とか、「救急車のサイレン音でもやっていた。身内が事故にあうという言い伝えから。小学校のときに兄に教えられた。霊柩車の場合には、唾《つば》を三度吐いて他人に①人差し指をつなげたものを手で切ってもらい、②つぎに人差し指と中指をつなげたものを、③つぎに全部の指をつなげたものを切ってもらっていた」（男子学生）という手のこんだやり方もみられる。とくに、親指を隠す対象が霊柩車だけでなく「救急車に出合ったとき」とか「救急車のサイレンを聞いたとき」という例が両大学のアンケートに相当数みられるのは、この俗信の新たな広がりを示しているだけでなく、たえず現代社会との関わりのなかで、私たちの感じる不安が変質していく関係の一端が表出している。右の二つの大学のアンケート以外に、このしぐさに関する現代の若者たちの報告をいくつか紹介しよう。

○小学校の頃のことで、僕の学校は明治三十三年に創立した学校で、その学校に昭和四年に作られた木造の校舎がありました。その前に古いトイレがあって、そこにはトイレに落っこちて死んだ女の子の幽霊が出るそうです。そしてそのトイレを使うと下から手が出て来て、下へひきずり降ろすそうです。それからそのトイレは幽霊便所と呼ばれました。そしてその前を通るとき、両手の親指を隠して通らないと両親が死んでしまうと言われていました〔三原　一九九五〕。

○自分が興味をもったのは、お墓や、人が死んだときその家の前に立てる木でできた立て札の前を通るとき、親指を隠すというものである。自分の地元の新潟県では、人が死んだ家の前を通るときには、親指と歯を隠さなければならないということを聞いた。もしそうしなければ、父親が早く亡くなり、歯を隠さなかった場合には母親が亡くなるというものである。いつごろ誰に聞いたのかははっきりとは記憶に残っていないが、すでに小学校のときから、下校や登校する際に友達と、人が死んだ家の前やお墓のわきを通るとき、「おい。親指を隠せや」などと口々に言いながら隠していた記憶がある（東京の大学に通う男子学生）[2]。

○柳の木の下を通るときは、息を止めて親指を隠さないと親が早死にするという話が、幼稚園の頃にはやった。今でもやってしまう癖がある（東京の短期大学に通う女子学生）（岩倉一九九四）。

○カラスを見たとき、親指を中に入れて手を握り、十秒かぞえないと親が死んでしまう（東京の大学に通う女子学生）（樋口一九九五）

こうしてみると、霊柩車とか葬家のように人の死と直接かかわる対象以外にも、何らかの不安、あるいは不吉な予感を誘うものがこのしぐさの対象になっていることがわかる。ところで、この俗信はいつ頃から言われるようになったのだろうか。東京の護国寺《ごこくじ》で喫茶店を開いているAさん（鎌倉市出身の女性・大正生れ）は、子どもの頃に母親に「霊柩車を見たら親指を隠すもの。そうしないと親をとられる」と教えられて以来、ずっとつづけているという。現在、店で一緒に働いている娘さんも母親であるAさんのしぐさを見て覚えたようで、店の前を霊柩車が通過するとさっと親指を隠すそうである。大阪市出身の三原幸久氏（男性）の場合は、昭和十年代に近所の遊び友達から聞いて知ったといい、東京都出身の吉沢和夫氏（男性・大正一三年生れ）も子どもの頃に覚えたという。筆者が聞いた範囲では、すくなくとも昭和の初め頃には知られていたことがわかる。

もっとも、我が国で霊柩自動車が初めて運転されたのは、井上章一《いのうえしょういち》の『霊柩車の誕生』

（朝日新聞社）によれば、大正時代の前半期だそうである。「すでに大正四年の段階で、東京には霊柩自動車が走っていたとみることができる」と書かれている（図2・2）〔井上一九九〇〕。当然「霊柩車に出合ったら」とか「霊柩車を見たら」という表現自体は、霊柩車の登場より前に遡ることはない。ここでいう霊柩車は遺体をおさめた棺《ひつぎ》を運ぶ自動車だが、言葉を変えれば「葬列（葬式）に出合ったら」というのと同じである。おそらくこの呪的なしぐさそのものは霊柩車の登場より前から行なわれていたと考えられる。

図2-2　国産霊柩車第1号
（写真提供・東札自動車株式会社）

　大正八年（一九一九）発行の『郷土趣味』一三号には、京都の土俗として「葬式に逢はば親指を隠せ。親が死ぬから」とみえる〔田中一九一九〕。また、澤田四郎作は昭和一一年（一九三六）に「大阪では葬式に逢ふと親指を見せるなといって親指を中にして握る」との事例を報告している〔澤田一九三六〕。児童文学作家の神沢利子氏は、子どもだった昭和初年頃、死人の出た家の前を通るときには親指を隠したそうである〔神沢一九九五〕。後述するように、心配事のあるときには親指を隠せとの記事は近世の文献にも記録されている。

　明治以降に肥大化した華美な葬列は、交通機関の発達にともなう都市の生活環境の変化という要因も手伝って、大正期に入ると衰弱していく。霊柩車の登場はそれまでの葬列の形態に大きな変化をもたらした〔井上一九九〇〕。とくに、都市部では従来の葬列にかわって霊柩車を見かける機会がふえるにしたがい、この呪いの対象が霊柩車に移っていったと推測される。

霊柩車に出合うと縁起がよい

親指を握り隠すことの意味は単純には片づけられないが、霊柩車、葬式、墓などを対象にして行なわれるのは、死霊の影響（ケガレ）を避けようとする心意に発していると考えてよいだろう。ところが、他方では、「霊柩車に出合うと縁起がよい」ともいう。先の山口大学の学生のアンケートのなかにも、一例だけだが「霊柩車を見た日はいいことがある」（男子学生）「霊柩車を一日に三台見たらいいことがある」（女子学生）との報告がみえる。

とくに、スポーツ選手や賭《か》け事を好む人たちのなかには、霊柩車に出合うと勝運に恵まれるなどと縁起をかつぐ人が少なくない。これらは「葬列に出合えば縁起がよい」という俗信の延長線上にあると考えられるが、ただ、霊柩車を吉兆とするのは、親指を隠す心意とは明らかに矛盾する。というよりも、相反する伝承といってよい。高谷《たかや》重夫《しげお》は「吉と凶の問題」と題した論文の中で「我々国民の通常の感覚では最も忌み厭いまたは凶として近よる事を喜ばぬ喪に関する現象が、一転してある場合には吉と考えられるのは如何なる理由による事であろうか」と疑問を投げかけ、該当する事例を数々紹介している〔高谷一九四二〕。

この問題に関して想起されるのは、海上に死のケガレを持ち込むのを恐れる漁師が、水死体を見つけるとエビスさまといって拾い上げて祀《まつ》る風習である。こうすることで漁運に恵まれるのだという。霊柩車に出合うのを吉とみなす伝承と直接結びつくかどうかは分からないが、波平恵美子《なみひらえみこ》はケガレがもつ力の儀礼的転換として捉《とら》えようとしている。海上を漂う水死体は境界的・両義的存在である。それは、不浄性を付帯され危険視されると同時に神聖さを帯び、時には正反対のものと結びつく可能性をもつという。「穢れが、『ハレ↕ケガレ』の価値体系の中で、価値の逆転を生じ、ケガレの持つ力が逆にハレのもつ力へと転換したのだと考えることができる」と述べている〔波平 一九九二〕。

しかし、なぜ水死体に儀礼的転換が生じるのかについては疑問を残している。新谷尚紀《しんたにたかのり》は、ケガレの逆転のメカニズムが縁起物などの誕生において見出《みいだ》される事実に着目し「葬送の棺担ぎの役の人が墓地からの帰り道に脱ぎ捨てた草履を拾って履くと足が丈夫になるといったり、汚い馬糞を踏むと足が速くなるとか背が高くなるなどといい、また髪の毛三本を船の守り神である船霊様の御神体としている例など、普通に考えれば汚いものが逆に縁起物や御神体となっている例が少なくない。つまり、ケガレは忌み避けられ、それを祓えやるという儀礼が行われながらも、決して無化されることなく、エネルギー不滅の法則にも似て、福をもたらす縁起物へと変わったり、究極的にはカミへと逆転するという仕組みが、これらの民俗を通して発見されるのである」と指摘している〔新谷・宮田 二〇〇〇〕。

高知県宿毛市沖の島の漁撈《ぎょろう》の俗信を調査した吉成直樹は、豊漁と不漁にかかわる伝承について ケガレとは別の角度からの解釈を試みた。漁師たちの間に根強い、出産は不漁、人の死は豊漁をもたらすとされる俗信は、この世に存在する「富」の総量は常に一定であるという考えを背景にした、「富」をめぐるこの世と他界との調和的変換の原理に基づいているという。「ごく簡単に言えば、人間の生命と魚という二つの〈富〉がこの世と他界との間で交換されているということである。この世の側からみれば、人間の生命を獲得したとき（出産）には魚を失い（不漁）、人間の生命を失ったとき（死）には魚を獲得（豊漁）していることになる」と説く〔吉成 一九九六〕。つまり、子どもの誕生は他界からこの世への富の移動であって、当然、それに見合った富がこの世から他界に移動すると考えた、それが不漁という言葉で表現される。人の死はこの世から他界への富の移動であり、その見返りとして他界からこの世へもたらされる富、それが豊漁だというのである。吉成は「船に寺（＝死）の木を使うと豊漁になり、氏神（＝生）の木を使うと不漁になる」という俗信も、右のような考えをもとに意味を比喩《ひゆ》的に拡大したものとみている〔吉成 一九九六〕。

一九九四年の暮、筆者が埼玉県川越《かわごえ》市で出会ったタクシーの運転手は、やはり、霊柩車を見ると縁起がよいと言っていたが、その理由を尋ねたところ「これ以上は落ちないから。あとは上がるだけ」だと説明してくれた。また「霊柩車が前から来たらその日一日よいことがある。後ろから来て追い越されるとその日一日不幸。後ろから来るのがわかったら角を曲がるとよい」（東京）ともいうが、これなどは「午前中に葬列に合えばよいが、午後に合うとわるい」というのと似ている。前と後ろ、午前と午後のちがいによって吉凶が反転するのは、一日の時間の推移につれて吉凶が入れ替わる「朝グモは吉、夜グモは凶」の俗信にもみられる。

狙われる親指

霊柩車や葬式との関連について調べていくうちに、親指を隠すしぐさはさらに広い伝承の裾野《すその》をもつことがわかってきた。

(a)厄病を除けるには病人の戸間口に入る時両手共親指を中にして握って入り、「棟が九つ戸が一つわが行く先は柊の里」と唱える（長野県）〔信濃教育会　一九三二〕

(b)夜道をひとりで歩くとき、寂しくないように、

やぐもたつ　やぐもつまごめやえがきを
やえがきつくるそのやえがき
あびらおんけんそわか　あびらおんけんそわか　あびらおんけんそわか

親指が害をするので、親指を中に入れて手をにぎって、うたいながら歩いた。そうすると、寂しくない（群馬県藤原村〈みなかみ町〉）〔吉沢他　一九七九〕。

(c)怖い犬、ことに山村で出合った時は、まことに猛々しいもので足元まで吠えついてく

る。このとき、両手の親指を中に拳を握りしめ、またたきせずに犬の眼を凝視すると、不思議に犬は後退する。それでもなお攻撃を止めぬ時は、手指の拳はそのままに腕を垂れて相撲の仕切りのように、腰高にかまえると、さすがの犬も一散に後退し、遠吠えでこちらが行き過ぎるまで見送っている。少年時代から何度か試みて効果がありました〔野田 一九七四〕。

(a)の資料は、昭和七年（一九三二）に刊行された『北安曇郡郷土誌稿』四輯に記録されているが、かつての人々の病に対する意識の一面をよく示している。病は、疫病神に取り憑《つ》かれたり、目に見えない邪悪なモノが身体に忍び込んで引き起こすとされた。ここでは、そうしたモノが滞留しているかも知れぬ場所に足を踏み入れるときには、親指を握り隠していれば害を受けないですむというのであろう。「棟が九つ」の呪い歌もこのような場面でしばしば唱えられる魔よけの一種である。秋田県北秋田《きたあきた》郡や鹿角《かづの》郡で「病人の家の前を通るときは、親指を隠して通ると伝染しない」といい、同県雄勝郡で「伝染病のある家の前を通るときは手を握って通ると伝染しない」というのも同じである〔東北更新会 一九三九〕。

夜間に家の外を出歩くのも危険な行為と考えられていた。(b)の例では、寂しくないように親指を隠すと説明されているが、そもそも、昼間とちがって夜は神霊や妖怪の支配する時間帯であり、災いを及ぼす魔物やえたいの知れぬモノにいつ遭遇するかもしれない恐れがあったからだ。夕暮れ時をオウマガドキ（逢魔が時）などとよぶのも、人間の時間が退潮し魔性のモノたちが出没し始める境界の時間の危うさをよく表している（図2-3）。

柳田國男は『妖怪談義』のなかで「黄昏に途《みち》を行く者が、互いに声を掛けるのは並みの礼儀のみでなかった。言わば自分が化け物でないことを、証明する鑑札も同然であった。佐賀地方の古風な人たちは、人をよぶときは必ずモシモシといって、モシとただ一言いうだけでは、相手も答えをしてくれなかった。狐じゃないかと疑われぬためである」と、化け物に対する警戒心のあったことを述べている〔柳田　一九七七〕。夜道を歩くときには親指を隠せという伝承の背後には、日没後の外出に対する人々の不安が横たわっている。秋田県山本郡では「夜道を歩くとき、親指を中にして手を握っていると狐に化かされない」という〔鈴木　一九八二〕。人に取り憑く狐狸《こり》の類いから身を

図2-3　夜は化物たちの世界
（「本所七不思議の内狸囃子」写真提供・墨田区教育委員会）

守るにもこのしぐさは有効だったとみえる。見知らぬ犬に吠《ほ》え立てられて恐い思いをした体験をもつ人は少なくないだろう。(c)のように、近年はほとんど見かけなくなったが、筆者が子どものころ（昭和三十年代）の土佐の田舎町では、放し飼いの犬や野良犬がわがもの顔で町中をうろついていた。路地の行く手に大きな犬が寝そべっていたりすると、そばを通り抜けるのに一大決心がいったものである。最上孝敬《もがみたかよし》は、猛犬に出合ったときの対処の仕方について次のように述べている。

北安曇郡郷土誌稿の俗信俚諺をみてゆくと、恐い犬にあった時の呪として、両手の親指を中に入れて手を握り、戌亥子丑寅と三度繰返して唱えると犬が吠えぬというのがある。これと類似の呪は都下町田市で出している『町田市の文化財』第七集、方言・彙戯・唄特集号にものっている。猛犬に出あったとき、戌亥子丑寅と唱えながら両手の指を折りまげて握り拳を作って進めば、犬は頭をさげて道をゆずるというのである。

ところでこの種の呪も私は子供の時からきいている。私の祖母は東京の山の手と下町との境のような所で育った人だと思うが、私は祖母からこの呪を教わっている。ただ私の教えられたものは、片手を親指を中にして、戌亥……とぎゅっと握っていて、犬のおそれがなくなった時は、寅丑子亥戌と指をひらいておくのである。そうしないと次の機会にこの呪はきかなくなるといわれた。そしてまことに不思議なことであるが、私は子供の時分はもちろん、それからずーっと今日に至るまで、この呪の恩恵に預かっている。民俗採訪のおりどの位この呪の厄介になったか知れない。谷戸に通ずるただ一本の道しかなく、どうしても奥の家をたずねたい時、途中に猛犬がいて唸り声をたてているような時、この呪をすると、まもなく唸り止めてすーっとどこかへ消えてしまう。また家の裏手の石碑などをみようと山裾へふみこむと、どこかの犬がみつけて吠えたてる。すると四方八方に、呼応して吠えたてる犬があらわれ、逃げ路さえなくなってしまうことがある。この時この呪をすると、今まで吠えたけっていた犬共が一様に静かになり、何時の間にかいなくなるのである。

自信をつけた私はいつもこの呪をつかってどんな多くの猛犬にであっても、平静な落着いた心境をもちつづけられるのである。おそらくこの平静な心境が、犬共の感覚に通ずるものがあって、犬共も警戒態勢をといて、おとなしくなるのでなかろうか。言語を解せず、表情も豊かでない畜類には何か人の心境を感得する特別な感覚があるのでなかろうか〔最上　一九七三〕。

報告者の体験が具体的に語られていて説得力がある。わがもの顔で行動する犬、とくに凶暴な犬にはだれもが手を焼いたものらしい。右の呪いは、十二支の戌に見立てた親指を順次他の指で押さえ込み、最後は寅で封じ込めようとの魂胆である。岩手県宮古市では「吠犬または恐れる犬を見たら、口の中で『我は虎、いかに鳴くとも犬は犬、獅子の歯が

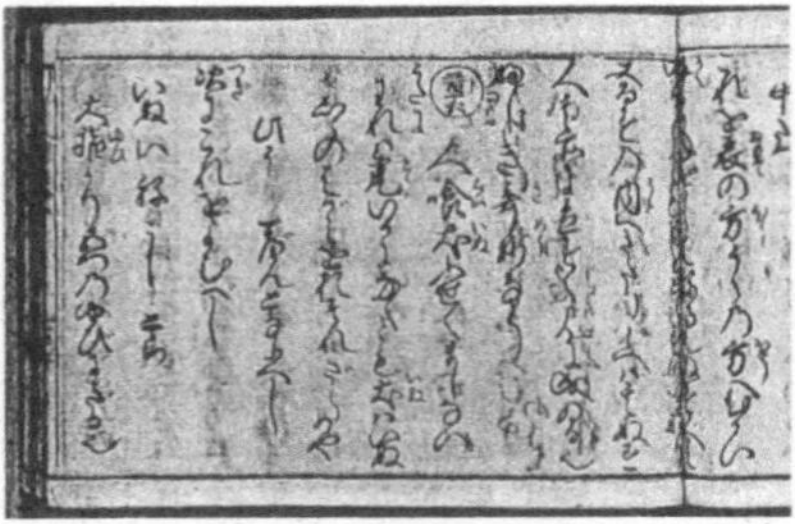

図2-4　『咒咀調法記』元禄12年
（長友千代治編『重宝記資料集成　第16巻　俗信・年暦1』臨川書店、2006年）

みを恐れざらめや』という呪歌を一遍だけ唱えた後『戌、亥、子、丑、寅』と言いながら、右の親指より折り始める。即ち戌で親指、亥で人差し指、子で中指、丑で薬指、寅で小指と順に折りて、強く握って前に突き出し『ウン』と丹田に力を入れる。そうすると犬がしょんぼりする。家に帰ってそのまじないを戻す時は『寅、丑、子、亥、戌』と逆に言う」という。この呪いで犬はたちまち自由を失い、危難をまぬがれるという〔宮古市教育委員会 一九九四〕。類似の伝承はほかにも確認されるが、実はこれらとほとんど同じ呪いがはやく元禄《げんろく》年間に板行された『咒咀調法記』に記されている。

> 人喰犬ふせぐまじない　うたに　われは虎いかになくとも犬ハいぬししのはがみをおそれざらめや　此うた三べんとなふべし　次にこれをよむべし　いぬいねうしとら大指より五つのゆびにぎるなり（図2-4）〔長友 二〇〇六〕

今日、類似する呪いが各地に伝承されている背景は明らかではないが、ひとつには、山伏や旅の宗教者、遍路などが各種の呪いを記した控えのようなものを持ち歩き、身過ぎの糧として時に応じて村人に伝授していった歴史があったようだ。(3) それにしても、猛犬を制するのに虎（寅）の威を借りるのは面白いが、この発想は古くから知られていたとみえる。近世初期に編まれた安楽庵策伝《あんらくあんさくでん》の『醒睡笑』には、手の内に虎の字を書いて見せれば犬に咬《か》まれぬと教えられた男が、その通りに実行したが全く効き目がなかったため、僧に尋ねたところ「その犬は一円文盲にあったものよ」と答えたという笑話が載っている〔鈴木 一九八六〕。

第一節で紹介した大学生のアンケートのなかに、カラスを見たら親指を隠す例があったが、その後、筆者は横浜の女子大学に通う学生から「カラスを見たときは、親指を中に入れて握り、十秒かぞえないと親が死ぬ」と教えてもらった。「カラス鳴きが悪いと人が死ぬ」といわれるように、この鳥には死を予知する暗いイメージが漂っている〔常光 一九九三〕。「カラスに親指を見られたら親の死に目に会えない」（東京）などともいう。

また「カラスを見たら両手の人差し指の先をくっつけて、誰かにそれを切ってもらうとよい」との呪法も知られているが、いずれにしてもカラスを不吉な鳥として気にする若者は今でも少なくない。カラスとならんで、若者たちの間では「柳の木の下を通るときは息を止めて親指を隠さないと、親が早死にする」という例がいくつかある。柳の下と幽霊の取り合わせがこうした場面で脈絡を通じている。以上のほかにも次のような伝承がみられる。

・白い馬に出合ったら親指を握り締めて通り過ぎよ。家の誰かに祟りがある（秋田県河辺町〈秋田市〉）

・蛇を指さして指が腐らぬようにするには、親指を隠してさせ（富山県小矢部《おやべ》市）

・大蛇のでるという池のそばを通るときには、両手の親指を隠して通った（新潟県長岡《ながおか》市）

・親指を中にして固くにぎり「ハメドノ草葉ノカゲニカクルトモ、ワガユクサキハ、アビラウンケンソワカ」と三遍唱えると蝮に咬まれぬ（兵庫県淡路《あわじ》島《しま》）

・一人でホーキボシを見たら、両親の一人を失うといって親指を中に握る習俗がある（奈良県大和郡山《やまとこおりやま》市）

探せばさらに事例数は伸びるであろうが、ここに挙げた例からだけでも、霊柩車、葬式、墓、疫病神、夜道、人を化かす狐、猛犬、カラス等々、多様な場面で機能している実態をうかがうには十分だろう。そして、これらのいずれにも共通しているのは、何らかの意味で恐怖を感じる場面に遭遇したり、あるいは、不安な状況に足を踏み入れたとき、降りかかってくるやも知れぬ災禍を未然に防ぐ狙いがこのしぐさにはこめられている点である。

蜘蛛淵伝説の恐怖

災厄を防ぐためにわざわざ親指を隠すというのは、見方を変えれば、身体のうちでももとりわけ親指は邪悪なモノにつけ込まれやすい箇所であることを暗示している。それは、足の親指においても同様であったらしく、「賢淵《かしこぶち》」とか「蜘蛛淵《くもぶち》」と呼ばれる伝説にその痕《こん》跡《せき》が窺《うかが》える。淵から這《は》い出てきた蜘蛛が、ほとりで休んでいる男の足に糸を巻きつけて引き込もうとする怪異譚《たん》である。

昔、荒瀬の滝で讃岐商人と十左衛門が一緒に話をしながら休んでいた。一匹の蜘蛛が滝の水の中から出てきて、十左衛門の足の親指に糸をかけた。これは不思議な事だと思うて見ていると、その蜘蛛は水の中に入って行き、今度もまた出てきて十左衛門の親指に糸をかける。そうして何度も何度も同じ事を繰り返すので、十左衛門は傍らの木にその糸をかけて座っていた。それから暫くして、山のむねで大きな声で「取れたかや」と言う声がした。すると水の中で「取れたぞや」と言った。十左衛門は蜘蛛はまど（魔性）じゃと思ったので、急いでその場から逃げて行った。「引け」と言う声が聞こえたと思う間もなく、傍らの木と讃岐商人は滝の中へ引かれていってしまった。十左衛門は命がやっと助かった。その後その滝を荒瀬の十左衛門滝というそうな。

徳島県西祖谷《にしいや》山村《やまそん》（三好《みよし》市）に伝わる話である。武田明《たけだあきら》『阿波祖谷山昔話集』（三省堂、一九四三）に拠《よ》った。蜘蛛のふるまいを怪しんだ十左衛門は糸をそばの木に移して難を逃れるが、それに気づかなかった商人は滝壺《つぼ》に引き込まれてしまう。ここで注意したいのは、蜘蛛が糸を巻きつけようとした箇所である。話によってはただ「足に糸をかけた」とだけいう場合も多いが、それと並んで、右の話のように男の親指に巻きつけたと語る例がかなり広い地域に分布する。目に留まった伝承地を拾い上げてみても、福島県国見町《くにみ》、新潟県長岡市、茨城県高萩市《たかはぎ》、栃木県栗山村《くりやま》（日光市）、群馬県上野村《うえの》、長野県真田町《さなだ》（上田市）・小県郡《ちいさがた》河西地方、岐阜県藤橋村（揖斐川町《いびがわ》）、静岡県森町・本川根町（川根本町）、岡山県備中町《びっちゅう》（高梁市《たかはし》）、徳島県西祖谷山村（三好市）、愛媛県小田町《おだ》（内子町）・柳谷村《やなだに》（久万高原町）などで確認できる〔稲田他　一九八九〕。

ひそかに近づいてきた蜘蛛の狙いは、男の足の親指に糸をかけることにあったとみて間違いないであろう。それは、この指が大きくて目立つというだけでなく、魔性のモノにとっては親指という身体の一部に取り憑くことは、取りも直さず相手の急所につけ入ることになるからだ。人の側からいえば、親指に受けた毒気は致命傷になりかねない危険を孕《はら》んでいるといってよい。

些細《ささい》なことにこだわるようだが、ともすれば見落とされがちな話の一要素にも時として隠れた歴史の糸が縫い込まれている。つぎに、宝暦《ほうれき》二年（一七五二）の序をもつ『裏見寒話《た》』から引いてみよう。本書は、野田市右衛門成方が甲府城勤番として赴任中に耳目に溜めた見聞を記したものだが、そのなかに「蜘蛛淵」伝説が書き留められている。

人ありて、中郡辺の淵に釣を垂るに、大なる蜘蛛、水中より上って、釣をたるる男の足元へ来りて、又水に入る、此人何の気も付かず、煙管を取らんとして足を探り見れば、左足の大指に蜘糸を巻く事七重八重也、大に驚き、此糸をとりて、密に側なる古き柳の切株に巻付置たれば、忽然水浪を上げ、淵底より彼の蜘の巣を引きて、件の切株を水底に引落す、依て此人驚て逃げ去る、古老の云、水中の蜘人を喰ふと、心得べき事なり〔三田村 一九七七〕。

今日伝承される「蜘蛛淵」伝説では、糸をかけた木が根こそぎ淵のなかに引き込まれる場面にもっぱら魔性のモノの凄《すさ》まじさが集約されていて、指から糸を移したのは偶然のように語られるが、もともとは、魔物である蜘蛛に足の親指（大指）を狙われたことに対するただならぬ気配や恐れが糸を移す動機だったのではないだろうか。「左足の大指に蜘糸を巻く事七重八重也、大に驚き、此糸をとりて」という表現からはそうした動揺が読み取れる。明和《めいわ》六年（一七六九）刊の『花実御伽硯』巻之四にも「蜘蛛乃怪異」と題して、水中より出てきた雨蛙ほどの蜘蛛が、釣り人の足の大指に糸をかける蜘蛛淵伝説が載っている。

新井《あらい》白石《はくせき》の『折たく柴の記』にも、ある者が池に足を浸していたところ、小蛇がきて足の親指を呑《の》もうとした話が記されている。

我むかしある人の申せしことを聞しに、夏の比、霊山とかにあそびしものども中、池に足ひたし居けるに、小しきなる蛇の来りて其足の大指を舐るあるが、忽に去りてはまた忽に来りて舐る、かく見るがうちに、其蛇よう〳〵に大きくなりしにや、後には其大指を呑むばかりになりしかば、腰よりさすがを取出して、刃のかたを上になして大指の上にあてゝまつ、また来りて大指を呑まむとする所を、あげさまにさしきりたれば、うしろざまに飛去るほどに、家にかけ入りて障子をさす、ともなひしものども、なに事にやといふ程こそあれ、石はしり木たふれて、地ふるふ事半時ばかりすぎてのちに、障子をほそめにあけて見けるに、一丈余りの大蛇の、唇の上より頭のかたまで、一尺余きられたるが、たふれ死したりといふ事あり（羽仁一九三九）。

池の蛇が人の足の親指を狙って何度も往復するというモティーフは「蜘蛛淵」伝説に近い。邪霊の類が人の足を狙う事例としては、『土佐国淵岳誌（中）』（江戸時代）に記された憑きものの話も示唆に富む。犬神が女に取り憑こうとする様子を「久松氏老翁ノ話ニ曰高岡郡窪川ニ豪気ノ婦人有或時昼寝スルニ鼠ノ如キ小狗来テ女ノ足ノ大指ヲ喫ントス婦人驚キサトリテ枕ヲ以テ是ヲ撲ツ婦人ハ別事ナクシテ」云々と描写している（桂井他一九七三）。

「山で昼寝をするときは足の親指をかがめて不揃いにして寝ろ」（長野県）、「蛇に親指を見せると呑まれることがあり、あるいは毒気をかけられて死ぬこともある」（新潟県）という伝承は、手足の親指を無防備な状態にしておくのを戒めたもので、この指に特別の関心を払ってきた証左といえよう。

親指を隠す理由

柳田國男の「日本の伝説」のなかに、つぎのような一節がある。

　東北の田舎では三十年ぐらい前まで、地蔵遊びという珍しい遊戯もありました。一人の子供に南天の木の枝を持たせ、親指を隠して手を握らせ、その子をとり巻いて他の多くの子供が、かあごめ〳〵のようにぐる〳〵と回って、「お乗りやあれ地蔵様」と、なんべんも唱えていると、だん〳〵にその子が地蔵様になります。

　物教えにござったか地蔵様

　遊びにござったか地蔵様

といって、皆が面白く歌ったり踊ったりしましたが、もとは紛失物などのある時にも、この子供の地蔵のいうことをきこうとしました〔柳田　一九七〇〕。

なかにいる子どもに南天の木を持たせ「親指を隠して手を握らせ」るのは、この遊びの作法だったようだ。その意味については明らかでないが、地蔵が親指から乗り移るのか、あるいは、地蔵以外の邪悪なモノの類が憑くのを防ぐ用心であろうか、興味深い伝承といえる。

　ところで、邪霊が親指に取り憑いて災いを及ぼすとは具体的にどのような状態をさしているのだろうか。この点について考えてみたい。高津美保子《たかつみほこ》編『藤原ツヂ子の世間話』に

「親指は魔物」という話が収められている。

> 金縛りっていうのは、誰でもかかることがあるよね。あれは確か、この親指っていうのが魔物なんだってね。これがどこでもいいから胸にちょっとさわっていると金縛りには合うの、そして悪い夢を見るの。この親指は、五体満足の中で、この親指はいちばん親不幸なんだって。だからこれは胸やお腹の上にのせて眠るといけないの。悪い夢を見たかったら、親指をこう（胸の上に）したらいいのよ〔高津 一九九五〕。

意識は覚めている（と感じている）のに身体の自由がきかない状態のなかで、さまざまな怪異を体験する金縛りのメカニズムについては、大脳生理学の研究によって解明されているそうだ。しかしその一方で、金縛りにあうのは、何か悪い霊の影響を受けているからだとする考えも根強くある。右の話で親指を魔物とか親不孝といって、胸に触れるとそうした状態になるとの説明は、親指自身が魔物というよりも親指を通して何か悪いものが感染するということではないだろうか。

「悪い夢を見たときは、手の親指を嚙めばよい」（静岡県）というのも悪夢の原因が親指と通じていることを示唆している。実際、胸に手をのせて寝るとうなされるというのはしばしば耳にする。貝原益軒《かいばらえきけん》の『養生訓』には「あふ（仰）のきてふすべからず。おそはれやすし。手の両の大指をかがめ、残る四の指にて、にぎりてふせば、手むねの上をふさがずして、おそはれず」とでている〔石川 一九六一〕。

八岩《やついわ》まどかの『匂いの力』(青弓社)には、明治の初め頃コレラが流行したとき、つぎのような呪いが広まったと書かれている。

コレラはキツネが憑いて起こる病だから、憑かれないようにするには男は左、女は右の手足の親指を糸でくくればいいと囁かれた。町なかで歩く人々の十人に五、六人ぐらいは、実際に親指を糸でくくっていた(八岩　一九九五)。

一九世紀には何度かコレラの流行に見舞われた。その度にさまざまな噂が飛び交いコレラ封じの呪いが行なわれたようすは、当時の新聞記事にもみえている。狐がコレラをもたらすというのもその一つであったようだ。紐《ひも》で指を結ぶのは魂結びとかかわるのかも知れないが、右の記述で「手足の親指を糸でくくればいい」とあるのは、親指が狐に象徴される邪霊の侵入口と信じられていたことと関係していると考えられる。つぎのオーサキ(憑きものの一種)に関する埼玉県の報告にはそうした意識がはっきり表れている。

オーサキは尻尾の先まで黒い筋がある鼠のようなもので、親指の間から人間の体に入る。取り憑かれると通常の五倍から六倍くらいの量を食べ、食べ物を与えないと内臓を食い破って死に至らしめる(國學院大學民俗文学研究会　一九九五)。

人に取り憑くオーサキというものが現実にいるわけではないが、こうした民間の言い伝えのなかに、つねに闇の領域を抱え込みながら生きてきた人びとの想像力の一面を知る手掛かりが残されている。高知県山間部の犬神伝承について、中越穂太郎《なかごしほたろう》は、犬神は「足の親指から入って体中を縫い通すさまが他人にも見えるという」と報告している〔中越 一九六四〕。和歌山県高野口町（橋本市）では「親指を中にして手を握っていると狐にだまされない。魔物は親指の爪の間から入る」といい〔前田 一九三九〕、播州《ばんしゅう》小河でも狐は爪の間から入る〔澤田 一九六九〕という。オーサキが親指の間から入るというのも、爪と皮膚との間をさしているのだろう。

巷《ちまた》の噂や各種の秘伝秘法を書き留めた津村淙庵《つむらそうあん》の『譚海』（寛政七年の自跋）には、狐を使って憑きものを落とす日蓮宗中山相伝の加持の場面を「しばらくして左の大指の爪の間よりは入る物あり、小き蛛ほどの様なる物、ひな〳〵と脈所まで入たりと覚えたれば、さてこそ狐は入らんとするなれ」とリアルに行法の実見を描写している〔早川 一九一七〕。狐のような霊的なものが親指に取り憑きそこから体内に侵入するとの観念の形成には、憑きもの落しをはじめ悪霊払いに活躍した祈禱師など、民間の宗教者の関与が大きかったに違いない。鳥取県倉吉《くらよし》市では、法印が足の親指の関節に灸《きゅう》をすえて憑きものを追い出す法を行なっていたという〔石塚 一九五九〕。

比嘉春潮《ひがしゅんちょう》は沖縄県の翁長《おなが》（島尻《しまじり》郡豊《と》見城《みぐすく》村）で、巫女《ゆた》がいちじゃまに取り憑かれた者に対して、その親指を強圧して落とそうとする例を報告している[4]。いずれも親指が憑きものと深くかかわる急所になっている。

享保《きょうほう》九年（一七二四）に編纂《へんさん》されたと考えられている野間宗蔵の『因州記』に収められ

ている「怪談記」に「田淵傳兵衛、野狐ノ附ヲ取出ス事」と題した話が収められている。

田淵傳兵衛ト云ル侍、アル時昼寝《ネ》シテ居タリシカ、不圖目サメテ見レハ足ノ大指ノ方ヨリ足ノ内ヱ、クリ〳〵ノ様ナル者ヒタモノ登リテ、ヤウヤク膝ニ到ヲ、傳兵衛急ニトラヘテ下人ヲ招、上下ヲ強ク縄ニテク、リ、脇指ヲ以彼丸ミノ上ヲ穿《ツク》ニ、狐ヲ一疋突殺シタルト也、膝頭ノ辺ニテハ甚大キクフクレ上リテ見ヱタリト也、扨田淵カ足ニハ疵モ不付ト也（福代 二〇〇三）。

昼寝の最中に足の親指から侵入してきたものを脇差で突き殺したところ狐だったという話である。類話は後に紹介する『元禄世間咄風聞集』にも収められており、狐が手足の親指の先から入り込んでくるとの伝承は世間話として広く流布していたと思われる。やはり江戸期に成った小山田《おやまだ》与清《ともきよ》の『松屋筆記』には『眞俗雑記問答鈔』（一一六〇〜八二年頃成立と推定）を引いて、こんな記事を紹介している。

左大指ノ爪ノ本ト肉トノ間ヲ魂門ト云。右ノ大指彼處ヲ魄戸ト云。彼處ヨリ魂魄出入故 怖畏ノ事有ル時ニハ餘指ヲ以大指ヲ握リ彼處ヲ隠ス也（市島 一九〇八）。

左右の親指の爪の間から魂魄《こんぱく》が出入りするという。畏怖《いふ》すべきことがあれば親指を握り隠すというのは、この部分が霊的なモノとの最初の接触部分でありその侵入口と意識されていた証拠であろう[5]。こうした俗信について澤田四郎作は「手で大地に親しまねばならなかった時代には、種々の疾病等が、指さきを通して侵入して来て、人間にいろいろの災害をもたらすので、前に述べた、狐が拇指の指さきから入るとか、指のサカムケは、叔父さんが怒っているしるしなどと大和地方でいうのも、こんなところに発生して来たのではないかと、私は思っています」と、指先が経験してきた生活の実感に根ざしている点を強調している〔澤田　一九六九〕。

ただ、澤田は「拇指を中にして握るというのは、もとはマノフイカに握ったその第二次的の変化であるとも考えられると思います」と推測している〔澤田　一九六九〕。確かにマノフイカ（親指を第二指と第三指の間に挟んだ形）は、広く知られている魔よけのしぐさだが、ただ、親指の爪の先から侵入する邪霊を防除する意味からすると、マノフイカからの変化とは考えづらい。親指の先を隠すことが目的である。

親指の連想

親指を隠すしぐさは「親を隠す」つまり自分の親を守るためとの解釈をよく耳にするが、これは元の意味、なぜ親指を隠すのかということが忘れられた結果、新たに言われるようになった説明であろう。倉石忠彦が、指の呼び方について「親指はその太さからの連想であろうが、その背後には指を人、あるいは家族になぞらえようとする意識が存在している」〔倉石　一九九九〕と述べているように、「親が早死にする」とか「親の死に目に会えない」などと、もっぱら親の命を心配するのは「親指」から「親」を連想したためだと思われる。すでに、大正八年（一九一九）の『郷土趣味』に「親が死ぬから」と見えており、澤田四郎作も昭和一一年（一九三六）の時点で「拇指は両親を意味するが故に、葬式の様な不吉なものを見せぬと解している人もないではないが」と報告している〔澤田　一九三六〕。主人、親方、旦那《だんな》などを「親指」で表現するのは近世に用例がある〔前田　一九八五〕。

従来、広く「大指《おおゆび》」の名で親しまれてきたこの指を「親指」と呼び習わすようになったのも「親指」から「親」への連想を容易にした一因ではないだろうか。親指の名称の変遷については前田富祺の研究が存する。それによれば、およそ一二世紀ごろに「おほおよび」から「おほゆび」に変わり、中世には「おほゆび」が中心であった。近世初期にも「おほゆび」が多く用いられていたが、西鶴《さいかく》あたりから「おやゆび」の例が出てくるという。近世には「おほゆび」が正しい呼び方で「おやゆび」は俗語的なものであると意識されていたようだが、しかし明治に入ってからは「おやゆび」の使われることの方が多かったという〔前田　一九八五〕。

昭和六年（一九三一）九月四日付の「奥南新報」にこんな記事が載っている。

指の称び方など　　　夏堀謹二郎

尋常小学校の巻三の読本に指の名の事がのせてある。それによると一番太いのは親指、細いのは小指、長いのは中指で親指と中指の間のは人差指、中指と小指の間のは薬指だそうである。今では子供等は無論大人でも大抵はこう称ぶようになったが、こうなる前まではおそらく普通の称び方であったであろう称び方をきいた。一番太いところの親指から順次に書いて見る。

へびかしら
あらあら
おにこぶし
いさぼっこ
かんしろ

（中略）これは類家から出た人にきいた。これ等の称び方は私の耳には殆入らなかった。そしてこれ等の後から云いだされたのか、それとも前から同時位だったか解らない兎に角初めに書いたのよりは前だろうところの次に書く称び方を私は多く口にしまた耳にした。親指を大指《おほゆび》、おで指、このおで指のなまったのかおど指と云う人がある

〔青森県環境生活部　一九九八〕。

指の呼び名が国語教科書に示された名に統一されつつある断面を捉えていて興味深い。巻三の読本というのは巻四ではないかと思われる。明治四三年（一九一〇）発行の『尋常小学読本』巻四には「七　手　ノ　ユビ」と題して、つぎのような文章が載っている。

オジイサン「二郎、オマヘ　ハ　手　ノ　ユビ　ノ　名　ヲ　知ッテ　キマス　カ。」

二郎「一バン　太イ　ノガ　オヤユビ、一バン　小サイ　ノ　ガ　小ユビ　デ、マン
中ノ一バン　高イ　ノハ、中ユビ　トモ、高高ユビ　トモ　イヒマス。アト　ノ
二本　ハ　知リマセン。」
オジイサン「オヤユビ　ノ　次　ノ　ハ　人サシユビ　デ、中ユビ　ト　小ユビ　ノ
アヒダ　ノ　ガ　クスリユビ　デス。」〔海後　一九六三〕。

これだけで即断はできないが、「親指」の呼称は学校教育の場を通して一般化していった可能性は予想できる。もともと親指を隠すのは、親のためを思ってそうしたのではなく、何らかの邪悪なモノを予感した場面で、自らの身体に害がおよぶのを絶つ意図のもとに行なわれてきたといってよい。「霊柩車に出合ったら親指を隠す」というさりげないしぐさの背後にも、親指という身体をめぐるさまざまな意識や歴史を垣間《かいま》見ることができる。

指と俗信

霊的なモノが親指の爪の間から出入りするとの意識は、この指に顕著にみられる伝承だが、しかし、親指に限らず指そのものに同様の意識が潜在している点も見逃してはならない。

狐は爪から入るんだってね。だから爪を長くしてると狐が入るって。何かね、昔そ

ういいましたよ。そいで、狐を出すにゃ拝んで。「おお痛え、おお痛え」って、狐が騒ぐんだって。追い出すのにさあ、追い出すのは何てって追い出すのかそりゃ知らないけど、もんで出すんでしょ。んだからね、もまれると、「ああ痛え、ああ痛え、ああ痛え」って騒ぐって。何て言って追い出すんだか追い出す言葉は知らないけどね。だから昔はよく、爪を長くしてると、狐が入るってことは聞きましたね。で、入って、こんだ出すときは、そうにいいましたよ。「痛え、痛え、痛え」って騒ぐんだって（社会教育部社会教育課　一九八六）。

話者は、東京都大田区に住む明治三一年（一八九八）生れの女性である。爪を長くしていると狐が入ると言っているが親指とは限定していない。長野県南佐久《みなみさく》郡南相木《みなみあいき》村では「白狐は手足の爪の間から人間の体に入る」といい、和歌山県伊都《いと》郡高野口町（橋本市）では「妙なものはすべて爪の間から入る」という。神奈川県川崎《かわさき》市の明治二一年（一八八八）生まれの女性は「イチッコ（拝み屋）は飼っているツツ狐を人に憑ける。一番入られやすい親指は穏さねばならない」と言っており（及川　二〇〇二）、親指は他の指よりも入られやすいから隠すという認識がうかがえる。

幕末から明治の初め頃に作られたといわれる『土佐化物絵本』には、天狗に遭遇した男が「扨わ、天狗のお通りなるへし。爪おかくせ」と叫ぶ場面がでている（高知県立歴史民俗資料館　二〇〇三）。先に野間宗蔵の「怪談記」を紹介したが、類話が『元禄世間咄風聞集』に収められている。元禄七年（一六九四）の条に「内藤豊前守様御家来何某と申すものに、つめの間より狐つき候付て、腕をあとさき強くゆい申候へば、其儘其間はれ候故、脇差にてはれ候所をつき切候へば、はれも引屋敷のうらに孤死候て居候由」とあり、やはり爪の間というだけで特に親指とは記されていない。

子どもの体内に潜伏するという疳《かん》の虫が祈禱などによって退散するのも指の先からである。

幼児がひたいに青筋をたてて泣きわめくようなときには、疳の虫が強いからだといわれます。そんなときの虫封じは、次のように行われます。まず、ぬるま湯の中へ塩を少量入れて、幼児の手を洗う。次に、幼児の手のひらに九字を墨書する。そして、術者が手刀で「臨・兵・闘・者・皆・陣・列・在・前」と九字をきります。間もなくして幼児の指先から綿毛状の虫が出て疳の虫がきれます〔大舘 一九八五〕。

東京の奥多摩《おくたま》に伝わる民俗だが似たような呪法はほかでもよく聞く。青森県東津軽郡平《ひら》内《ない》町の昭和二三年（一九四八）生れの女性は、子どもの疳の虫を呪ってもらったときのことを、「子どもの手の甲の毛穴と、爪の間から五ミリくらいの長さの、真綿の細い毛のような白いものがヒュンヒュンと音をたてて出て行った」と話している〔弘前大学人文学部他二〇〇三〕。いずれも指先が疳の虫の脱出口になっている。第一節で示した宮城教育大学でのアンケートのなかにも、二例だけだが、指先は全部隠すものだとする報告があった。

親指を隠すのは必然的にすべての指先（爪）を隠す形でもある。

平生のなにげないしぐさにも、調べていけば新しい発見があり、関心の輪はつぎつぎと広がっていく。霊柩車を見て親指を隠すというしぐさに限らず、指先を霊的なモノの通路とする思考が反映しているのではないかと思われる伝承がある。香川県仲多度《なかたど》郡多度津《たどつ》町佐柳《さなぎ》島では、湯灌《ゆかん》は血の濃い人が行ない、水を入れた盥《たらい》に湯を入れるが、この時に「オヤマケ」せぬようにと死んだ親の親指を子供がみな嚙《か》む。兄ならば「兄マケ」せぬようにと言う。オヤマケせぬとは、親より長生きするようにということだという〔土井 一九九七〕。この習俗について、武田明は「これは親の死に際して子供が忌みまけをしないようにと親の指を咬むめずらしい風習である。香川県仲多度郡多度津町の佐柳島では親の体を洗い清めるユカンの折にこの事が行なわれる。子供達が集って〈オヤマケせぬように〉と言って親の主として人差し指や親指を咬むのであるが、この事を親より出世するように咬むのだとも説明している」と述べている〔武田 一九八七〕。

高知県幡多《はた》郡佐賀《さが》町（黒潮町）でも「死人の指を嚙めば長生きするといい、近親者でそうすることがある」という〔桂井 一九七三〕。佐賀町の例では、どの指を嚙むのか不明だが、とくには決まってはいないのかもしれない。それにしても、死者の指を嚙むというのはどういう意味であろうか。これまでみてきたように、霊的なものは指先、とくに親指の先から出入りすると考えられてきた。指先を嚙むという行為は、それらの出入りを封じるという積極的な意思の表明である。武田が「忌まけをしないように」と説明しているように、身近な関係者にとっては死霊の影響を断つためだと思われる。死者の指を噛むわけではないが、山口県長門市仙崎青海《おうみ》島では、人が死ぬとすぐに両足の親指を折る。そうすると使者が戻ってこないという（伊藤 一九九九）。死霊の影響を断つと同時に、邪霊につけ込まれやすい親指を折ることでその侵入を防ぐためでもあるのだろう。しかし一方では、「長生きをする」とか「出世をする」というのだから、指先を噛むことは死者の霊魂を体内に受け継ぐ意味とも解釈できる。両者を初めから別の次元で捉えることもできるが、歴史的な経緯のなかで連続性を予想することも可能であろう。いずれにしても、死者の霊的な影響が指先に表現されている。

　広く知られている「夜、爪を切ってはならない」という禁忌については諸説あるが、夜間に切れば指先から悪いモノが入ってくるかも知れぬという不安をいったものとも考えられる。このような行為や身体に関する俗信は、絵巻など絵画資料の描写からも新たなヒントが得られそうに思う。黒田日出男は「春日権現験記絵」のなかで、春日大明神が憑いた橘氏女の手足を人びとがねぶる場面（図2-5）に注目し「人々

図2-5　手足をねぶる人びと
（『春日権現験記絵』国立国会図書館蔵）

は、嗅覚的刺激によって、異香の発生源たる橘氏女の手足を競って舐り、今度はそのような味覚によって、神の示現とその聖なる力―病に対する治癒力などを身体感覚的に実感した訳であるが、このような感覚と行為は、おそらく中世では少しも異常なことではなかった」と述べている〔黒田 一九八六〕。絵巻を見ると、ひざまずいた女が橘氏女の足の指先をねぶっている。ねぶることによって病を癒《いや》す力が得られると信じられていたのだろうが、それが指先であるのは偶然ではないように感じられる。指の先から霊的なものが発散されるという意識が当時すでにあったのではないだろうか(6)。

2 指を「弾く」しぐさ

爪弾きの呪力

何らかの不安を感じたり不吉な予感を誘う場面で、親指を隠して災厄を防除する伝承について述べてきたが、本節では指を隠すしぐさとは反対に、親指や人差し指を弾くしぐさを取り上げる。はじめに、「弾く」ことをテーマにした民俗を少し紹介しておきたい。

昔話の「さとりの怪」は、人間の考えていることを見抜いてしまうサトリという妖怪が、たまたま弾けた桶《おけ》のタガに打たれて退散する話である。人間の心なら些細なことでも読み取ってしまう妖怪が不意をつかれたとはいえ、タガの弾ける力に驚いて逃げていく。葬送習俗のなかには、埋葬したところに竹をめぐらす犬弾きを作る土地がある。野犬や獣などに墓を荒らされないためだといわれている。岡山県御津《みつ》郡馬屋下《まやしも》村（岡山市）では、これをオーカメハジキ（狼弾き）といい、割竹を曲げて封土の上にさす。狼が屍《しかばね》を喰《く》いにくるのを弾くためである。狼はいたって腹が弱く、竹に弾かれると一はじきで参ってしまうものだという〔土井一九九七〕。狼よけに実効があったものかどうか今では確かめるすべもないが、この程度の仕掛けで狼が退散するとはとても考えられない。おそらく曲げた竹がはね返るときの鋭い攻撃力から連想して、墓に近づくものを追い払おうとの呪的な狙いのこめられたものであろう。花柳界には「一つ茶碗（コップ）の湯茶を二人（特に男女二人）で飲んではならない。縁が切れる。しかし、指で弾いてから飲めば構わない」という俗信が伝わっている〔中尾一九八七〕。これは不吉なものを指で弾き飛ばす意味であろう。

爪弾きについては、仲間はずれにされるとか排斥されるという意味で「爪弾きされる」という言い方をすることはあるが、ただ、受身の形で使われることが多く、実際に「爪弾き」のしぐさを見かけることはほとんどない。しかし、かつては日常生活のなかに広く浸透していたしぐさだったようで、各種の文献に書き留められている。たとえば、『土佐日記』の承平五年（九三五）一月二七日の記事に紀貫之《きのつらゆき》は次のように書いている。

二十七日。風吹き波荒《あら》ければ、船出《い》ださず。これかれ、かしこく嘆く。男たちの、心慰《なぐさ》めに、漢詩《からうた》に、「日を望めば都遠し」などいふなる言《こと》さまを聞きて、或女《あるをむな》のよめる歌、
日をだにも天雲《あまぐも》近く見るものをみやこへと思ふ道のはるけさ

また、或人のよめる、

吹く風の絶えぬ限りし立ち来《く》れば波路《なみぢ》はいとどはるけかりけり

日《ひ》一日《ひとひ》、風止《や》まず。つまはじきして寝《ね》ぬ〔松村他 一九七三〕。

任国の土佐より帰京の途、海が荒れて一日中風が止まぬため船をとどめたまま過ごした、そのやるせなさが「つまはじきして寝ぬ」というしぐさに込められている。この場面の爪弾きについては、「非難・嫌忌の情をあらわすときに指をはじいて鳴らす動作で、密教行法の弾指から起こったといわれる。一日中風がやまないので、縁起直しにしたのである」(『日本古典文学全集』)とか「物をうとんずるとか、忌みきらう時とかにするしぐさ。おや指の腹に、人差指または中指を当てて弾く所作という」(『日本古典文学大系20』)、「弾指のこと。いやな時などにする仕草で、元来は密教の魔除《よ》けの行法。風の退散を狙って」(『新日本古典文学大系24』)などと説明されている。爪弾きは『土佐日記』のほかに、筆者の目に触れたものだけでも『源氏物語』『狭衣物語』『夜の寝覚』『大鏡』『平家物語』『雨月物語』『真覚寺日記』などが挙げられる。爪弾きを行なう意味は、その場の経緯や状況に応じて一様ではないが、しかし大きくまとめれば、非難や嫌悪の感情を表すとか、排斥や災厄の除去といってよいだろう。

人びとの感情と深く結びついたしぐさとして広く浸透していたと思われる爪弾きだが、ところが、その具体的な指の動きについては必ずしも明らかではない。もっとも多くみられる解説は、人差し指か中指を親指の腹に当てて弾くというものである。室町末から江戸初期に書かれたと推測される『祓次第』（春日大社蔵）には「次に弾指三度呪文波羅伊玉音心喜余目出玉　此印大指ノ爪ニクトノアイヲヒトサシユヒニテハチク右ノ印共當ミキリノ手也」とみえ、親指の先を人差し指で弾いている（森本 二〇〇五）。だが、『夜の寝覚』巻二に「目も口もひとつになる心地して、爪弾を、はた〳〵として」（阪倉 一九六四）とあり、パチパチと音をたてている。

『大鏡』第六巻にも「爪弾はた〳〵とす」（保坂 一九七九）とでていて、音を伴った指の弾き方をしていたと思われる。萩谷朴《はぎたにぼく》は『土佐日記全注釈』（角川書店）で、親指の腹に人差し指か中指を当てて弾くやり方は「誰かを仲間外れにすることを象徴する行為のように思われはしても、抽象的な事件について、嫌忌・除厄の意をあらわす行為とはならない」と指摘して、次のように述べている。

> そもそも「つまはじき」すなわち弾指とは、タンジと音読して、実は、真言・天台等の密教における行法の一つなのである。実際にその作法を見なければ、素人にはなかなか理解し難いところであるが、右手の小指・無名指・中指（地水火）を握って、その上に人差指（風）を曲げておき、その上から拇指（空）で人差指の第一関節を強く圧迫し、人差指を勢いよく弾き出すと、中指第二関節の側面を強く打つことになる。すると、その搏撃音が握った三指を共鳴体として意外なほど鋭い

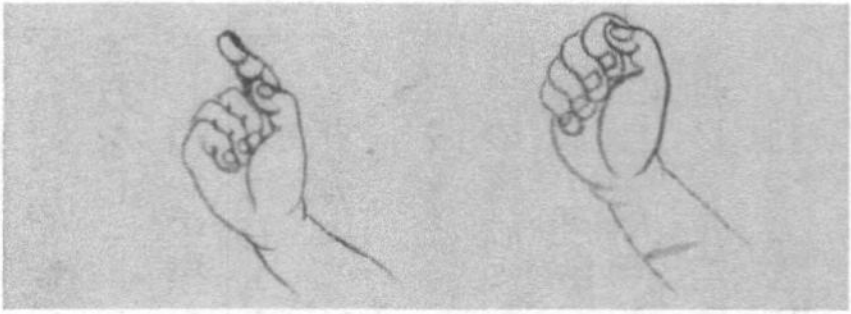

図2-6　弾指の図（『阿彌陀三尊圖會 下』江戸時代、国立歴史民俗博物館蔵）

音を立てるのである〔萩谷 一九六七〕。

萩谷は、密教におけるこの法が世間一般に流布して「つまはじき」なる俗語を生じたものとみている〔萩谷 一九六七〕。爪弾きについては、鈴木棠三も密教の魔よけの呪法との関連に触れて「元来は宗教家のすることの真似であり、ある効果を期待した呪法として行ったものにちがいない」と述べている〔鈴木 一九九二〕。国立歴史民俗博物館所蔵の『阿彌陀三尊圖會 下』には「弾指《たんじ》の図 始め図の如くにぎりて次にぱちりと人さし指をはねおとをさしたる也」とあって、やり方が示されている〔図2-6〕。爪弾きが弾指《たんじ》（またはだんし）と密接に関わって伝承されてきたのは間違いないだろうが、しかし、阪下圭八《さかしたけいはち》が「眼前におこった災厄や不祥事を、ふり払うべき呪術的動作とみるならば〈爪弾き〉のおこりは、文献にしるされるよりはるかな昔にさかのぼるのかもしれない」〔阪下一九九五〕と言うように、密教の行法とは別の次元でこのしぐさが行なわれていた可能性も否定できない。

いざなぎ流にみる爪弾き

爪弾きの具体的なやり方についてはさらに資料の収集を図らねばならないが、実際の指の弾き方には幾通りかのやり方があったようだ。今日、日常生活のなかでこのしぐさを見かける機会はほとんどないといってよいが、高知県香美郡物部村に伝承されるいざなぎ流の祈禱では、いくつかの儀礼のなかに親指を弾くしぐさを見ることができる。いざなぎ流ではこれを「ハリ印」とか「ハリノ印」「ハネ印」と称している。荒みこ神の取り上げは、取り上げるべき家の主人の霊を、墓から家に作った舞台に迎えて取り上げ神楽を行ない、荒みこ神の位にする儀式である。太夫は、頰被《かぶ》りをし米包みや斉幣などをもって死者の霊の眠る墓に行き「塚起こし」（「墓起こし」ともいう）を行なう。

梅野光興《うめのみつおき》は、小松豊孝太夫の記録をもとに「墓では、まず線香を供え、米でお参りし、五方へ米を投げて無縁仏にぶに当てをやる。これから『釈迦のこみこ』がのりくら御幣に送り迎えをするので、言う事を聞くようにと唱える。墓に荒人神を迎える斉幣を立て、小石をひとつ起こして墓の上に置き『セエメエ流ミヂンサヂンにソバカ、伏しやおどろき給え』と三回唱える。次に両手をすり合わせて『行ない使うた字文は消えんにソバカ、ケチリンにソバカ、キエンにソバカ』と三回唱える。以下は通常の手順に従って、けがらい消し、こりくばり、祓い、しんとう、あるじ祭りを行なう」と詳しく報告している（高知県立歴史民俗資料館一九九七）。ただ、この記述の中には出てこないが、高木啓夫《たかぎけいお》は「墓起こし」について、太夫は「頰かぶりをし、自らの守り本尊包み、米包み、錫杖、それに一反の木綿に巻き込んだサイ幣（斉幣）を持つ。墓にそれらを置き、ハネ印を結んで墓前の石を上向ける」と述べている（高木一九七九）。

この点について小松豊孝太夫に尋ねたところ、実は「セエメエ流ミヂンサヂン」の唱えごとと一緒にハリ印をするという。図2-7のように、親指の爪を上に向けてハリ起こすである。ハリ印は両手で行なう。塚起こしのときは、親指を人差指の腹にかけて弾くの（弾く）ものだという。屋敷での祭りが終わると、舞台に飾ってあった弓が片付けられるが、このとき「弓送り」が行なわれる。「弓弦に宿っていた神を送るもので『弓送り』を唱文して、弓の両端で、外向けに親指をピンと撥ねるハリ印をして、迎えていた神々を残さぬようにはね起こし送る」のである（高木一九七九）。

いざなぎ流の家祈禱でも、弓に宿っていた神を送り出す「弓送り」の場面では、祭文を唱えながら「ツケブタに固定された弓弦の両端部分で、外側に向けて親指をピンと撥ねる動作をする。ハリ印をして、弓弦のなかに迎え宿っていた神々を残さぬようにはね起こして送り出す」（月刊土佐編集室一九八四）。物部村で長くたを太夫をつとめてきた小松為繁太夫も、弓祈禱では、弓弦に神をむかえて祈禱をするが、祈禱が終わると神を送り返すために弦の上でハリの印を行なうという。まず両手の親指に唾をかけ、親指を人差指の腹にかけて三回弾く。神様お帰りくださいという意味だという（図2-8）。

同じく、いざなぎ流太夫の伊井阿良芳《あらよし》太夫は、石などに悪い霊や魂などが入っているときは、爪弾きをすると飛んでいくと伝えている（弾き方は図2-7と同じ）。また、小松豊孝太夫によれば、かつては嫌な相手に呪詛《じゅそ》をハリかける（とばす）ときにこのしぐさを袂《たもと》の中で行なうことがあったといい、そのため人前で袂に手を入れた格好をすると怒られたものだという。ハリかけるときには、親指を相手の方に向けて弾くという。ハリの印は爪弾きの一種に他ならないが、そこには神霊を移動させるとか呪詛を飛ばすといったはたらきが認められる。始めに取り上げた、指（とくに親指）を手のひらに包み隠すしぐさは、邪悪なモノから身を守る防御の形だが、反対に指を外に勢いよく弾くのは、

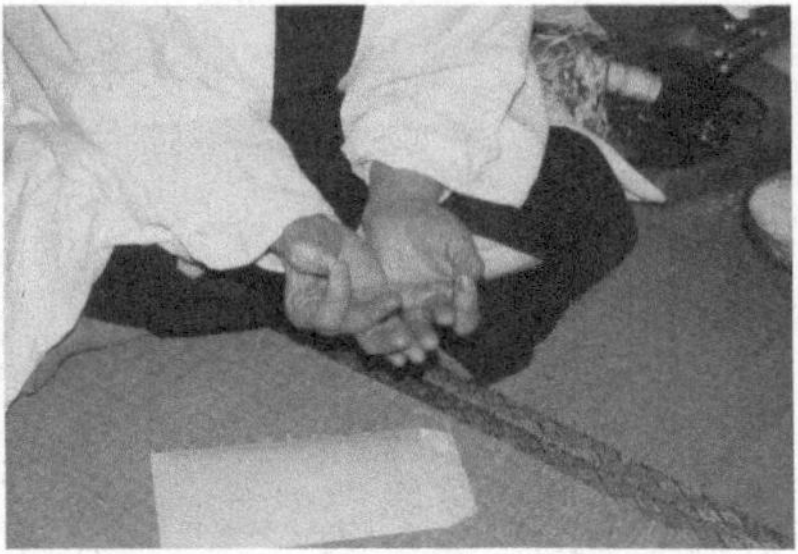

図２‐７　ハリ印　小松豊孝太夫

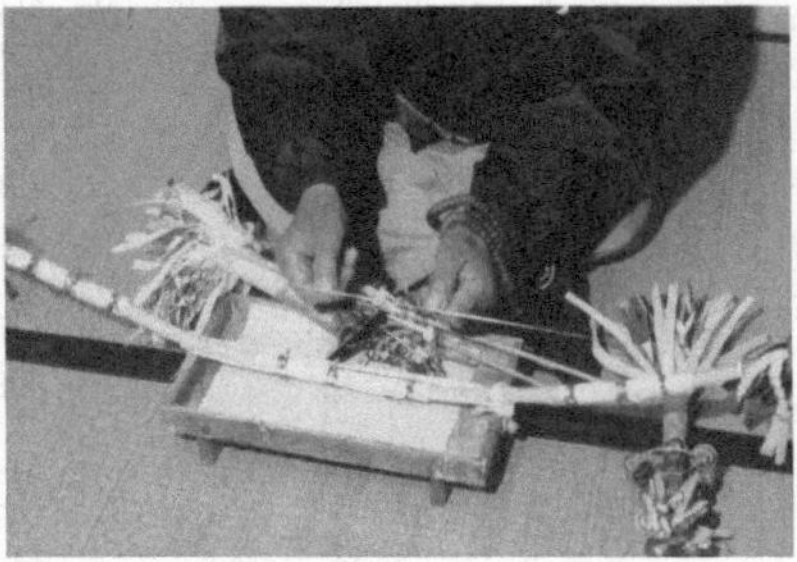

図２‐８　ハリ印　小松為繁太夫

嫌悪の情を示すほかに、相手を払ったり神霊を移動させる積極的な意味を帯びている。「隠す」か「弾く」か、指の動きが「内」に向かうか「外」に向かうかで表意作用の方向が入れ替わる。

《注》

(1) 山口大学の学生一二九名が回答した内容を集計した資料をご教示いただいた。「霊柩車を見たら親指を隠す」という俗信を知っているのは四六名、「救急車を見たら隠す」は一四名である。資料からは判断がむつかしいが、救急車と回答した一四名の内大部分の学生は、霊柩車でも救急車でも隠すということのようである。ほかに、救急車のサイレンを聞いても隠すという回答者が三名。葬式をしている家の前が五名、墓が三名。また「蛇の死体などの動物の死体を見つけたら親指を隠す」とか「親指を隠すのはないが、カラスを見たときに全ての爪を隠す。舌を隠す。歯を隠す。隠さないと親が早死にする」という例もみられる。親指を隠さないと、「親が早死にする」が二三名、「親の死に目に会えない」が一一名、「不幸なことがある」が五名である。

(2) 一九九六年に筆者が國學院大学の男子学生から聞いたものである。

(3) 花部《はなべ》英雄《ひでお》は、修験が呪文や呪歌を集めた符呪集を対庶民の宗教活動に用いた事実について「翻刻『万児乃法』」(『昔話伝説研究』一七号)の解説のなかで述べている。筆者も、四国遍路が民家に宿を借りたお札に呪いや灸のつぼを教えていった例を確認し、『昔話伝説研究』一八号(一九九七)に「翻刻『身實千万円ニ不賛』」と題して報告した。

(4)『翁長旧事談』(『沖縄文化論叢　第二巻』平凡社所収)でつぎのように書いている。『いちじゃま』のことは『山原の土俗』にあるが、翁長辺のは少し異ふうもある様だから書いてみる。矢張り人を呪うことであるが、誰でも遣れるものでなくこの特殊の能力を血統的に持ったもの即ち『いちじゃまあ』が心の中に、彼奴は憎いと思う丈で、相手は病気になったり、不意の怪我をしたり、身内に不幸があったり、財産や畠の作物の上に損をしたりする。『いちじゃま』がかかったのは『物知り』即ち巫女《ゆた》に頼んで見て貰う。巫女が神に祈願をして、米粒又は掌の綾で判じて、之はどの方角に居る幾歳位、何相(生年の干支)の女がかかっていると言う。そして巫女はそのかかられた、即ち憑かれた者を憑いたいちじゃまとして、憑く理由のない事を弁駁し、早く落ちる即ち離れる様に責める。大抵拇指の先を力の限り指で強圧して早く落ちろ〱と責める。だから『いちじゃま』をする人の拇指は、いつの間にか平たくなっているとのことである。」

(5)岡村圭真《おかむらけいしん》は『密教の理論と実践』(春秋社、一九七八年)で、五行の正気が両手足の大母指と口から身中の五気に来入して邪悪の気を消散、除癒するという仏説灌頂経十二巻を紹介している。遡れば、こうした治病の思想につながる可能性も考えられる。

(6)『北安曇郡郷土誌稿』第四輯には「座る前に両方の足の親指を水引で縛っておけばしびれがきれぬ」「長座する時は親指をよりで結んでおけばしびれがきれぬ」とでている。また『嘉良喜随筆』に「目いぼの出かゝる時に、その方の大指の爪の上に墨にて馬と云ふ字を書きて、其の上に円く墨にてぬれば治る」とある。しびれや目いぼの原因になるようなものも親指から入ってくると考えられていたのかも知れない。

《引用・参考文献》

青森県環境生活部県史編さん室　一九九八『奥南新報〈村の話〉集成上』一二〇頁
石川謙　一九六一『養生訓・和俗童子訓』一〇三頁　岩波書店
石塚尊俊　一九五九『日本の憑きもの』一八二頁　未來社
市島謙吉編輯　一九〇八『松屋筆記』国書刊行会
伊藤彰　一九九九　この伝承については筆者が伊藤氏から直接教えていただいた。響灘にも同様の伝承があるという
稲田浩二・小沢俊夫責任編集　一九八九『日本昔話通観』一～二八　同朋舎出版
井上章一　一九九〇『霊柩車の誕生　新版』一〇九～五六頁　朝日新聞社
岩倉千春　一九九四「ヤングの知っているこわい話(20)」『不思議な世界を考える会会報』三七　六二頁
及川恵子　二〇〇二「世間話が語るもの―大田区多摩川流域の人々の民俗心理について」と題した卒業論文発表会（三月一〇日、成城大学）での資料
大舘勇吉　一九八五『奥多摩の民俗』精興社
海後宗臣　一九六三『日本教科書大系　近代篇　第七巻　国語（四）』六〇頁　講談社
桂井和雄他　一九七三『四国の民間信仰』一九三頁　明玄書房
桂井和雄　一九七三『俗信の民俗』二二四頁　岩崎美術社

神沢利子　一九九五　筆者が「母のひろば」二七八号（童心社）に書いた親指を隠す俗信にたいして、神沢氏がご自身の体験を寄せてくださったものである。
倉石忠彦　一九九九「小指の思い出―指の伝承」『日本文學論究』五八　國學院大學國文學會
倉石忠彦　二〇〇二「爪と爪紅」『長野県民俗の会会報』二五
黒田日出男　一九八六「『異香』と『ねぶる』」『姿としぐさの中世史』平凡社
月刊土佐編集室　一九八四『月刊土佐―特集　いざなぎ流家祈禱』一一頁　和田書房
高知県立歴史民俗資料館　一九九七『いざなぎ流の宇宙―神と人のものがたり』一三二頁
高知県立歴史民俗資料館　二〇〇三『あの世・妖怪・陰陽師―異界万華鏡・高知編』一四四頁
國學院大學民俗文学研究会編　一九九五『伝承文学』一九　一四一頁
阪倉篤義　一九六四『夜の寐覺』一五三頁　岩波書店
阪下圭八　一九九五『ことばの散歩道―古事記からサラダ記念日まで』一七二～一七三頁　朝日新聞社
澤田四郎作　一九三六「山での事を忘れたか」『旅と伝説』一〇〇　一〇九頁
澤田四郎作　一九六九『山での事を忘れたか』一五二～一五三頁　創元社
信濃教育会北安曇部会　一九三二『北安曇郡郷土誌稿』第四輯　郷土研究社
社会教育部社会教育課文化財係　一九八六『大田区の文化財　第二十二集　口承文芸』一〇六頁　東京都大田区教育委員会
新谷尚紀・宮田登編　二〇〇〇『往生考―日本人の生・老・死』二〇四～二一〇頁　小学館

鈴木棠三　一九八二『日本俗信辞典』狐の項目　角川書店
鈴木棠三　一九八六『醒睡笑（上）』岩波書店
鈴木棠三　一九九二『日常語語源辞典』一六八頁　東京堂出版
高木啓夫　一九七九『いざなぎ流御祈禱』七五・八〇頁　物部村教育委員会
高津美保子編　一九九五『藤原ツヂヱの世間話』民話と文学の会
高谷重夫　一九四二「吉と凶の問題」『民間伝承』八―一
武田明　一九八七『日本人の死霊観』九五頁　三一書房
田中緑紅　一九一九「土俗集」『郷土趣味』一三　四七七頁　郷土趣味社
常光徹　一九九三「予兆譚と事実」『学校の怪談―口承文芸の展開と諸相』ミネルヴァ書房
東北更新会秋田県支部　一九三九『秋田県の迷信・俗信』
土井卓治　一九九七『葬送と墓の民俗』五二・三四三頁　岩田書院
中尾達郎　一九八七『色町俗謡抄―浅草・吉原・隅田川』五一頁　三弥井書店
中越穂太郎　一九六四「犬神談義」『土佐民俗』八・九合併号　一二頁
長友千代治　二〇〇六『重宝記資料集成　第十六巻　俗信・年暦1』四九頁　臨川書店
波平恵美子　一九九二『ケガレの構造』一三三～八五頁　青土社
野田三郎　一九七四「親指の呪力」『西郊民俗』六六　一二頁
萩谷朴　一九六七『土佐日記全注釈』二七七～七九頁　角川書店
羽仁五郎　校訂　一九三九『折たく柴の記』六九頁　岩波文庫

早川純三郎　一九一七『譚海』三五四頁　国書刊行会
樋口淳　一九九五「ヤングの知っているこわい話（23）」『不思議な世界を考える会会報』四〇　四八頁
弘前大学人文学部宗教学民俗学実習他　二〇〇三『夏泊半島の宗教と民俗』二二三頁　弘前大学人文学部宗教学研究室・民俗学研究室
福代宏　二〇〇三「野間宗蔵の『怪談記』について」『鳥取県立博物館研究報告』四〇　鳥取県立博物館
保坂弘司　一九七九『大鏡全評釈・下巻』四五五頁　學燈社
前田富祺　一九八五『国語語彙史研究』五三九〜八四頁　明治書院
前田廣造　一九三九「紀北の俗信（一）」『旅と伝説』一九三九年六月
松崎かおり　二〇〇二「《夜、爪を切ってはならない》という禁忌—その構造と回避策の存在」大島建彦編著『民俗のかたちとこころ』岩田書院
松村誠一他　一九七三『土佐日記　蜻蛉日記』五二頁　小学館
三田村鳶魚　一九七七『未刊随筆百種』九　中央公論社
三原幸久　一九九五「続・トイレの怪談」『不思議な世界を考える会会報』四〇　一七頁
宮古市教育委員会　一九九四『宮古市史（民俗編）』七六〇〜六一頁　宮古市
最上孝敬　一九七三「呪の有効性」『西郊民俗』六五　一〜二頁
森本仙介　二〇〇五「春日における祓実践と神道研究」（国立歴史民俗博物館の共同研究「宗教者

の身体と社会」一〇月二日の発表資料。『祓次第』の翻刻者は松村和歌子）
八岩まどか　一九九五『匂いの力』一五七頁　青弓社
柳田國男　一九七〇『定本柳田國男集』二六　二四六頁　筑摩書房
柳田國男　一九七七『妖怪談義』一九頁　講談社学術文庫
吉沢和夫他　一九七九『藤原の民話』一八六頁　民話の研究会
吉成直樹　一九九六『俗信のコスモロジー』五～四六頁　白水社
和田性海編　一九三七『眞俗雜記問答鈔』（『真言宗全書』第三十七巻所収）真言宗全書刊行会

第三章　股のぞきと狐の窓

自分の股《また》の間から顔をだして逆さまにものを見ることを、股のぞきとか、股屈《かが》み、股眼鏡《めがね》などという。風景があべこべに見える面白さから、児童の遊びのなかではたまに見かけるが、一般には目にする機会の少ないしぐさである。しかし、このしぐさに関する伝承を少し注意深く眺めてみると、民俗世界の興味深い一面が姿を現してくる。たとえば、股のぞきをすると、妖怪《ようかい》や幽霊の正体がわかるとか異国の風景が見えるなどという俗信が各地に伝えられている。それはこのしぐさが、私たちの日常の時空間の外側の世界である異界と深く結びついていることを示唆している。股のぞきのしぐさ自身が、顔は下にさげて後ろを見ているが足は前を向いて立っているという、上下と前後があべこべの関係を同時に体現した形であり、境界的な性格を帯びている。本章では「股のぞき」や「狐の窓」をはじめ、異界や怪異現象を覗《のぞ》き見るしぐさに焦点を当てて、伝承の諸相を紹介するとともに、その呪的《じゆてき》な意味を追究する。

1　股のぞきと異界

妖怪の本性を見る

長年にわたって各地の海の民俗を訪ね歩いた関山守彌《せきやまもりや》は、一九五八年に長崎県五島《ごとう》の嵯峨島で吉田久蔵という明治三三年（一九〇〇）生れの漁師からつぎのような話を聞いている。

　船はともち一番（舵取）、とも押し一ってどこへでも進む。あれは「ヤーギバレ、ヤーギバレ」と声を張り上げ、櫓を漕げばよい。あれは旧の三月だった。ギバッて、漁場へ急いだ。なんとなく風が怪しく吹いて来た。すると、向こうから船がやって来た。ちょっと見ると船だが、それは船幽霊だった。昔は帆船で、帆を掛け風の力で走ったものだ。だから、船幽霊と区別する時には、人間の股から相手の船を見る。本物の船は、帆柱の十字の先が出ている。ここをセブといって、そこから綱を張った。幽霊の船には、この頭のセブがない（関山　一九八二）。

船幽霊は、海で非業の死を遂げた者の亡魂が姿を変えて現われたもので、仲間をふやすため、いろいろな手をつかって船人をかどわかし海中に引き込もうとするのだという。周防大島《すおうおおしま》（山口県）出身の宮本常一《みやもとつねいち》は、島の沖で幽霊船に遭遇したという老漁師の体験談を、近所の若い船乗りに話したところ、すぐに幽霊船の見分け方について教えてくれたという。

これは怪しいと思う船を見たら股の間から逆見をするのだそうである。逆見をしてあたり前だったら幽霊船ではない。逆見をして、船が海面をはなれて、少し高く走って居るのを認める時は即幽霊船である、と〔宮本　一九三〇〕。

股の間から逆見をするというのは股のぞきをして見ることにちがいない。同様の話を宮本は『周防大島を中心としたる海の生活誌』（未來社）でも「平中栄吉氏の話では船幽霊は股くらかがみをして見ると、船が海の上からはなれて宙を行っているからすぐ判るとのことであった。こういう船幽霊のことをアヤカリと言っている」と報告している〔宮本一九九四〕。股のぞきをすると、船幽霊の場合には「帆柱の十字の先がない」とか「船が海面を離れて走っている」といった何らかの異常が認められるという。かつて、海の仕事に従事する人たちのあいだでは、海上で怪異現象に巻き込まれたときの対処の仕方の一つとして、股のぞきをして見ればよいという知識が広く知られていたようだ。鹿児島県奄美大島の民俗をまとめた登山修の『奄美民俗の研究』（海風社）にも漁師のこんな体験談が紹介されている。

最初は徳之島の井之川岳から、船に向かって、その幽霊船の火の玉は飛来した。「あの野郎は、私をたぶらかしに来たのだ」と心の中でつぶやいた。船の二十メートルくらい前まで接近はしたものの、それからは近づかなかった。船幽霊はうつむいていた。股の下からのぞくと、その姿がよく見えるという〔登山　一九九六〕。

いずれも、怪異現象に遭遇した際、股の間から見て相手の正体を見抜く伝承だが、海の怪異以外にもこのしぐさにはいくつか興味深い言い伝えがある。

(a)昭和のはじめのころ、坂城小学校に勤めていて、宿直のために宿直室に泊まると恐ろしい思いをした。学校の五丁ばかり上の方の一本松のあたりから、緋《ひ》の衣を着た大入道が出て、宿直室のへんまで来るとパッと消えるという。それでもしそれが出た場合には、股かがみをして股の間から見ろ、そうしないと、大入道がだんだん大きくなってとって食われる。股の間から見れば、大入道がどんどん小さくなって、しまいには消えてしまうといわれていた。これは「みこしの入道」といって、たぬきが化けたものだという〔長野県坂城町〕〔長野県　一九八六〕。

(b)先年六十一、二で死んだ新井山りせ女が若い頃の二十三の時のことだというが、古館にある田に行って働きながら、今日松前から帰って来るという亭主の竹をそこで待っていた。夫は汽車を下田で降りてそこへ廻るというので、今か今かと通行人の方ばかり気にかけて待ったが、帰って来ない。そのうちにいつか日が暮れかかって帰ろうと思っているところへ、竹の姿が向うに見えた。いつもの帽子を被って大きな格好してやって来るが、少しも妻の方を見るでもなく、また急ぐでもなく、のそのそと歩いて来るさまが如何にも不気味に感じられた。竹が物をいうまでは言葉も掛けたくなく、とに角腰に鎌をさして自分の方が先にどんどん戻ってきた。もし近寄ろうものなら鎌で切ってやろうと心構えしていたが、もしこれが狐だと両手を組合せて股の下から見れば分るということを思い出し、そうして見ると果たして脛がなかった。その時りせ女は急に恐ろしくなってきた（後略）〔能田 一九五八〕。

(a)は昭和の初め頃に長野県埴科《はにしな》郡坂城《さかき》町の小学校でもち上がった騒動で、学校にまつわる怪談の一種だが、現在とちがって当時の校舎に出没するのは地域社会に伝承される伝統的な妖怪が多かったようだ。島根県桜江《さくらえ》町（江津《ごうつ》市）では大入道のことをシダイダカというが、これに遭遇したときにはやはり股の下から見なくてはならないという〔酒井 二〇〇〇〕。(b)は能田《のうだ》多代子《たよこ》による青森県三戸《さんのへ》郡五戸《ごのへ》町での聞き書きで、やはり昭和の初期の話である。両手を組合わせて股の間から見るというのは、後述する「狐の窓」と「股のぞき」が重なった形であろう。このほか、富山県小杉《こすぎ》町（射水《いみず》市）でも、なにかに化かされたときには股の下から空を覗くと相手の正体がわかるといい〔小杉町史編纂委員会 一九五九〕、鹿児島県奄美大島では「バケムン（化物）に遭遇したときは自分の股の下から見るとよい。股の下から見るとちゃんとあたりまえに見えるものである」という〔登山 一九九六〕。人を化かそうとする怪しいものに対しては、股のぞきをして見ることが一つの対処の仕方であった。そうすることで怪しいものの本性を見抜き、その害を回避できると信じられてきた。

未来の吉凶を見る

幼児が股のぞきをするのは次の子どもが生まれる前兆だという俗信が伝承されている。

・子どもがしきりに股の間をのぞくと次の子どもが生まれる（青森県七戸町《しちのへ》）
・幼児が床に手をついて股を見ると母親が妊娠したという（秋田県仙北郡・雄勝郡）
・オトミ子が股のぞきをすると次の子が生まれる（新潟県）

幼児が面白がっておこなう股のぞきを、このように理解することについて新潟県川西町《かわにし》（十日町市《とおかまち》）では「赤子が股かがみすると次の子が間もなく生まれる。子どもには次に生まれるボボ、赤ん坊の姿がみえる」からだと説明している〔中村 一九五九〕。

江戸時代後期か明治の初め頃に書かれたものではないかといわれる呪《まじな》い集に、「船中の難を免かるゝ法」（渡辺守邦氏所蔵）というのが載っている。

船に乗るまへに小便をして見るべし。泡立ぬハ水難ありと知るべし。又、船に乗るまへ船の際《きわ》にて股より船中の人を見るべし。面体に疵あり或ひハ一眼の人か何にてもあやしき事を見れバ、其船に乗るべからず。究めて難船のうれひありとぶ《ママ》。

乗船の前に股のぞきから船中を見回して、何か怪しいものが目に留まったなら難船の危険が高いので乗ってはならないのだという。ここでは股のぞきの内容から、近い未来のできごとを判断している。

俳句に岡見という季語がある。『大歳時記』（集英社）を開くと「大歳の夜、高い岡に登り、蓑を逆さに着て自分の家を見ると、来年の吉凶が見えるという俗信」と説明してある。歳の晩にまつわる変わった俗信だが、これも未来を見るための方法らしい。岡見については、源俊頼《としより》の『散木奇歌集』に「ことだまのおぼつかなさにをかみすと梢ながらも年を越す哉」と見えており、この歌について顕昭《けんしょう》は『散木集注』で「をかみとは、十二月晦夜、蓑笠きて、木のすゑに□我家をみれば、こむずるとしの、一年の内にあるべき事の皆みゆるなり。是を岡見と云なり。されば、こすゑながら年をこすとは讀なり。或人云、節分夜この事ありといへり。然而俊頼如レ斯除夜によめり。然ば大晦夜事歟」と注釈している〔塙一九七八a〕。『四季物語』には「大としの夜は、をかみくさつむとて、高き家にのぼりて、みのかさ、さかさまにきなして、明の年の運見る事とかや。漢語抄に見えたり」とある〔塙一九七八b〕。『大歳時記』の説明には股のぞきという言葉はないが、山崎美成の『提醒紀談』（嘉永三年の自序あり）を読むと岡見の解説に股のぞきが登場する。

吾邦の古も大歳の夜をかみ草摘とて、高きやにのぼせて蓑笠さかさまに着なして、明の年の運を見るとかや。古歌に、ことだまのおぼつかなきにをかみすと梢ながらに年を越すかなとよめり。十二月晦日、岡に登り我両足の間より居地の気を観て、明年の吉凶を知る。これを岡見といへり〔日本随筆大成　一九七三〕。

俳人の露人（寛文《かんぶん》元年〜寛保《かんぽう》三年）にも「またぐらで里の岡見や塵劫記」の句がある。折口信夫《おりくちしのぶ》は、岡見について「歳時記類に見える『岡見』という季題は、必全国的の事でなく、一地方の行事であったものを採用した事が思われるが、歳末大晦日の夜の事となって居る。深更、里の人々笠を冠り、蓑を裏返しに着て、里の岡に登り肩越しにわが人居を見ると、来年一年中の出来事が、予め見えるものだ、と伝えて居たと言う。旧日本の古俗を遺す沖縄にも、此に似た風がある。此夜、丘上から魂の遊離する——たまがり——のを見ることがある。すると、其家の人は死ぬのだなど丶も言う」と述べている〔折口　一九七六〕。

来年の吉凶が見えるというのは具体的にどのような状態をさすのだろうか。箱山《はこやま》貴《き》太《た》郎《ろう》は、「成沢寛経《なるさわひろつね》が江戸時代末期の信州上田での見聞を記した『小百合の杣』にみえる岡見を紹介している。それには「近頃下戸倉人の語るを聞けば、大晦日の夕まだ日の暮ぬ程に、高きに登り、そこは彼が家、ここはその家と思い定めて、くるるを待て見るに、仮令は喜び事ある家は、うたい舞なとする様にいとにぎわい、悲しみ事ある家は、啼声など、うれい多く思われ、火あらん家は、ほの気たつ様に見ゆ。げにこん年のあらん様、さだかなりといえり。」と興味深い内容がでている〔箱山　一九六五〕。大歳という境界の時間に臨んで、蓑《みの》を逆さまに着けた異常な姿はなにを意味しているのだろうか。

逆さまというのは、折口のいうように裏返しに着けることにちがいない。そして「蓑を逆さまに着けて見る」ことと「股のぞきで逆さまに見る」こととはおそらく同じ意味をもつのであろう。逆さまは、象徴的に日常性をひっくり返す行為であって、妖怪・幽霊・あの世など私たちの日常の時空間の外側に想像された世界と通じ合う。その上で逆さまには、そうした世界から侵入してくる邪悪なモノを阻止するつよい意志が示されている。

蓑を逆さに着けることと股のぞきを、もう少し細かく比較してみると、単に逆さという現象が似ているだけではない。股のぞきのしぐさの特徴は、対象に尻《しり》を向けた格好で、つまり相手を無視しながら、それでいて相手の様子をうかがう姿勢である。上半身と下半身の向きが逆で、顔は下にさげて後ろを見ているが足は前を向いて立っているという、上下と前後があべこべの関係を同時に体現した形といってよい。一方、蓑を逆さまに着けて立つのも裏表の矛盾した姿であり、そうした状態で折口がいうように「肩越しにわが人居を見る」のは、岡から人居の方に背を向けたままで肩を通して後ろに視線を送ることである。つまり、大歳という境界の時間にのぞんで、一つの形のうちに上下（裏表）前後を同時に表現するこれらのしぐさ自身が、二つの領域に接していながらそのどちらでもないという境界的な性格を帯びている。

岡見の習俗が民間伝承としてどのように展開してきたのかはよくわかっていないが、新潟県北蒲原《きたかんばら》郡あたりのコト八日にまつわる言い伝えは興味深い。

コト八日の前夜を北蒲原郡では、オッカナの晩げという。この夜は、一つ目の化け物がくるといわれ、目の多い籾とおし・箕・ザルなどを門口にさげる。(中略) 新発田市宮古木では、オハギ三個を三本股の枝にさして戸口に出し、ソバ殻、籾灰などを入口の小路にまく。同市川東地区では、厄神が家に入ると鍋・釜・下駄の歯にまで化けるといい、屋根のグシの上で半切《はんぎり》に水を入れてみると狐の嫁取りや祝言、葬式のある家の様子がわかるとし(五斗蒔)、みの・笠を逆さに着て、屋根のグシに上ってみると、火事・災難の家がわかるという(滝谷)。六日町五十沢郷では屋根のグシの上で股からのぞくと、化け物や死者の姿がみえるといわれている。また、この夜は化け物がくるので、早く戸を閉め、明りが外にもれないようにし、夜の外出も遠慮する〔新潟県 一九八二〕。

コト八日とは二月八日と一二月八日のことで、その前夜をオッカナの晩げと呼んでいるように、この夜は一つ目の化け物が来ると信じられ、各家ではさまざまな魔よけの行事が行なわれてきた。新発田《しばた》市滝谷《たきだに》で、蓑・笠《かさ》を逆さに着て屋根の上から見ると火事・災難の家がわかるというのは、未来を見通して災禍を未然に防ぐ狙いであろう。これは、屋根の上から股のぞきをすると化け物や死者の姿が見えると伝える六日《むいか》町五十沢《いかざわ》郷の例とともに、岡見に繋《つな》がる民俗だと推測される。

異国を見る

股のぞきについては、近世の俳人として知られる堀麦水《ほりばくすい》の『三州奇談』に、唐島の異観と題するこんな話が収録されている。

友文鵜なる男興じて咄す。里諺に此堂の縁にうつむきになり、股の間より海畔を望めば、必ず異国の人家か蛮界の人家を見ると云ふ。故に多く唐を見んとて、内股の間に首を入れて興ず。人家或時はふしぎにも見え、又見馴れざる所の見ゆることもあり。先年開帳の時は、麓の岩間に茶店を設けて、岩間を直に生洲となして鯛・蛸の類を放し置き、酒を売りしに、人々多く押合ひて食するに、其頃我も渡りて酒に興じ、打倒れて夢も半の頃、早や人大方帰り尽きて淋しくなりし頃、不図目覚めて彼俗諺を思ひ出して、股より覗き見しに、山上より来る一人あり。唐装束を着し、髪は女の如く唐子髷にして、手に大旗を持来る。大いに怪しみ、不思議〳〵と感ずる間に、異人間近く来たり、ハンメリ〳〵といふ。驚きて手に持つ旗を見れば、ハシリカンフラと書き付けあり。扨は薬売殿にてありしと初めて知りしが、時しも此内股より覗く所へ来かゝりしは、渠も又應の遁れざることありしにやと、をかしく帰りしぞ〔石川県図書館協会　一九三三〕。

唐島は富山県氷見《ひみ》市の氷見漁港から三〇〇メートルほどの沖合に浮かぶ小さな島で、ここには弁財天をまつるお堂がある。現在も五月三日の唐島祭りには、弁財天の像を市内の光禅寺から島に移して、海上安全と大漁を祈願する。当日は、数多くの漁船が旗をなびかせて参詣《さんけい》の人を唐島に運び、島は吹流しや提灯《ちょうちん》でいっぱいになるという〔氷見市史編修委員会 一九六三〕。

かつて、この島のお堂の縁から股のぞきで海を見ると異国の人家が見えるといわれ、人々は競ってこのしぐさに興じていたことがわかる。著者の麦水自身も関心があったようでご開帳で島に渡った際に試みている。そのとき見えた唐装束の異人は実は旗を持って歩いてきた薬売りだったとオチがついているが、もともと見えるはずのない異国が見えるという発想そのものが、通常では見えないものを見ようとするこのしぐさの一類型である。

2 股のぞきと袖のぞき

天橋立股のぞき

日本三景のひとつ天橋立《あまのはしだて》を股のぞきで眺めるのは有名だ。一九九八年の秋に、籠《この》神社のそばを登って傘松《かさまつ》公園を訪ねたときには、観光客が入れ替り立ち替り台に上がって股のぞきをしていた。『丹後国風土記』逸文には、イザナギが天に通うために作ったものだが彼が寝ている間に倒れてしまったと書かれている。傘松公園から股のぞきをすると、一瞬だが天地が転倒して、海に細長く伸びた松林が天にかかっているような錯覚を覚える。通常では見ることのできない天と地を結ぶ霊地としての天橋立が現出するうまい仕掛けである。

天橋立を股のぞきで見るという習わしがいつ頃から始まったものか定かでないが、伊藤太氏の調査では、明治の後半から吉田皆三によって進められた観光化の事業の一環に組み込まれて、さかんに喧伝《けんでん》されたようである〔伊藤 一九九八〕。とりわけ、交通網の整備にともなって観光客が増加した。また、当地を訪れた文人の影響も見過ごせない。天随生久保は「翠虹萬丈」で明治二九年（一八九六）に訪れたときのことを「凡そ此地に至る者は俯して股間より望見するを例と為すとか、余因て戯に之を為す、遠近の景巧に相按排し、光輝映発、更に一層の美を加ふるを覚えぬ」と記している〔小室 一九三八〕。

また、田山花袋《たやまかたい》は大正四年（一九一五）に発表した「海とトンネル」のなかで「股くら眼鏡といふことは天橋の景を天上に映して見るといふ様な特色を持つては居るか、これを絵はかきにしたり女なとかやっていたりするのを見るのはあまり好いものでないと思つた」と、女性の股のぞきについてはやや批判的な目で見ている〔小室 一九三八〕。そのほか、幸田露伴《こうだろはん》の「枕頭山水」や荻原井泉水《おぎわらせいせんすい》の「天橋立」などの紀行文などにも股のぞきに触れた記述が見える。

天橋立袖のぞき

田山花袋は股のぞきを絵葉書にすることに冷ややかな態度を示しているが、このしぐさは文人の作品に取り上げられただけでなく、「天橋立名物股のぞき」と刷り込んだ絵葉書としても盛んに売り出された。京都府立丹後郷土資料館には天橋立に関する絵葉書のコレ

上から、図3-1　股のぞきから天橋立を見る、
図3-2　袖のぞきから天橋立を見る
（ともに京都府立丹後郷土資料館蔵）

クションがあり、明治末から昭和までの股のぞきの絵葉書が揃っている（図3-1）。それを見せていただいたとき、おやっと思ったのは、股のぞきをしている写真や絵にまじって図3-2のように女性が着物の袖《そで》をかざして天橋立を眺めている絵葉書が何種類かあったことだ。

絵葉書のなかには「天の橋立袖のぞき。婦人が袖の下から天橋立を見下ろした図で松を浮べた天橋が縦一文字に文殊の森に連なり右に阿蘇の海左に与謝の海が開展する」と印刷されたものもある。着飾った姿で股のぞきのポーズをとりづらいのはわかるが、ただそれだけの理由からこのしぐさをしているのではなさそうである。わざわざ「袖のぞき」と銘打って傘松公園の股のぞき台から眺めているところをみると、このしぐさには股のぞきと何か共通する民俗的な意味があるのではないかと予想される。というのは、妖怪や幽霊など異常なものを見るときによく似たしぐさをするからである。いくつか挙げてみよう。

○人は船幽霊をみたことがないというけれども、私は実際にみた。明りがついていても、真正面からみては絶対にみえないけれども、袖の下からみるとよくみえるものである。船幽霊は、昔のクバ（ビロウ）笠をかぶりティク（シュロチク）蓑を着けて、下をうつむいている。（鹿児島県瀬戸内《せとうち》町）（登山　一九九六）

○二十歳の時、三四人同舟で出漁中、雨あられになったので帰途につくと、初めに火が一つ出た。段々多くなり千も万も舟に近寄って来た。形ははっきりしないが、元気のない火で舟に従いて来、前を横切るものもあった。袖下から見るとその正体がわかるという。（新潟県山北《さんぽく》町〈村上《むらかみ》市〉）（大藤　一九七五）

○川の神　川の側や溜め池に座す神だという。河童はその使い者だとも言い、川の神そのもののようにも考えられている。春雨の夜などよくヒョーヒョーと鳴きながら、川や溝を伝って上る事がある。一定の道筋があって、次の場所に行かれるのだとい

う。着物の袖をかぶって見ると川の神の正体が見えるものだという。（長崎県壱岐《いき》島）（山口一九七五）
○河童その他の化け物は袖の下から見れば見える。（宮崎県えびの市）
○袖の下から見ると人魂の顔が見える。（東京都大田区）
○キツネの嫁入りは袖をかぶって見ると見える。（長崎県壱岐島）
○夜着の袖から見ると人魂が見える。（秋田県鹿角郡）

袖の下からのぞくと、妖怪変化の類《たぐ》いが見えるという俗信はほかにもあるが、このしぐさが日常的ではないものを覗き見るという点で股のぞきと共通している。袖のぞきの呪的なはたらきを物語る伝承が徳島県海南《かいなん》町（海陽《かいよう》町）から報告されている。

蜂須賀公が、とどろき山に参詣して、もう帰るということになったら、「轟さん、ほんなら、ほのなあ、あの水ぎわまで自分が送って行く」ということになって、送ってきたんやな。ほいて、他の家来の目には見えんけど、その……の、阿波の守がな、蜂須賀さんが、その、えらい川上向いてな、お辞儀しよるんやな、ほんで、ほの家来が、「殿、どういう誰に、そのお辞儀しよんな」と言うたら、「お前ら、ほんなら、見たけりゃ見てきい」言う。ほの、殿、あの殿さんの袖の下から見たら、ほいたら、川奥に大けな、あの、蛇になってな、あの川奥にさりよったという話や。ほわで、袖の下から必ず物を見るもんじゃない、と。袖の下から、見るということはな、目に見えんもんを、袖の下から見たらはっきり見えるじゃさかい、ほんで、袖の下からそういうもんを見るもんじゃないということを、親からよう言われた〔立命館大学説話文学研究会　一九七三〕。

阿波《あわ》の殿様である蜂須賀《はちすか》公が轟山に参詣した帰り、川上に向っておじぎをするのを不審に思った家来が、殿の袖の下からのぞくと、大蛇が去っていく姿が見えたという話である。通常では見えないものの正体が見えるので、「袖の下から見るものではない」との禁忌を伴っている点は示唆に富む。片袖を頭上にかざす、もしくは袖を被《かぶ》った状態は、妖怪や幽霊などの影響を遮断し、つまり自らの姿を覆い隠した上でそっと相手を覗き見るしぐさであろう。沖縄には、七夕に右の袖を隠して左の袖を覗くと亡くなった親が見えるという「継親念仏」の話が伝えられている。特別の状況を考えると、野辺送りのときに女性が片袖を被る習俗なども関係がありそうだ。股のぞきや袖のぞきに近いしぐさとして、つぎのような伝承もある。

○和歌山県中辺路《なかへち》町（田辺《たなべ》市）

狼は人に姿見せんてお婆さんらは言う。萱一本あったら姿隠す。夜なんか、使いに行って来るでしょ。で、夜帰りに、送り雀っていうですわ、チュンチュンチュンて後ろ鳴いて来るでしょ。その雀がついたる時は狼が後ろについてある。それは、その使いに行て来る人を守ったぁるんやそうな。ほやけど、後ろ向いても姿は見えんけど、お婆さんらの話聞くと、脇の下から覗いたら姿は見えるちゅう〔民話と文学の会 一九八〇〕。

○青森県東津軽郡平内町

山行って、身体、ザワザワした時、後ろ、〈狐が〉ついて来ているっていうんだよ。振り返って見るもんでないって、振り返れば、後ろついてきたの、姿見えなくするって。だからほら、この脇の下なら、後ろをこういうふうに〈脇の下から後ろを覗く〉してみれば見える、という、年取ったひとから聞いた〔弘前大学人文学部他 二〇〇三〕。

後ろを振り向いても見えない狼や狐が、脇の下から覗くと見えるというのは示唆に富む。筆者も一九九七年の夏に、沖縄県西表《いりおもて》島舟浮で山崎国男氏から「幽霊を見ることができるといわれている人は、脇の下から見るとマジムン（魔物）が見える」と教えていただいた。脇の下から見るとは、相手に背を向けた状態で頭を斜めに下げて胴と腕の間から後方をほぼ逆さまに見ることで、その原理は股のぞきに近い。先の天橋立神のぞきの絵葉書でも、女性は海に向かって体を横にして立っているところをみると、脇の下から覗き見るしぐさの変形と解釈できないこともない。

以上のようにみてくると、ふだんは子どもの遊び以外にはほとんど顧みられることのない股のぞきだが、民間伝承の立場からは興味深い問題が隠されていることがわかる。一言でいえば、異界を覗き見るしぐさといってよいだろう。異界については、小松和彦《こまつかずひこ》がつぎのように説明している。

異界とは自分たちの生活空間の向こう側の世界のことである。では、民俗社会にとってどのような意味をもった領域なのであろうか。それは別の世界、時間的であれ、空間的であれ、民俗社会の人々が誕生してから死ぬまでの生活をすごす日常生活の場所と時間の外側にある世界のすべてが意味されている。すなわち、時間的にいえば、誕生以前と死後の世界、空間的には村落社会の外に広がる領域がいずれも異界といえるわけである。しかし、実際にはこうした二種類の異界は相互に関連し合ったり、重なったりしている〔小松　一九九四〕。

股のぞきから見える、あるいは見ようとする対象は、私たちの生活領域の向こう側、私たちが所属していると認識している時空間の外側の世界に属している。整理をすれば、
○船幽霊や死者の霊など、妖怪や幽霊の正体
○新しい年の吉凶や、次に生まれてくる子どもの姿
○見えないはずの異国の風景
などである。日常では見ることのできない世界が股のぞきの向こうに透けて見える。そし

て、妖怪変化の姿やその正体を見破ることは同時に、それらの侵入を防いで退散させる力でもあり、股のぞきには魔よけの効果もつよく意識されている。

股のぞきに関するよく似た言い伝えはロシアからも報告がある。斉藤君子《さいとうきみこ》は「〈さかさ〉と〈左〉の世界」と題した論文のなかで「妖怪の世界をのぞき見るときにおこなわれるしぐさに〈股のぞき〉がある。ピネガでは家族のだれかの婚礼の日に、身体を屈めて股のぞきをすると、ドモヴォイ（家の霊）の婚礼を見ることができるという。同じような俗信は日本にもあり、股のぞきをすると狐の婚礼が見えるなどといわれている。ロシアと日本に共通するこの俗信の背景にあるのは、妖怪や死者の国をこの世の裏返しとみなす、人類共通の古い観念である」と指摘している〔斉藤 一九九八〕。

3 狐の窓と怪異現象

日当り雨と狐の嫁入り

動物をモデルにした妖怪は少なくない。狐、狸、猫、川獺《かわうそ》、蛇などが挙げられるが、なかでも狐の知名度は群を抜いていて、人を化かすことにかけてはこの動物の右に出るものはない。少し前まで、狐に化かされて一晩中山中をさまよった挙句に腰の弁当をとられてしまったなどという話をよく耳にしたものである。そこで、いざという場合に備えて種々の対抗手段が用意されている。

(a)狐に化かされた時は、頭に草履をのせるとよい（石川・愛知県）
(b)狐に憑《つ》かれたら背中に犬という字を書いてたたくとよい（愛知県）
(c)夜、山道を歩くとき、親指を中にして手を握っていると狐に化かされない（和歌山県）
(d)狐に化かされぬためには、着物の裾《すそ》をしばって旅をすればよい（愛知県）
(e)狐に化かされた時は、地にかがんで棒でなぎ払えばよい（鹿児島県）

(a)の、足に履くものを頭にのせるのは、身体の一番下につけるものを一番上に移すわけで、踏むものに踏まれるというあべこべの行為である。つまり逆さまの呪法の一種と考えられるが、身体を「踏みつける」ということに意味があるのであろう。(b)は、化け物や幽霊が犬を嫌うという伝承を下敷きにしたもので、鋭い嗅覚《きゅうかく》で人間が気づくよりもまえに怪しいモノを察知して吠《ほ》え立てる犬の習性が背景にある。(c)は「霊柩車《れいきゅうしゃ》に出合ったら親指を隠す」呪いと同じで、邪悪なモノが爪の先、とくに親指の先から侵入するという観念からきている。

(d)の場合も、着物の先端部分から霊的なモノが出入りするとの恐れから裾をしばって防御するためのようだ。(e)は、人を化かしている時の狐はその正体が低いところにあることを教えている。福島県舘岩村《たていわ》（南会津町《みなみあいづ》）では「魔物に化かされた時には地六《じろく》を狙え」という。地面から六寸（約一八センチ）上に魔物の正体があるという意味である。他にも「狐に化かされたら眉《まゆ》に唾《つば》をつけるとよい」という俗信もよく知られている。

『民俗学』一巻五号（一九二九年）に、竹本健夫は石見《いわみ》地方に伝承される狐の嫁入りについて「日が照っているのに雨が降ることがある。その時は狐が嫁入りするのだという。指を組んでその隙から遠くの山際を望むと嫁入りが見えると言ってよく私もやったものだ」と紹介している。この記事にヒントを得た南方熊楠は同誌の六号（一九二九）に「狐と雨」という論考を発表している。

竹本健夫氏の「石見通信」に、日当り雨の節、指を組んでその隙から遠く山際を覗けば、狐の嫁入がみえるという、と記されてある。紀州田辺でも、日当り雨の際、指を組んでその前で、口を尖らし犬の字を三度かくまねして、三度息を吹き、組んだ指の間より雨を覗けば、狐の嫁入行列がみえるという。ただし、指を無法に組んではみえず。定まった組み方がある。かつて荊妻から伝授したが、ロハでは教えられぬ。また日当り雨の最中に、拙宅より遠からぬ法輪寺という禅刹の縁下を、吹火筒で覗いてもみえるという〔南方 一九二九〕。

日当り雨（天気雨ともいう）とは、日が照っているのに雨の降る天気のことである。狐の嫁入りは「狐火が多く連なって嫁入り行列の提灯のように見えるもの。」（『広辞苑』）だが、日当り雨のことを狐の嫁入りということもある。南方の「狐と雨」を受けて、翌年の『民俗学』二巻四号に白井《しらい》一二《いちじ》が「東三河の狐の嫁入」を報告している。白井によれば、「狐の嫁入り」といった場合には「日が照りながら雨の降る時、井戸の中や松林の中を行

図3-3　狐の嫁入り行列
（歌川芳虎画「時参不計狐嫁入見図」国立歴史民俗博物館蔵）

くという狐の嫁入行列を指す」場合と「夜、道や田の中で増減する火、所謂狐火を指す」場合の二通りがあるという〔白井 一九三〇〕。前者の日当り雨のときには、南設楽《みなみしたら》郡新城《しんしろ》町（新城市）では「擂鉢を被って井戸をのぞくと見える。指を組合せるのを〈狐の穴〉という。それを作ってその穴から雨の中を覗くと見える」といい、宝飯《ほい》郡牛久保町（豊川市）では「指を組み合せたのを〈狐の窓〉と呼ぶ。その窓から雨の中を見ると見える」という〔白井 一九三〇〕。

見えるというのは当然「狐の嫁入り行列」（図3-3）が見える意であるのはいうまでもない。晴れているのに雨が降るという現象を異状視する伝承は諸外国にもあるが、日当り雨を狐の嫁入りと呼ぶことについて板橋作美《いたばしさくみ》は「結びつくはずのない〈晴〉と〈雨〉が結合すると、同じく結びつくはずのない〈狐〉と〈嫁入り〉が結合してしまうことを、この俗信は言おうとしているのだと考えられる」と述べて、気象における晴と雨の区分の混乱が人間と動物の区分の混乱に連動している関係を論じている〔板橋 一九九八〕。

狐の窓から覗く

日当り雨の際に特別の指の組み方をしてその窓（穴）から覗くと狐の嫁入り行列が見えるというほかに、狐火がでたときにもこの窓からのぞいて相手の正体を見破ったり、あるいは、窓から息を吹きかけて退散させる。次の事例は『民間伝承』四巻十一号（一九三九年）に報告された神奈川県の狐火の伝承である。

狐が口にあぶくをたてるとそれが光る。提灯をつけたみたいになって、二ヒロ位に燃えている。植木屋の爺さんは六十九歳だが、若い時分は農業に従っていたのでキツネッピなんかは見たどころではなく年中出ていたずらされて困った。夕方浜へ魚を買いに行った帰りなど、あと足で砂をひっかけたり、眼前にボーボー火を燈したりした。そういう時はこの泥棒野郎アンデ魚なんでやるもんかとしっかり魚を握ってその火まで行くとパッと消えて又前の方に燃えるという。その爺さんの親父から聞いたという唄《ママ》えごと。キツネッピが出た時は指を組んで指の穴からキツネッピを見ながら、ソーコーヤ、ソーコーヤ、ハタチガカドニモンタテ、トウヤヒガシヤランヤ、アランヤ、アララン、ランランと三度言って其の指の穴をつッつッとふくと、ぱっとキツネッピが消える〔伊藤 一九三九〕。

カタカナの部分の呪文は意味を解し難いが、要は指を組んでつくった窓から覗き見たあと、そこから息を吹いて狐を退散させるのであろう。和歌山県有田郡《ありだ》では「狐にだまされた疑のあるときには、手の指を二本ずつに分けて一方は表向き、一方は裏向きにして組合

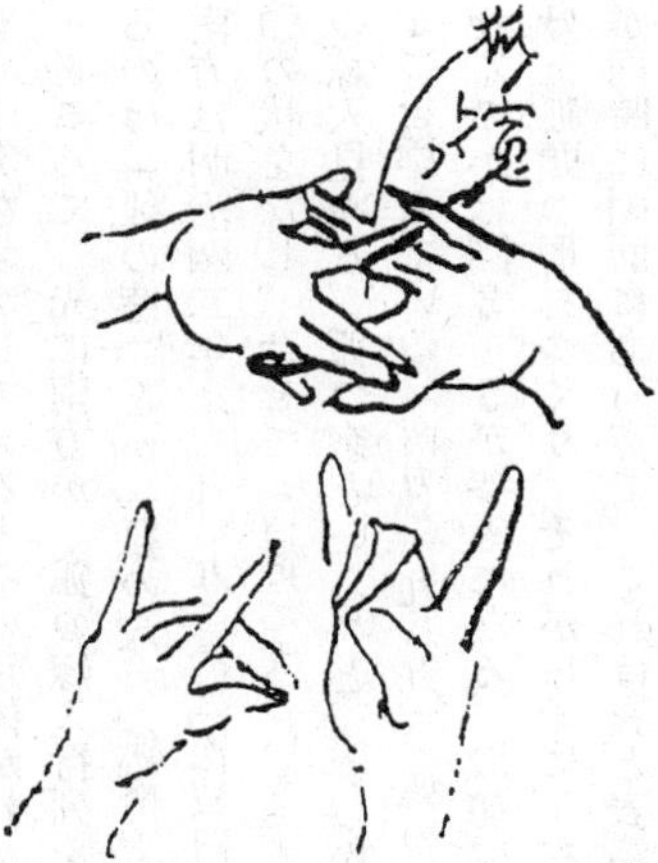

図3-4　南方熊楠が描いた狐の窓（南方熊楠『南方熊楠日記4』八坂書房、1989年）

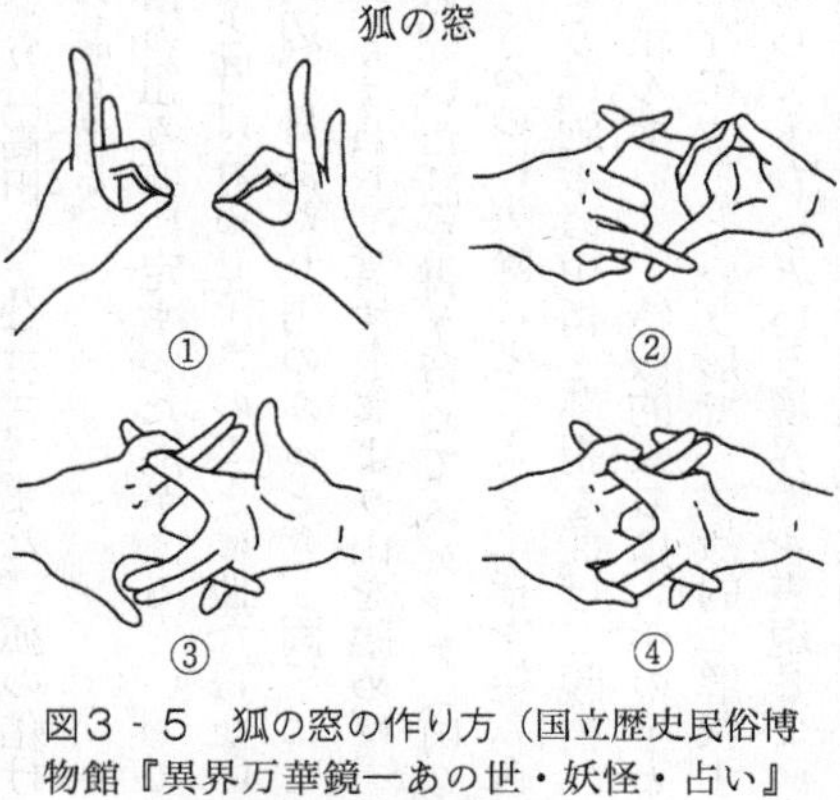

図3-5　狐の窓の作り方（国立歴史民俗博物館『異界万華鏡―あの世・妖怪・占い』（財）歴史民俗博物館振興会）

せ、中央のあなからのぞいて見れば分かる」という〔高田 一九二三〕。また、狐の化けたものは炎をすかして見るとその正体がわかるとの話もある[1]。

ところで、先に南方が、狐の嫁入行列を見る指の組み方に定まった形があるといっているのは「狐の窓」とか「狐の穴」「狐格子」などと呼ばれるしぐさのことに他ならない。南方は明治四二年(一九〇九)に「松枝曰く、田辺、日あたり雨のふるとき、両手にて狐頭の状をなし、合せて(口にて犬という字を三度かくまねし)其すきまより山を臨めば、狐の嫁入見ゆる。狐の窓といふ」と、妻の松枝から聞いた話を書き留めてスケッチ(図3-4)を添えている〔南方 一九八九〕。狐の窓をつくるのに実際にどのように指を組み合わせるのかは図3-5が参考になる。最初に①のように両手の中指と薬指を曲げて親指につけた狐頭の形をつくり、それから順に左右の指を組んでいく。特徴的なのは、手の平と甲が同時に両面にある点で、これは裏と表が同時に存在するという形で、象徴的に解釈すれば、異なる二つの世界に接していながらそのどちらでもないという境界性を表現している。そこに開けられた中央の窓(穴)は、まさしく妖異の潜む異界を透視する隙間としての意味を帯びている。

中沢新一《なかざわしんいち》は、南方が関心を寄せた狐の嫁入りを構造分析の手法を用いて敷衍《ふえん》し、こういう現象を人間が「見る」ことができるという特別のやり方について「いっさいが玉虫色に変化をおこす境界の領域が人間の意識に開かれてくるためには、ルイス・キャロルの鏡とか、魔法の扉とか蝶番などが必要だ」と述べて、狐の窓を両義性をもつ象徴的な蝶番に譬《たと》えている〔中沢 一九九二〕。

狐の窓に関する記録は、藍亭晋米作・歌川国丸画『化物念代記』（文政二年）に「化もの見やうの事」と題して挿絵とともに紹介されている（38頁図1－3参照）。それには、「此見やう八日にも時にもかまハづ　なンでもあやしいと見たらバ　づのごとくゆびをくミ　けしやうのものかましやうのものか正たいをあらハせト三べんとなへてのぞけハ　もとのすがたをあらハす」とみえている。また、文政一三年に成立した喜多《きた》村信節《むらのぶよ》の『嬉遊笑覧』には、「わらべの戯に左右の手をうしろ前にして指を組合せ、中に穴あくやうにする、是を狐の窓といひて其穴より覗き見る事すなり（中略）狐の窓の戯は是其穴より狐を覗くなり、狐火を狐の挑灯ともいふ」とでている。子どもの遊びになっていたほどだから、かつてはよく見かけるしぐさではなかったかと思われる。筆者も、一九九四年に鹿児島県与《よ》論《ろん》島を歩いたとき、地元の菊千代さんから、マジムン（魔物）に出合ったときには狐の窓とよく似た形に指を組んで穴からフッと息を吹きかけると難を逃れると教えていただいた。

長野県北安曇郡では、「狐食ってうまかった尻尾の先は窓にかかった」と言って両手で狐の窓をこしらえて三度吹けば狐火は消えるという〔信濃教育会 一九三二〕。ただし、この窓〈穴〉からのぞいたり息を吹きかける相手は狐や魔物であって、人に向けて行なってはならない。大分県直入郡では、狐の窓から人を吹くと吹かれた人が死ぬと伝えている〔高田 一九二五〕。

狐の窓に限ったことではないが、人を化かしたり驚かしたりする妖怪変化は、その正体が露見したとたんに力を失う。つまり、妖異の正体を見破った瞬間から人の側が優位に立つといってよい。

狐の窓は別名「狐格子」ともいう。これは、家の上部に取りつけられた格子窓を「狐窓」とか「狐格子」と呼ぶことと共通の発想に拠《よ》っていると考えられる。それは、こちらの窓（穴）から相手を見ることはできても、相手には容易にこちらの姿を見られない、つまり、身体の肝要な部分を覆い隠したうえで相手を覗き見ていることを意味しているのであろう。

狐の窓と似たしぐさが、福島県只見《ただみ》町の修験龍蔵院に伝来する『諸咒衆聚覺《しょじゅしゅじゅおぼえ》』（無年記写本）に「狐火滅神明咒」と題して記されている。呪文を三返唱えたあと「片目喰ヒシキ丸ノ印ニテ是ハ人指ト大指ヲ合丸ニメ眼ニ押當テ見テ亦口ニ當テ吹ハ狐火成ハ則滅ス但シ火ヲ見ニハ片目ヒシク」とみえる〔久野 二〇一〇〕。人差し指と親指で輪を作りその穴から狐火を見て息を吹くと消えるという。里に住む山伏がこうした呪いに関わっている実態がうかがえて興味深い。

4　覗き見る伝承の諸相

穴や隙間から覗く

山中で道に迷ったり、川や海で思いがけない現象に遭遇したとき、それを狐狸《こり》や河童《かっぱ》あるいは船幽霊のしわざだと考える人は現在ではほとんどいないだろう。しかし、かつての社会では、不可解な体験を人に伝えようとするとき、お化けや幽霊などといった超自然的な存在を持ち出して説明するケースは今よりずっと多かったにちがいない。

ときには、本人自身が説明できないような出来事に対して、周囲の人間がそうした文脈で解釈して納得する場合もあったと思われる。ときとして妖怪は断絶した認識の溝を埋める有効な説明原理としても機能していたであろう。また、自分にはそのような体験がなくても、怪異談がまことしやかにうわさされるなかで、妖怪変化にまつわる知識や物語を共有し、まるで自身が体験したかのように語る者も少なくなかった。

図３‐６　銃の穴から見る萩野雄三氏

前節では「股のぞき」と「狐の窓」を中心に取り上げてきたが、これ以外にも、異常な事態に出くわしたときに、すばやく危難を逃れる手段として、身近にある道具を利用する方法がある。桂井和雄《かつらいかずお》は「妖怪の本性」と題した論文で、主に高知県下に伝承される事例を紹介している。たとえば、土佐《とさ》郡土佐山《とさやま》村（高知市）では、古く狩猟に火縄銃を使っていた時代、山で妖怪に出合った時には、スリワリと呼ぶ銃の照尺の小穴から覗くと相手の本性がわかるといわれていたという〔桂井 一九七七〕。高知県物部村（香美市）で最長老の猟師である萩野雄三氏（一九二四年生れ）によれば、山中で得体の知れないものに出合ったときや、なにか怪しいと感じたときには銃の照門（目標を定める照準装置）についている小さな穴から覗くと魔物の正体がわかるという（図3-6）〔常光 二〇〇三〕。

同村の伊井阿良芳氏（一九二四年生れ）によれば、筒袖の開いたところから見ると魔物の正体がわかるという〔常光 二〇〇三〕。この方法は、高知県吾川《あがわ》郡吾北《ごほくそん》村で「山で妖怪に出会った時には、筒袖の木綿着物のわきの下にあたる部分の穴からのぞくと、その本性を見ることができる」という伝承と共通している〔桂井 一九七七〕。類似の伝承については、郷田洋文が、佐賀県呼子《よぶこ》町（唐津《からつ》市）の漁師から「船幽霊の乗った船は人声がボソボソしても決して姿は見えず、杓子を貸せというにきまっている。しかしそのまま貸すと船を沈められるので底を抜いてやる。また、船幽霊はドンザの袖を脱いでその穴から見ると正体（だが腰から下は見えない）が見えるけれど、それだけはどんなことがあってもしてはならない」という話を聞いている〔郷田 一九五二〕。沖縄県那覇《なは》市の辺りでは、妖怪を見る能力をもった特殊な人をマジムン・ンジャー（幽霊を見る人）と呼ぶといい、ふつうの人でも彼の袖を通して覗くと幽霊を見ることができるという〔金城 一九三二〕。袖口から覗いて妖異の正体を見破る方法は早くから知られていたようで、江戸期の『うき世物語』（無刊記）の「篠田狐の事付狐にばかされたる事」にも次のような話がみえている。

浮世坊、この事を、思ひいだし、あはれを、もよほしけるが。篠田の村のかたへ、ゆくとおもへども。在所ハ、手にとるやうに、みえながら、ゆきつかず。夜ひとよ、あるきて、やう〳〵、あけがたになり、それより、すこし心づきて、これは、いかさま。きつねのばかして。かやうに、つれて、ありくか、と、おもひ。日ごろ聞たることあり、と。顔を、ふところに、さしいれて。袖ぐちより、のぞきて、ミれば。せなかの、はげたる、ふる狐、うしろあしにて、たちて。さきにゆく〔朝倉一九八五〕。

鉄砲の照門や袖口に限らず、小さな穴や隙間から覗き見ることで、怪しいものの正体を見抜く方法は各地にさまざまな形で伝承されている。

○山鳥の羽毛については、昔から特異な威力あるものとされている。先ずその羽を箭につけると、悪魔を射るという。次に獅子舞《きら》の獅子頭に、山鳥の尾を一杯挿すのは、その定式で、悪魔退散に威力あると。又更に、その一番長い尾を輪にして覗いて見ると、それは照魔の鏡で、魔物でも変化でも、直ぐ判るという（秋田県）〔武藤一九八四〕。

○三峰川谷では、人間が狐やくだんぼうなどの憑きものにとり憑かれると、やまどりの十二節の尾羽をたがねて輪をこしらえ、この中からのぞいてみれば、憑きものの正体が狐かくだんぼうか、はっきりすると言われていた（長野県）〔松山一九七八〕。

○大川郡の多和ではナオメスジのことをナワスジとよんでいるがここも化物といきあうところといっている。このナワスジの道を牛を連れて通りかかると牛がじっと止まって動かなくなることがあるという。そんなときには牛の手綱のワサの間から牛の耳と耳との間をのぞきこむと化物がみえるという（香川県）〔武田 一九七二〕。
○荷車を引く馬が夜の道で何かに驚いて動かなくなったりした時、手綱の先端につくった小口という小さい輪を通して見ると、馬に災いするものの本性がわかるといった（高知県春野町〈高知市〉）〔桂井 一九七七〕。
○馬の手綱を棕櫚縄で作り、その先端をわご（輪）にしてある。荷車の馬が突然動かなくなったり、何ものかに恐れて進まなくなったりした時、この輪を通して見ると、災いのもとになるものの本性がわかる（高知県檮原《ゆすはら》町）〔桂井 一九七七〕。
○橋田村の事で金津村からの往来欅谷通りの田のある所を或る人夜遅く通ると田の上一二尺の辺を笠がクル〳〵大きな円を描いて飛んでいる、これは不思議と下駄を脱いで其歯の間からのぞいて見た、すると狢が尾を円く振りながら飛び廻っているのだとわかった。何んでも怪しいものが見えたら履いている下駄でも足駄でも脱いで其歯の間から透して見ると正体がわかると伝えられる（新潟県中蒲原《なかかんばら》郡）〔加藤 一九三九〕。
○夜間妖怪につけられた時には、機の道具の筬《おさ》ですかして見ると、その正体がわかる（高知県南国《なんこく》市）〔桂井 一九七七〕。

○亡霊船を識別するには、船人の多年の経験と、また胆力とにもよるのだが、墓に埋めた六文銭、これは決して腐蝕することは無いというが、この六文銭の穴を以って覗けば判別がつく、それは燈火の光り様が異なっている。或は眼の下を押えて眺めても、亡者船なれば燈火が後光を放たない（三重県志摩）〔岩田　一九七一〕。

○八幡浜市大島では、水死人などの霊が宙に迷っているのが船幽霊になるという。夜ひとりで釣をしていると、船の下に白いものが見え、船をどんなに漕いでもそこを逃れることができない（中略）。船幽霊の火を、正月一一日のタタキゾメに綯うユグチ（縄を輪にした船具）の輪の中からのぞいてみると、その幽霊の正体が男か女かわかる。正体さえわかれば、幽霊の害はないという（愛媛県）〔愛媛県史編さん委員会　一九八三〕。

○モウレイの出る場所は、前に船が沈没したことのある場所で、死んだ人たちが友を恋しがって出てくるので陸からは見えないものです。同じ船に乗っていても、見える人と見えない人があります。草履の編み目から見るとよく見えるといいます。このモウレイが誰かの眼に見えてくると、ひとりでに、櫓も櫂も動かなくなってしまいます。モウレイ船は必ず帆船だといっています（福島県）〔山崎他　一九八六〕。

いずれも身近な生活用具の小さな穴や隙間を通して見ることが、得たいの知れないものの正体を見抜く有効な方法だと説明している。森俊によれば、富山県魚津《うおづ》市古鹿熊《ふるかくま》では、カンジキの爪に梅の木を使用したものを履いて冬山に入ると迷うことがないといわれ、万一、迷ったとしても、雪の上に腰をおろし、カンジキを履いたまま足を上げて、乗り緒と前輪との間の三日月形の隙間から外を透かして見ると、進むべき道がわかるという。この俗信について森は、カンジキの呪的な効果に注目し二つの点を指摘している。

一つは材料に用いる梅の木で「当地ではウメはその希少性、歳寒三友の一つにも数えられる慶祝性のゆえに縁起が良くかつ強力な呪力あるものとしてカンジキの爪に使用しているのである。道に迷わないというのも、梅製爪の縁起の良さ、呪力によるものと考えられる」と述べている。今一つは「狭い隙間からのぞき見ることによってものの正体（本質）がわかる」という点である〔森 一九九三〕。

物の穴や隙間から密《ひそ》かに覗き見たために相手の本性を知ってしまうというのは昔話のモティーフとしてもなじみが深い。命を助けられた鶴が美しい娘になって若者のもとを訪ねてくる「鶴女房」では、女は機屋にこもって布を織る。見てはならぬという禁忌を破って、節穴から中を覗いた男の目に映ったのは一羽の鶴であった。この場面を、秋田県山本郡二《ふた》ツ井《つい》町（能代市）に伝承される「鶴女房」では、「その男人不思議に思て、ある時、山さ行ぐふりして、隠れて戸この隙間からこちょっと見て居《え》だど。したきゃナ、その娘こ、今度ぁ鶴の体ねなって、自分の体から羽こ一本じじ（ずつ）抜ぇで、機織てらたけど」と語っている〔今村 一九六八〕。「蛇女房」の昔話では、産室を覗き見た夫は妻の正体が大蛇だったことを知る。

鶴や大蛇など異類の本性が露見する昔話では、両者の関係はことごとく破局をむかえる。密かに覗き見たはずが妻には気づかれていた。見方を変えれば、人間界においては原則として人と異類が結ばれて成就することはないという昔話世界のルールが語られており、様式化された物語のなかでは「覗き見る」という禁忌の侵犯は、異類を追放するための手段として機能しているといってもよい。覗き見ることで相手の本性を見顕《あら》わすという原理は、はやく『古事記』で、豊玉毘売《とよたまびめ》が子を産むときに産室を見ないようにと言ったにもかかわらず、火遠理命《ほおりのみこと》がひそかに覗くと八尋《やひろ》わにの姿になっていたという神話にも確認することができる。

異常な事態に気づいた時、身近にある道具類を眼前にかざしたり狐の窓をつくって覗くのは、のっぺりと際限なく広がる空間を意図的に仕切る行為である。日常世界のなかにもう一つの別の世界、異界を創出する仕掛けといってもよい。倉石忠彦は、三橋美智也《みはしみちや》が歌ってヒットした歌謡曲「おさげと花と地蔵さんと」（作詞・東条寿三郎《とうじょうじゅさぶろう》、作曲・細川潤一《ほそかわじゅんいち》）について興味深い指摘をしている。

指をまるめて　のぞいたら
だまってみんな　泣いていた
日昏の空の　その向こう
さようなら　呼べば遠くでさようなら

おさげと　花と　地蔵さんと

この歌では丸めた指から覗くのである。指で作った丸を望遠鏡の形に見立てているとも考えられるが、その向こうに見えるものは、かつて別れてきた故郷の姿である。物理的には見えるはずのない世界である。しかし、指を丸めてそこから覗くことによって、時間的にも空間的にもかけ離れた世界が、そこから出現しているのである。なぜそうしたことができると考えられるのであろうか。こうした「覗く」という行為によって、全く異なる世界をそこに見いだすことができるという認識は、日本の文化のなかに長く伝承されてきている。「覗く」という行為は、ある物の間から向こうを見る行為であるが、これは文学的な表現を使うと「垣間見」ということになる〔倉石 二〇〇一〕。

まさしく、穴や隙間は二つの世界の間に穿《うが》たれた空隙《くうげき》といってよい。桂井和雄は妖異の本性を見破る一連の伝承について「時にあたって落ちついて対処すべきことを教えているように考えられる」と、冷静さを取り戻すための心理的な効果について触れている〔桂井一九七七〕。

確かに、異界というもう一つの世界を思考のうちに対置させ、それとの関係で見失いがちな状況に意味を与え、対処しようとする営みといってもよいだろう[2]。そこでは、股のぞき、狐の窓、銭や草履の穴というように特定の形を伴ったしぐさや道具類の使用が力を発揮すると信じられ、類型化されている。そして、こうしたさまざまの言い伝えの根源には「覗き見る」というしぐさや行為の侵犯性、隠されたものの正体を密かに手に入れようとする人間の抜き去りがたい衝動のようなものが渦まいている。

二股の間から覗く

井之口章次《いのくちしょうじ》の『日本の俗信』（弘文堂）に「魔性のものを見分けるには、牛に荷を積むときのY型の棒の叉の間から見ればよい」と載っている（井之口　一九七五）。これも穴や隙間から覗き見る方法の一つだが、それとともに二股（Y字形やV字形）については、この形そのものに民俗的に重要な意味がこめられている。

早川孝太郎《はやかわこうたろう》は『三州横山話』で、二股のオンバコ（車前草）について「二股になって咲いたオンバコ草の油を採って、それで火を点して肺病患者の枕辺へ行くと、同じ人が二人、枕を並べて寝ているのが見えると言います。そのうちの一人は病気の精だから、それを刺し殺せば、必ず病気が治るなどと言います」と報告している（宮本他　一九七四）。珍しい俗信だが、高知県高岡郡檮原町四万川《しまがわ》でも「オオバコの薹《とう》の二股の間からのぞくと、労症の神が見える」と伝えている（桂井　一九七七）。

労症とは肺結核のことである。ここでは二股の形をしたオオバコに病魔の正体を見る特別の力が宿っているのであろう。津村淙庵《つむらそうあん》の『譚海』（寛政七年の自跋《じばつ》あり）に「八月十五夜清光を望みて、水晶にて月中の水をとり、墨に和し鏡の面へ鬼形の顔をゑがき、翌日を待てとぎ捨る時は、常の鏡の如く成也、然れども人此鏡を取て見る時は、其人の顔さながら鬼形に變じ見ゆると云へり、又弓の秘傳書に、車前子の二股に出たるを取て納め置、蟇目の時車前子に油を點じ燈となし照せば、妖怪のたぐひ形をかくす事あたわずといふ事ありと、人の語りし」とみえている〔早川 一九一七〕。

二股のオオバコから病魔や妖怪の姿を見顕わすというほかに、二股の木に妖怪が現れるという記録や伝承も少なくない。たとえば『看聞日記』の応永《おうえい》二三年（一四一六）四月二五日条には、北野社の二股の杉に大竹をひしぐが如き鳴き声の佐鳥《けちよう》が現れて参詣人が肝を冷やした話が出ている。また『西播怪談実記』には、享保年中の話として、二股の大榎《えのき》の股に大蛇が現れたという世間話が収められている〔常光 二〇〇三〕。

二股にまつわる民俗資料は豊富だが、その背後に横たわる重要な役割の一つは境界性を表示している点であろう。二股の間から妖怪を覗き見たりまた二股の木に妖怪が出没するとされるのは、人と妖異、この世と異界との境界を象徴している。

江戸時代の後期にみちのくを中心に旅をつづけた菅江真澄は、その日記『けふのせばの、』に、天明《てんめい》五年（一七八五）九月二八日に黒沢尻《くろさわじり》（岩手県北上《きたかみ》市）での聞き書きを残している。

むかし和賀郡、江刺郡の境をあらそふこと、とし久しかりける。その頃白狐、にぎてをくはへて駒が嶽にさりぬ。これなん稲荷の神の、その筋をしへ給ふにこそあらめと、あらがへるものらが中うちなごみ、あなかしことかたりあひ、相去と鬼柳の辺まで水落をあらため、さかひには二股の木を植え、あるは炭を埋みたり〔内田他　一九七二〕。

境の問題で争っていた和賀と江刺だったが、にぎて（幣束）をくわえた白狐の出現に神の示現を感じて争いをやめ、分水嶺《れい》を調べて、そこに二股の木を植え炭を埋めて境を定めたという話である。腐蝕《ふしょく》することのない炭を埋めるのはいつでも掘り出して境の証《あか》しとするためだが、併せて二股の木を牓示《ほうじ》としている点はここでの話題として見逃せない。伝統的な杓子《しゃくし》作りで知られる栃木県塩谷《しおや》郡栗山村湯西川《ゆにしかわ》では、山に入って材料にするブナの木を切り出す場所を決めると、入口に二股の棒を立てる。こうしておけば後から来た者はこの場所に手をつけられない。二股の棒は尾根に沿って囲まれた斜面の木の伐採権を示す境を区切っている〔中本他　一九九七〕。広島県芸北《げいほく》町では、木の股に別の股木をかけて占有の標識とするホデ（ホテ）と呼ぶ習俗があったことが報告されている[3]〔土井　二〇〇四〕。こうした事例では、二股の木は空間を具体的に仕切る機能を発揮しているといってよい。

新潟県佐渡《さど》で行なわれる三十三年忌のマタボトケの習俗には股木が用いられる。

三十三年忌に、栗の木（月布施・赤玉・滝平・真光寺）や桜の木（田野浦・真更川・願）の皮付きの股木で、マタボトケを作り墓にたてるところが多い。真更川ではシナの木を使うこともあるという。月布施では、マタボトケの股木は春切ってはならぬ、クロメ（年の暮れ）前に切るようにといい、マタボトケの上部に要をこわした扇子を、麻糸で巻き付ける。このマタボトケの股木は、生まれかわって、木の芽が出るようにまた帰ってこいとの意味、麻糸は生まれかわって白髪になるまで長生きをとの意味だという。また、扇子の要をこわすことを、真光寺などでは、カナメモドシまたはホトケモドシといい、三十三年忌を境に仏はご先祖様になるのだという。羽茂本郷では三十三年忌をトムライアゲといった〔新潟県 一九八四〕。

弔い上げに二股の塔婆を立てる例は方々にあるが、いずれも死者の霊の新たな段階への移行、いうならば時間の区切り（境界）に用いられる。こうしてみると、二股にはさまざまなレベルでの境界性が付与されていることがわかる。そもそも二股、つまりY字形それ自体のうちに分岐と統合の境界性が表現されているといえるだろう。とくに、二本の木が合着したのち二股に分かれたものを神聖視して伐採を忌み、信仰の対象としている樹木は少なくない。おそらく神霊の出現する媒体と看做《みな》されてきたためであろう。二つのものが一つになる、換言すれば、一つに溶け合った二つの関係が生成する力の源には男女交合のイメージが色濃く漂っている〔常光 二〇〇三〕。また、股木を立てて地境や占有の意志を表すように、二股の形が喚起する他者の侵入を遮る力は、諸処の災厄を防除する力にも通じているにちがいない〔井手 一九六〇〕。

絵巻に描かれたしぐさ

絵画資料のなかには、呪的な伝承と脈絡をもつと考えられるしぐさが散見される。網野善彦は、絵巻にしばしばみえる、広げた扇で顔を隠して骨の間から覗き見るしぐさについて「それは、決して日常生活のなかのしぐさではない。とくに注目しなくてはならないのは、これらの事例がほぼ共通して、大道や河原、寺院や道場の周辺など、いわば〈公界〉の場でおこった異常な事態を見なくてはならない場合、あるいはそれを意識的に見ようとする場合のしぐさである」と述べている〔網野 一九八六〕（249頁図6－1参照）。

黒田日出男は、扇や袖で顔を隠すことをはじめ「顔を〈隠す〉作法が一般化した社会」が中世社会の特徴の一つだと認めて「扇で顔を〈隠す〉作法の一般化を貫くのは、結論的に言えば、それは、中世的な〈穢れ〉の意識の肥大化との関連だろう」との見解を打ち出した〔黒田 一九八七〕。

顔を隠して扇の骨の間から覗き見るしぐさは、本論で述べてきた異常な場面に遭遇した際、狐の窓や道具類の隙間から覗き見る民間伝承と繋がっていそうである。武田正は、長年にわたる東北地方の民俗調査をもとに「異形のもの（フリークス）が現れたときに、五本の指をひろげてさえぎりながら、なお五本の指のあいだから異形のものを見ようとするのは、よく出会うしぐさである」との事例を報告し、これが絵巻にみえる扇の間から覗くしぐさと同じであろうと発言している〔武田 一九九〇〕。筆者も、一九九五年に福島県南

図３－７　「伴大納言絵詞」（小松茂美編『日本の絵巻２　伴大納言絵詞』中央公論社、1987 年より模写）

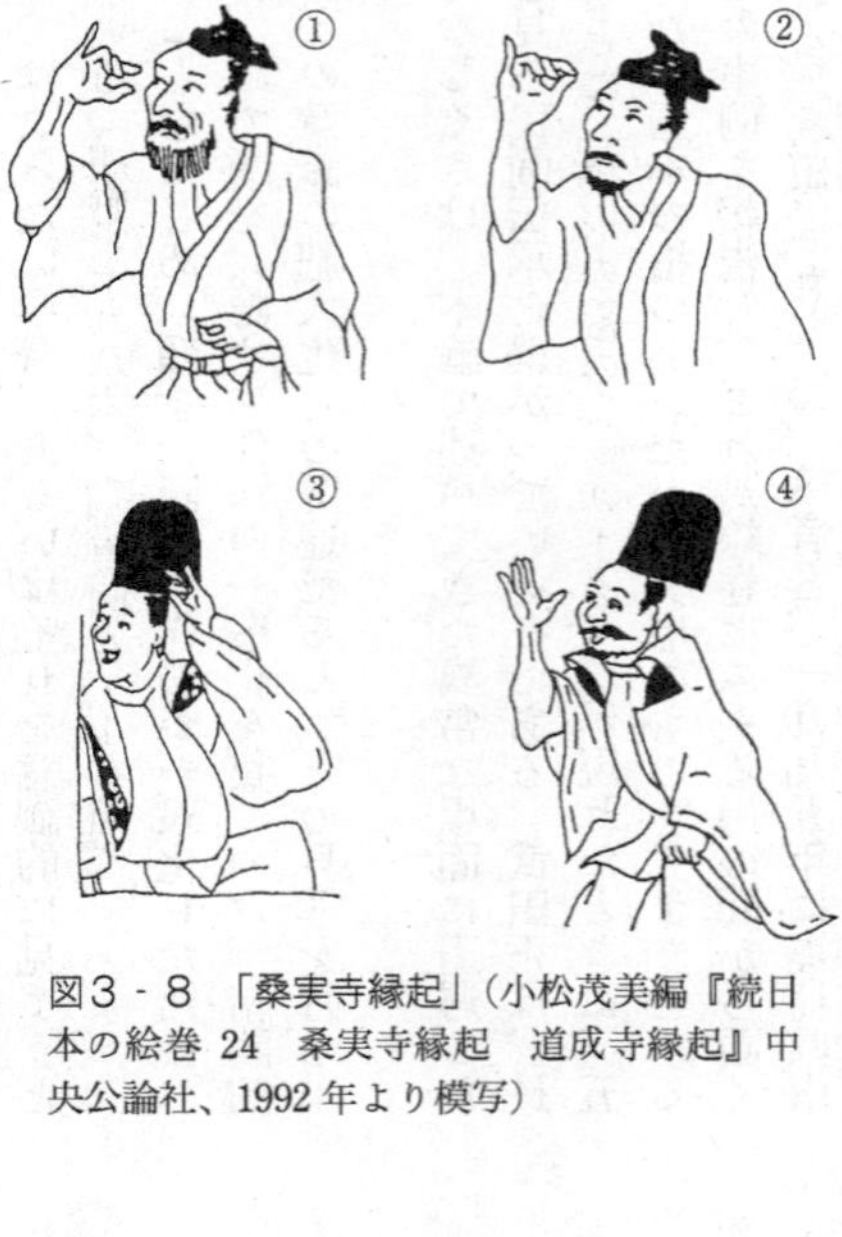

図３－８　「桑実寺縁起」（小松茂美編『続日本の絵巻 24　桑実寺縁起　道成寺縁起』中央公論社、1992 年より模写）

会津郡舘岩村（南会津町）の民俗調査で、古老から「右手と左手の指を交互に差し入れて、手の平を前に向け、指の間から覗くと魔物がわかる」と教えていただいた。突発的な事態に遭遇したとき、とっさに手で顔を覆い、おそるおそる指の間から覗き見るのは本能的な動作でもあるが、同時にそれが異常な場面を見るときの呪的なしぐさとして類型化されているのも事実である。

平安時代末期から鎌倉時代初期の作といわれる『伴大納言絵詞』には、炎上する応天門《おうてんもん》を見上げる人々のなかに、扇の骨の間やひろげた五本の指の間から見ていると思われる人物が何人か描かれている〔小松 一九七七〕(図3-7)。火事の現場だけに、火の粉や熱風をさえぎっているとも考えられなくはないが、それよりも異常な場面を見るときの類型化されたしぐさと理解したほうがよいと思われる(4)。

「桑実寺縁起」は、江州《ごうしゅう》(滋賀県)桑実寺《くわのみでら》建立の由来を説く絵巻で、将軍足利義晴が天文元年(一五三二)に寄進したものである〔小松 一九八二〕。天智天皇の第四皇女の病気回復を願って法会が営まれる、その最中、琵琶《びわ》湖に薬師如来が現れる。このとき、湖上の奇《き》瑞《ずい》を見ようと湖岸ちかくに集まってきた人々の姿のなかに、常ならぬものを目の当たりにしたときのしぐさが描かれている。

図3-8で①の男は、右手の小指を立てて親指と人差し指を平行にした間から覗いているし、②の男は、親指と人差し指でつくった輪の間から覗いているようだ。③の男は左手の人差し指と小指を立て、親指と残りの指で輪をつくっている。これは先述した狐の窓を作る際の最初の狐の形と同じである(図3-4・5参照)。④の男のしぐさは今ひとつはっきりしないが、右腕を立てて親指と他の指でつくるY形の間から覗いているようにみえる。

特別の場面や本来見えないものを、指の隙間から覗き見ようとするしぐさの裾野は思いのほか広い。子どもたちがジャンケンをする前に、両手を交差させて指を組み、それを内側に返してできる穴を覗いて占うなども、その延長線上のしぐさといえるだろう(5)。

《注》

（1）江戸時代に成った『奇異雑談集』（一六八七年開版）の「塩竈火焔の中より狐のばけるを見し事」に次のようなくだりがある。「夜深きに、若き女の声にて、塩屋の門にきたりて、『火にあたらん』といふ。みれば子を抱きたり。男のいはく、『彼方《そなた》の口へゆきて、火にあたれ』といふ。『うれしや』といふて、行きて火にあたる。竈の下、火焔の中より見れば、狐ひとつの雁《がん》をもちて膝のうへにをきて、撫でさするなり、不思議やと思うて、起きて竈のうへより見れば、女、子を膝に置くなり。又竈の下より見れば、狐先の如し。又竈の上より見れば女なり」（高田　一九八九）。炎を透かして見れば膝の上に雁をもった狐で、火を通さないで見ると膝に子を置く女だったという。炎を透かし見ることで女の正体が露見する。空隙を覗き見るしぐさに繋がる伝承がこの物語の背後に読み取れる。

（2）怪異としぐさの関係について、山田《やまだ》厳子《いつこ》は「ある場所での『違和感』や『不快』の経験が『怪異』として立ち現れてくるとしたら、『怪異』と遭遇した際の呪法として知られる、声に出してあることばを言ったり、眉に唾をぬったり、股の下からのぞいたりといった動作は、身体感覚に変化を起こさせる所作として解釈できるだろう」と述べている（山田　二〇〇五）。

（3）芸北町（北広島町）のホテについて、土井美生子は「木の枝が股になったところに別の股木をかけて下の方を幹に縛りつけたもので、組長はこうすることを「ホテヲユウ」といい、山の境界のシルシとしていたと説明した。このように結んでつくられたホテは生育するに従って癒着結合し、窓木を形成したものもあるという」と報告している〔土井 二〇〇四〕。
（4）『法然上人絵伝』巻三八にも、念阿弥陀仏が夢にみた法然往生の紫雲がたなびく場面で、空を仰ぐ人物のなかに、親指と人差し指でつくる輪から覗き見ているとおぼしき男が描かれている〔小松 一九八一〕。
（5）現代の子どもたちの間で行なわれている遊びとしてのおまじないには、指の穴を覗き見るしぐさを利用したものがある。
　飛行機が飛んでいるのを見つけると、両手をポンポンと二回打ち、両手の人差し指と中指でVサインをつくって、それを交差させてできる四角の穴から飛行機を覗く。このしぐさを繰り返して百回（百機分）見れば願い事がかなう。ただし、ヘリコプターを見たら初めからやり直し。飛行機は案外はやく視界から消えてしまうので、一度にできるのはせいぜい二十回（機）くらいだそうだ。簡単そうにみえるが、実際にやってみると、それまでの回数を忘れてしまったり、ヘリコプターに邪魔をされたりして達成は容易でないらしい。百回の「百」はある条件を満たす数で、百物語とかお百度参りの「百」と同じだろう。この遊びは雑誌などのメディアを通して広まった形跡もうかがえる。本章で述べてきた妖怪の本性や異界を覗き見るのとはちがうが、しかし、指を重ねてつくった小さな窓（穴）が、対象を捉えるための仕掛けである点は共通している。窓のなかに捕捉された瞬間から、飛行機は特別の意味を帯びた存在として意識のうちに像を結ぶ〔常光 一九九九〕。

《引用・参考文献》

朝倉治彦　一九八五『假名草子集成』六　一二一頁　東京堂出版
網野善彦　一九八六『異形の王権』平凡社
石川県図書館協会　一九三三『三州奇談』二二三頁
板橋作美　一九九八『俗信の論理』九〇～九二頁　東京堂出版
井手至　一九六〇「枕詞ハシタテの性格―ハシタテの習俗をめぐって」『国語国文』九月号
伊藤最子　一九三九「妖怪名彙」『民間伝承』四―一一　一三〇頁
伊藤太　一九九八　伊藤氏より手紙にて教えていただいた
井之口章次　一九七五『日本の俗信』一六三頁　弘文堂
今村泰子他　一九六八『秋田むがしこ』未來社
岩田準一　一九七一『志摩の海女』一六五頁　中村幸昭（本書は『志摩の蜑女』一九三九アチックミュウゼアム刊の復刊である）
内田武志・宮本常一　一九七一『菅江真澄全集』一　三一九頁　未來社
愛媛県史編さん委員会　一九八三『愛媛県史　民俗上』八三〇頁　愛媛県
大藤時彦　一九七五「海の怪異」『海村生活の研究』三一四頁　国書刊行会
折口信夫　一九七六「萬葉集講義」『折口信夫全集』九　一六六頁　中央公論社
桂井和雄　一九七七「妖怪の本性」『仏トンボ去来―桂井和雄土佐民俗選集第1巻』高知新聞社
加藤辰蔵　一九三九「新津郷怪奇談」『高志路』五―一一

金城朝永　一九三一「琉球妖怪変化種目（二）」『郷土研究』五―三　一九三頁　郷土研究社
倉石忠彦　二〇〇一「指を丸めて覗いたら―指の民俗（2）」『都市民俗研究』七　都市民俗学研究会
黒田日出男　一九八七「こもる・つつむ・かくす―中世の身体感覚と秩序」『日本の社会史』八　岩波書店
小池淳一　二〇〇六『伝承歳時記』飯塚書店
郷田洋文　一九五二「小漁師達の話」『民間伝承』一六―九　日本民俗学会
小杉町史編纂委員会　一九五九『小杉町史』二九二頁　小杉町
小松和彦　一九九四『妖怪学新考』二三〇頁　小学館
小松茂美編　一九七七『日本絵巻大成2　伴大納言絵詞』八～一三頁　中央公論社
小松茂美編　一九八一『続日本絵巻大成3　法然上人絵伝下』一二頁　中央公論社
小松茂美編　一九八二『続日本絵巻大成13　桑実寺縁起　道成寺縁起』二八～二九頁　中央公論社
小室萬吉編輯　一九三八『天橋立集』一一六・一九五頁　天橋立集刊行後援会
斉藤君子　一九九八「〈さかさ〉と〈左〉の世界」『なろうど』三六　三六～三七頁　ロシア・フォークロア談話会
酒井董美　二〇〇〇「七尋女房―山陰の妖怪考①」『怪異の民俗学②妖怪』二〇一頁　河出書房新社

信濃教育会北安曇部会　一九三二『北安曇郡郷土誌稿』四　郷土研究社
白井一二　一九三〇「東三河の狐の嫁入」『民俗学』二―四　民俗学会
関山守彌　一九八二『日本の海の幽霊・妖怪』三頁　関山トシエ
高田十郎　一九二三「各地のいひならはし　其五」『なら』一八
高田十郎　一九二五「各地のいひならはし　其六」『なら』三三
高田衛編・校注　一九八九『江戸怪談集上』二五三頁　岩波文庫
武田明　一九七一『日本の民俗　香川』一一八～一一九頁　第一法規出版
武田正　一九九〇『民話のフリークス―口承文芸の伝承』七頁　置賜民俗学会
土橋寛　一九六五「古代歌謡と儀礼の研究」岩波書店
常光徹　一九九九『股のぞきと狐の窓―妖怪の正体を見る方法」『妖怪変化　民俗学の冒険③』筑摩書房
常光徹　二〇〇三年二月九日に物部村宇筒舞で萩野雄三氏より聞く
常光徹　二〇〇三年三月七日に物部村で伊井阿良芳氏より聞く
常光徹　二〇〇三「二股の霊性と怪異伝承」『日本妖怪学大全』小学館
土井美生子　二〇〇四「ホデを結ってシルシをつける民俗―広島県に残る占有標識」『広島民俗』六一　広島民俗学会
登山修　一九九六『奄美民俗の研究』一四五頁～四六・二八八頁　海風社
中沢新一　一九九二『森のバロック』せりか書房

中村和三郎　一九五九「つまりの俗信―その資料第二集」『高志路』一八四　新潟県民俗学会
中本勝則・高橋伸樹　一九九七『湯西川のざっとむかし』新風舎
長野県　一九八六『長野県史　民俗編　第四巻（三）北信地方　ことばと伝承』五三五頁　長野県史刊行会
新潟県　一九八二『新潟県史　資料編22　民俗・文化財一　民俗編Ⅰ』六八五～八六頁　新潟県
新潟県　一九八四『新潟県史　資料編23　民俗・文化財二　民俗編Ⅱ』二一五～一六頁　新潟県
日本随筆大成編輯部　一九七三『日本随筆大成』第二期2　一七六頁　吉川弘文館
能田多代子　一九五八『手っきり姉さま』三〇一頁　未來社
箱山貴太郎　一九六五『上田付近の遺蹟と伝承』二一二頁　上田小県資料刊行会
塙保己一編纂　一九七八a『群書類従・第十六輯』二七〇頁　続群書類従完成会
塙保己一編纂　一九七八b『続群書類従・第三十二輯上』続群書類従完成会
早川純三郎編　一九一七『譚海』一五七頁　国書刊行会
久野俊彦編　二〇一〇『修験龍蔵院聖教典籍文書類目録』六八頁　大学共同利用機関法人人間文化研究機構　国立歴史民俗博物館
氷見市史編修委員会　一九六三『氷見市史』一六五～六六頁　氷見市役所
弘前大学人文学部宗教学民俗学実習履修学生他　二〇〇三『夏泊半島の宗教と民俗』二二〇頁　弘前大学人文学部宗教学研究室・民俗学研究室
松山義雄　一九七八『続々・狩りの語部―伊那の山峡より』一四一頁　法政大学出版局

南方熊楠　一九二九「狐と雨」『民俗学』一―六　民俗学会
南方熊楠　一九八九『南方熊楠日記4』三四二頁　八坂書房
宮本常一　一九三〇「周防大島二」『旅と伝説』三―二　四九頁　三元社
宮本常一　一九九四『周防大島を中心としたる海の生活誌』二三三頁　未來社
宮本常一他編　一九七四『早川孝太郎全集』四　二一二頁　未來社
民話と文学の会　一九八〇『熊野・中辺路の民話』一七頁　民話と文学の会
武藤鉄城　一九八四『武藤鉄城著作集1鳥・木の民俗』一七四頁　秋田文化出版社
森俊　一九九三「魚津市古鹿熊のカンジキをめぐる俗信」『とやま民俗』四四
山口麻太郎　一九七五「壱岐島民俗誌」『日本民俗誌大系』二　三一三頁　角川書店（本書は『壱岐島民俗誌』一九三四　一誠社刊を再録したものである）
山崎義人他　一九八六『ふくしまの幽霊』二八二頁　歴史春秋出版
山田厳子　二〇〇五「目の想像力／耳の想像力―語彙研究の可能性」『口承文芸研究』二八
立命館大学説話文学研究会　一九七三『川上昔話集』一九九～二〇〇頁　孔版

第四章　「後ろ向き」の想像力

節分行事をはじめ葬式や厄落としの習俗などでは、意識的に「後ろ手」で物を捨てたり、あるいは、やり取りをする場面がしばしば見られる。災厄を付着させたお金を辻《つじ》や橋のたもとで後ろ手に落とすとか、埋葬をすませた野帰りの途中で小石を肩越しに後方に投げ捨てるといった事例は数多く報告されている。こうした行為（あるいはしぐさ）は日常的には行なわない反対（逆さま）の行為であるが、その民俗的な意味については十分な検討がなされていない。

ある状況下でわざわざ後ろ向きの姿勢になるのは、背後に異界や妖異《ようい》など非日常的な世界やモノが想像されている場合が多く、「後ろ手」には異界や妖異との関わりを拒否しつつ一方でそれらに働きかけるという二面性がうかがえる。本章では「後ろ向き」「後ろ手」をはじめ、後方に物を投擲《とうてき》する伝承の論理を多面的な角度から浮き彫りにしてみたい。

1　妖異と接触する方法

三重県志摩地方の海女のあいだでは「トモカヅキ」という妖怪にまつわる怪異が伝えら

れている。志摩における民俗調査の先駆的な役割を果たした岩田準一は、この妖怪についてつぎのような報告をしている。

(a)海深く潜って行くと、自分と同じなりの海女が今一人底を佃うていて、ニヤリと笑いかけて手を引いて暗い中へ誘い込もうとしたり、時には鮑を呉れて寄越したりもする。浮き揚がってあたりを見廻しても、海上には自分の舟以外に一艘の蜑船《あまぶね》も見えぬ。不思議に思ってまた潜り入ると、やはりそれは居る。正真の海女と心得て鮑を貰ったり、誘い込まれでもしようものなら、潜水時間は延びてしまって窒息しなければならなかった。トモカヅキだと知って、もし鮑など呉れに来た場合には、背後へ両手を廻して後ろ向きの儘で貰って来れば安全だなどともいわれていた。曇天の日に限ってよく出会わすともいう。

(b)ともかづきは海の中で自分と同じ風《ふう》をして、こちらが鮑を採って居れば、むこうも鮑を採っている。身なりは同じでも足が無い。そして必ずこちらへ寄って来て鮑を呉れに来る。しかしこれを真受けに貰ったら、直ぐ引っぱって行かれて命を奪られるから、後ろに手を廻して受けて来いと。婆さんからよくきかされた（答志和具　榊谷くす）。

(c)海女が深海で出会う海女の亡霊は、一幅《とこ》の腰巻《なかね》を締めて居り、ハン（魔除けのために磯手拭や腰巻等に縫いつける紺糸の印）が縫附《まつ》ってない。そして鉢巻の後が長いなどと謂われる。これに出遭って顔と顔を見合して、先方がにっこり笑うて来たら、その人の命は無くなる。もし鮑を呉れて寄越したら、後ろへ手を廻して貰わなければならぬ。時としては臺傘のようなものを、ふわっと被せてよこす事もある。そんな場合に、鎌やノミを持って居れば、突き破って出て来られる（布施田　浜口小かん）〔岩田　一九七二〕。

トモカヅキは「共潜き」の意味だが、海で亡くなった海女の亡霊とも考えられていたようだ。この妖怪の誘いにのれば深みに引き込まれ危険な目にあうが、その一方で、海女が何より欲しい鮑《あわび》を呉《く》れることがあるという。ただその際「真受け」に貰《もら》ってはならない。「顔と顔を見合わして」相手が笑うと人は命を奪われる。鮑を受け取るには両手を後ろに回して、つまり、トモカヅキに背を向けた格好で貰えば安全だという。

互いに向かい合っての接触を避け、体の後ろに回した手で受け取るという、いわゆる「後ろ手」のしぐさだが、これは日常生活では行なわない「反対」あるいは「逆さま」の行為の一つである。〈向かい合わせ〉でもなければ〈背中合わせ〉でもないというちぐはぐな関係は、妖怪を無視するそぶりを見せつつ妖怪と通じる方法といってよい(1)。

妖怪から富を授かる例として、もう一例、福島県河沼《かわぬま》郡会津《あいづ》坂下《ばんげ》町に伝わる「ウブメの話」を紹介しよう。

宇内から津尻に行く途中には杉林があり、その丁度中頃に昔おぼだきが出たそうだ。夜おそくこの道を通ると、髪ふり乱した女が幼な子を抱いて現れ「髪を結ううちこの子を抱いていてくれ」と頼まれるそうだ。併し夜中ではあり闇の中から突然現れた女の姿が妖しいので、みんな後をも見ずに逃げ帰るのが常だった。ある夜気丈な男が通りかかった時、例の如く女が闇の中から姿を現し、子供を抱いていてくれと頼まれたので、一時はハッとしたが気をおちつけてその子を受取った。月も出ないのにあたりは薄明りとなり、女の姿も見え子供の顔もわかる。至って可愛い顔の子であるが、妖女の子であるから腹合わせに抱いて噛みつかれては大変だと前向きに抱いた。そして何か玩具（おもちゃ）をと思ったが杉林内の夜道の事故身の廻りを見ても何もない。菓子の残りでもあるまいかと袂を探ったがそれもない。フト気が付くと羽織の紐がとけていた。（中略）もう何時間たったろうか。東の空がほんのりと白みかけた頃、漸く女は髪を結い終わった。そして喜びに溢れた顔で子供を受取り「やっと思いがかなって髪をきれいに結うことが出来ました。そのお礼には是れをあげます」と云って宝物をくれて、朝闇の中に消えていった。その後、この男は有名な長者になったそうだ。またそれ以来津尻の村では猿袴や前垂等の紐を必ず両方同じ長さにしないとか。このおぼだきの出た場所に供養塔が建てられた〔井関 一九七三〕。

おぼだきは「子ども抱き」の意で、髪をふり乱した女は一般にはウブメと語られる場合が多い。ウブメの頼みを聞いて赤子を最後まで抱いていると、お礼に宝物や呪物《じゅぶつ》をくれるという話である。もちろん赤子は人間の子どもではない。この伝説では、腹合わせに抱いては危険だとみて子どもを前向きにして抱いている。

山形県新庄《しんじょう》市に伝えられる「産女の怪」では「おぼこば、かっちゃま（逆さ）に抱いて、けっつ（尻）さ短刀ばジャギ、ジャギど刺したったど」と語られており、赤子を逆さまの状態で抱いている（野村　一九七六）。いずれも、妖怪とまともに向かい合う姿勢を避けている点では先のトモカヅキと同じだが、トモカヅキの場合は人間が反対の行為（後ろ手）で応対しているのに対して、こちらの方は妖怪の向きを反対（前後または上下）にすることで危険を回避している。妖怪との交渉を語る世界では、人間が妖怪から害を受けずに富を手に入れる方法として、どちらか一方を反対の格好にするパターンのあることがわかる。

2　「後ろ向き」と境界

辻と後ろ手

後ろ手は反対の行為の一つだが、物語のなかで人と妖怪が接触する際に用いられる特殊な例というわけではない。日常の生活や秩序の外側の世界と関係する場面でしばしばみられるしぐさである。津村淙庵の『譚海』（寛政七年の自跋《じばつ》）に、目の病を治す呪《まじな》いとして

「夜中銭一文をもち出て、四辻に至て其銭にて、めをよくぬぐひて、〈おく山のひのきさはらぬさしをひきあたひにはかまはぬうるべしかふべし〉と唱えて、後其銭を後ろ手におとして、後を見ずにかへるべし、奇妙になほる也」と記されている。

体に取り憑《つ》いているかも知れぬ病魔やケガレを銭に移して、四辻から異界に捨て去る方法だが、注意したいのは、その際、銭を後ろ手で落としている点である。病の原因となっている病魔を他の物に移し、それを後ろ手で捨てる民俗はいくつか報告されている。香川県綾上《あやかみ》町（綾川《あやがわ》町）では、夜泣き封じには「奈良の南円堂の猿沢池のほとりにいる白狐、親はなくとも子は泣かすな、アブラウンバ、サラ、サトバン、アブラウンバ、サラ、サトバンと唱えて、三べんふいて封じ込む。このお守りを子の布団の下へ七日間敷かせ、八日目にお供えをつくり、流れ川へ行って、下流へ向けて後ろ向きになって流してみんなで戻る。もし、帰りにふりかえると、後をつけてくるという」（田井 一九九四）。「後ろ向きになって」というのは、手を体の後ろにまわして流すとか、肩越しに投げたりするのであろう。後ろ向きになることで捨て去る先は視界から消え、そこに異界が立ち現れる。

岩手県では、バカ（ものもらい）ができたときは、小豆《あずき》三粒で目をこすり、後ろ向きになって井戸に落としながら「あったらバカ落とした」と唱えて、後ろを振り向かずに帰る（鈴木 一九八二）。同様のことは三重県伊勢地方でも、井戸に後ろ向きになって「メンボ（ものもらい）とともに落としてくれよ」と言って落とすという（鈴木 一九八二）。病魔を移したり封じ込めたものを、辻・川・井戸で捨てるのは、そこがこうしたものを捨てるのに適した場所、つまり日常の生活空間とは異なる世界との出入り口（境界）と認識されていたからだろう。笹本正治《ささもとしょうじ》は、辻について「辻は生活空間にありながら、あの世につながる場所として意識されていたのである。同時にこのことは、このような空間が村落の中に設定される必要も感じられていたということをも示すのではなかろうか。辻は視覚的には道の交差するという地点であるが、同時にきわめて観念的な性格を持つ場所とも言えよう」と指摘している〔笹本 一九九一〕。厄落としを辻で行なうという土地は方々にある。岐阜県各務原《かかみがはら》市では節分の豆まきのあと、家の人々は神棚の前に行って枡《ます》を置き、目をつむり、手を後ろにやって、枡の豆をつかむ。自分の年の数だけつかもうとするのだが、なかなかうまくはつかめない。もしうまくつかめたならば、紙に包み、昔なら一文、今なら一〇円玉を入れて、四辻に捨てに出る。これを厄払いという〔各務原市教育委員会 一九八五〕。枡の豆を後ろ手でつかむのは一種の神意を占う手段であろう。

高知県大野見村《おおのみそん》（中土佐町）では、節分の晩、年運の悪い者が椀《わん》に盛った飯をもって四辻にでかけ、祈願の後、飯を捨てると後も見ずにもどってくる。そうすると厄落としになったという〔桂井 一九八三〕。山口県では、厄年の人は節分の晩に年齢と同数の豆を紙に包み、火吹竹とともに四辻に捨てると厄が落ちると伝えている〔鈴木 一九八二〕。辻ならどこでも境界というわけではけっしてないが、災厄をもたらすものを辻に捨てる民俗が各地で見られるのは、この場所が異界との接点としての意味を帯びているのも事実である。見方を変えれば、災厄をここで捨てるという行為が辻の境界性や異界性を創出しているといってもよい。つぎの話は、元姫路《ひめじ》藩主酒井《さかい》忠正《ただまさ》氏が節分の思い出を書き留めたものである。

私の子供だったころの記憶にある豆まきは、いまはどこにも見られないのではないかと思う。節分の夜、老人の家扶が桝にいった豆を入れ「福は内」といっては座敷に豆をまき、「鬼は外」とさけんでは庭外へまく。こうして各部屋を廻わり、みんなはその豆をひろう。さて豆まきが終ってから、ひろった豆を自分の年の数だけ半紙につつみ、その中に穴あき銭を一つ入れ、これをひねって紙包をつくり、それで体をさすったあと、肩ごしに投げると女中が袖で受け、その紙つつみをあつめて往来の四辻へ捨てに行く。無病息災をいのる一種のまじないであろう。豆といっしょにつつんである穴あき銭は、当時はまだりっぱな通貨で、今の五円玉のようなものだから、その夜は捨てられた紙づつみをめあてに、四辻をあさる、ひろい屋があったものだ〔酒井 一九五八〕。

節分が厄落しの意味をもつようになったのは十六世紀頃ではないかという(2)。右の話もこの夜の行事だが、豆と銭を入れた紙包みを四辻に捨てる前に、屋敷で肩越しに投げている。本来は、辻で行なうべきことだが、庶民とちがって身軽な外出が許されない事情からであろうか。興味深いのは、肩越しに投げた紙包みを女中が袖《そで》で受けていることである。厄の付着した紙包みは日常の生活圏の外に捨てるべきもので、屋敷内に落とすのは許されない。

肩越しに投げ捨てる先は異界でなければならない。袖を用いるのは、素手で受けると厄を直に被《かぶ》ることになるとの判断からであろう。袖には穢《けが》れを防除する呪的《じゅてき》なはたらきが認められる。袖で受けた紙包みはその後四辻に持って行って捨てているが、そこには銭を目当てに辻をあさる拾い屋がいたという。

長野県諏訪《すわ》地方では、風邪を辻に捨てるため次のようなことが行なわれていた。「はやり風邪をひいた者が寝ている時に、身内の者が紙に『風邪の大安売り』と書き、この紙で五厘か一銭を包み、これで病人の頭をさすりながら『風邪の神様俺家では御馳走ができないから御馳走のある家へ行っておくれ』と言う。それから銭の包みを辻または人通りの多い道に捨てて後を振り向かないで帰って来る。もし此の紙を拾ったら倍にして返さないと大風邪をひく」（有賀　一九三四）。銭を包んだ紙に風邪の神を移して辻に捨てるが、拾った者に移るという観念は、「拾う・捨てる」という行為が「憑く・落とす」という意味と深く関わっていることを示唆している。新潟県佐渡郡相川《あいかわ》町関《せき》（佐渡市）、大倉《おおくら》地区では、厄年の者は新しい手拭《てぬぐい》で顔や手をふき、厄年の数だけ銭を包み、ムラの四辻や橋のたもとで、後を振り向かずに肩の後ろから落とす。落とした手拭包みは、他所から来た遍路などは拾ってもよいが、村人は拾うものではないといわれている（新潟県　一九八四）。

手拭包みを村の者が拾うのを忌むのは、捨てたはずの厄が村内の他の人物に移るだけで、そのまま村内に滞留するためだが、しかし、旅の遍路なら拾ってよいという。むしろ、外部からやって来る異人には積極的に持ち去ってくれることを期待したと思われる。異人に拾われれば厄は確実に村の外、いわば異界に運び去られ、捨てたことの目的が達せられる。人びとは紙包みが辻から無くなったことで災厄が別の世界に移ったと実感する。厄と一緒に捨てる物としてお金がよく使われるのは、捨てた後、高い確率で拾われる(再利用できる)という貨幣の魅力を認めているからで、それが、厄やケガレを吸引するお金の呪的な力を保証している。

葬送習俗と「後ろ向き」

葬式では、後ろ向きになって物を渡したり投げたりする場面がしばしばみられる。井之口章次は『日本の葬式』(筑摩書房)で、東北地方の引っぱり餅《もち》の習俗を紹介している。

食い別れの儀式を、一般の飲食形式でなく、餅を引っぱりあって象徴的に示すことがある。秋田県鹿角郡では、葬式の日に一升のうるち米の粉で餅をつくり、それから四つの餅と四十九の小餅とを取る。四十九餅の方は串にさして味噌をつけて焼き、会葬者全部に食べてもらい、四つ餅の方は、死者にいちばん関係の深い兄弟同士で引っぱりあい、引きちぎってうしろざまに投げつける。(中略)岩手県九戸郡では、これを兄弟餅と呼んでいる。葬式当日に兄弟が餅二つをうしろ手に持ち、ちぎって右手のものは左肩越しに、なるべく遠くに投げる。青森県野辺地では、埋葬を終えた新塚の四方に、餅を四つ串にさして立て、これを地割り餅という。この餅ははじめ六枚つくっておき、二枚は会葬者が二人で引っぱりあってちぎり、うしろに投げつけ、鳥に食えと合図するのである〔井之口 一九七七〕。

柳田國男は四つ餅について「四つ餅は疑いなく死人の食物であるが、喪屋の設けられて居た時代には、諸子兄弟等は墓の辺に残り止まって、共々に之を食っていたのかも知れない。後に彼等も里人と共に墓地から還って来るようになって、恐らくはそれを後ろ手に投げ棄てることに改まったのである」と推測している〔柳田 一九六九〕。はたして、柳田のいうような経緯から後ろ手で投げるようになったものかどうかは定かでないが、しかし、この餅を「死人の食物」と指摘しているのは、後ろ手で投げる相手がこの世の者ではないという意味で示唆的である。

新潟県東蒲原郡三川《みかわ》村上綱木では、葬式を終えた夜に「四十九の餅」を搗《つ》く。五〇個つくり、四九個は皿に盛って仏に供えるが、五〇個目については「親戚の中で、両親があり、跡取りになる者が、一升枡を裏返しにして載せ、塩をおいて三本トリイの下に持って行き、内側を向いてこの餅に塩をつけて一口食べ、あとは後向きのまま、『餓鬼にくれる』といって肩越しに外へ投げる」という〔新潟県 一九八二〕。ここでは、人間が食べるときには内側を向き、餓鬼にやるときには後ろ向きで肩越しに投げて区別をしている。

同県東蒲原郡鹿瀬《かのせ》町（阿賀町）では、寺へ届ける四九個の中の一個を一升枡の底で切り、身についた人たちが引っ張り合ってちぎり、塩をつけて食べ、五〇個目のものは、「無縁に上げる」といって、流しの窓から後ろ向きに外へ投げる〔新潟県 一九八四〕。こうした事例をみると、後ろ向きで投げる行為は、死者や餓鬼の類に食物を与える際の一つの作法であることが理解できる。もう一例、奈良県柳生《やぎゅう》の里（奈良市）の引っぱり餅の習俗を見ておきたい。

葬儀がとどこおりなく終り、野辺の送りを済ませた喪主が家に帰り着くと、既に用意された順序でこの行事が始められる。まず、家の入り口の敷居の内側にたらいが置かれている。水は入れてない空《から》のたらいであるがそのまわりを喪主が左肩に水杓をかつぎ、右手にれんじ（すりこぎ）をもって、後向きになって左廻りに三回まわる。廻り終ると準備された餅（大てい前夜、喪を聞いて駆け付けた親縁の人達の手でついた）を敷居を距てて、喪主の次に亡き人について血の濃い人と背合せになって、後手で引っ張り合う。別の大字では相続人とその嫁とで引き合う。その餅は敷居の内側に居る相続人が大きな方、外側の人が小さな方をちぎる。そこでは一切、切れ物は用いない。これが引っ張り餅の行事であるが、この行事が終るまでは野辺送りをした人は誰一人家の中へはいらない〔田畑 一九六七〕。

野辺送りから帰った喪主ともう一人の近親者が、敷居を間において背中合わせで餅を引っ張り合うのは、敷居という境界を挟んで生者と死者とが互いに後ろ手で引き合っている状態を演じているのであろう。背中合わせで餅を切り離すのは、そのまま死者との関係を切り離す絶縁の意味と重なっていると思われる。

後ろ手で餅を引っ張り合う習俗は、四国地方で行なわれる巳正月《みしょうがつ》でも見られる。「死人の正月」ともいわれ、一二月の最初の巳の日に、その年に亡くなった人の墓前で行なわれる。高知県津野《つの》町北川《きたがわ》では、故人の兄妹（もっとも近い者）が、その日に搗いた一升餅を後ろ手で引き合う（図4-1）。引きちぎった餅の半分は墓に供え、もう半分は藁《わら》を燃やした火であぶり（図4-2）、参加者が少しずつちぎって食べる（図4-3）。そのため、普段は「後ろ手で物を渡すものではない」とか「餅は搗いたその日に焼いて食べてはいけない」といった禁忌が伝えられている。巳正月の民俗的な意味については「十二月の凶日とされる巳の日にあえて新仏のための正月行事を行ない、餅の食い別れをなすことで死の穢れを新しい年に持ち越さぬために死者の霊魂との絶縁を図る行為」と説明されている〔福田他　二〇〇〇〕。

高知県安芸《あき》郡北川《きたがわ》村では、埋葬が終わって帰る途中で新しい草履に履き替え「戻りを見い」と言って小石を肩越しに投げ、後を見ずに急ぎ足で戻る。同県長岡《ながおか》郡大豊《おおとよ》町桃原《ももはら》では、家の近くまで帰ると草履の鼻緒を鎌で切り、墓地の方へ向かって足で蹴り飛ばしてから帰宅する〔坂本他　一九七九〕。長崎県対馬の阿連《あれ》では、埋葬の地に来合わした子どもなどが、いよいよ一行が引き上げるというときに、墓に後ろ向きになって、肩越しに石を投げ後ろを向かずに帰る俗があり、それを石嚙《か》ませと呼んでいる〔柳田　一九七五〕。

同県北松浦郡宇久島（佐世保市）では、片葬礼といって葬列の往き帰りの一方だけを見

図4－1　故人の兄弟が後ろ手で餅を引き合う

図4－3　あぶった餅をちぎって食べる

図4－2　藁を燃やした火で餅をあぶる

た人は、小石を拾って股《また》ぐらから後ろに投げ、後ろを見ずに帰るという〔井之口　一九七五〕。野帰りの途中で、小石を肩越しに投げたり股のあいだから投げるときの矛先は死霊に向けられている。小石とはいえ石を投げつけるのは明らかに絶縁の意思表示である。鼻緒を切った草履を蹴《け》るのも趣意は変わらない。こうした俗信は『古事記』の黄泉の国の神話を想起させる。いざなみの命に会いに黄泉の国に行ったいざなぎの命は、よもつしこめに追われて逃げ帰る途中、黒御鬘《みかづら》や櫛《くし》を投げ打つ。さらに千五百之黄泉軍《ちいほのよもついくさ》に追われるが「御佩《みは》かしせる十拳《とつか》の剣《つるぎ》を抜きて、後手《しりへで》にふきつつ」逃げ来る。後手は後ろ手のことである。黄泉の国の軍兵にむけて十拳剣を後ろ手にふりながら逃げるすがたは、これが死者の霊を祓《はら》う呪法として伝承されていたことを推測させる。

以上のほかにも、葬送習俗と後ろ向きの関連資料は多い。いくつか紹介してみよう。

(a)ホテ火の取りかえ――葬送の行列の先頭に立つ者が藁たいまつを持って行くところが各地にあるが、香川県詫間《たくま》町（三豊市）生里《なまり》では二人の女の人が先頭に立って藁たいまつを持って行く。この人達は桶を埋める前に棺の上で火をつけたたいまつをお互いに左手で後向きに渡し合う。この人は死者の遠縁にあたる人だという〔武田　一九八七〕。

(b)淡路国　市組の内には、葬送の戻り家へ入時、戸口敷居際に盥に水を入置、内へ入時片足を漬初るに、臼の上に箕に米を入たるを、一二粒後へ抛る事有〔中山　一九四二〕。

(c)阿波の祖谷山（郡東・西祖谷山村〈三好市〉）でもコマアシをまたぐ風があるが、ここにはマワリトグチに似た風習もある。しかし、何と言ってもここには櫛を投げる風習があるのが珍しい。すなわち葬列に参加した女の人は家の中に入ると櫛で髪をとき、後向きに左手で投げて次の人に渡す。次の人もまたその通りにして次の人に渡し、順ぐりにそうしていって一番最後の人は投げすてる〔武田 一九八七〕。

(d)巳正月は夜間の行事である。近年では昼間に墓参りをしてるところがあるけれども、本来、巳・午の日のその時刻か辰・巳の日のその時刻にかけて墓参りする。墓参の道中は無言で、途中人に会っても一切口をきかない。墓前で藁火を焚き、持参して来た餅を火にあぶって、それを包丁か鎌で切るのである。そのとき二、三人で餅を引っ張るように持っているのを切るが、これを小さく切り分けて包丁の先に突き刺し、後ろにいる人に肩越しに突き出して取らせるのである（愛媛県）〔森他 一九七九〕。

(a)の事例は、後ろ手で渡したホテ松を後ろ手で受け取る行為を相互に繰り返すのだろう。死霊の影響を防ぎつつ行なう行為である。(b)は近世の資料だが、箕《み》のなかの米粒を後ろへ抛《ほう》るのは、墓場から後をついてきているかも知れぬ死者の霊に与えるためであろうか。(c)では、複数の女性が一つの櫛を順に用いているが、この場合、直接手渡しするのではなく一旦《いったん》後ろ向きに投げることで櫛に移したケガレを消しているのだろう。(d)の巳正月は前にも触れたが、一二月の巳の日に行なわれる習俗で、柳田は「本式の正月を迎える前に、亡者と共に最後の食事をして、清く人並みになって初春に入って行こうとする絶縁の方法であったかと思われる」と述べている〔柳田 一九六九〕。

ある状況のもとで、後ろを意識したり、わざわざ後ろ向きの格好をするのは、そのとき、自らの背後に異界や妖怪、幽霊、死霊、穢れなどといった非日常が想像されている場合が多い。そこには、非日常的な何かを想像するがゆえに背を向ける側面と、同時に、背を向けるという行為そのものがそこに非日常を想起していく側面とが分かちがたく交錯している。ただ、いずれにしても、これまでの例では、背を向けるのはそれらとの関係を拒絶する意志の表明に他ならない。その上で行なわれる後ろ手のしぐさは、異界や妖異などとの関わりを拒否しつつそれらに働きかけていくという二面性をもっている。閉じつつ開いているしぐさといってもよい。

後ろ向き・後ろ手の多様性

新城真恵《しんじょうまさえ》の『沖縄の世間話』（青弓社）に「後ろ向きの幽霊」という次のような話が載っている。語り手は大城茂子さん（一九二一年生れ）である。

保四郎《ほうしろう》おじさんはね、運転手の助手として、あとは運転手になるためね、助手台に

乗っていたって。するとね、女の人が道を後ろにして、立っていたって。道を後ろにして立っていたから、運転手が、

「あれは、声掛けるなよ。声掛けるなよ」

って、言いよったって。で、時々これが見えるからね、

「ここに声掛けたら、もう大変なことになるから、声掛けるな、声かけるなするから、そーっと何もしないで来たが、ほんとに見た…」

と、言っているだよね、この後ろ向きの…。で、何もこれに災いしたことはないけれども、

「後ろ向きにして立っているのは、これはね、ほんとの人間ではないから、声掛けるな」

と運転手の方がね、そう言われたので声掛けないで、そおーっと過ぎて来たという話〔新城 一九九三〕。


車にまつわる現代の世間話である。道端に後ろ向きに立っている姿を見て幽霊だという発想はどこからくるのだろうか。沖縄県中頭郡嘉手納《かでな》町でも「夜道で背を向けて立つものは幽霊である」といっている〔嘉手納町史編纂委員会 一九九〇〕。岩田準一の『志摩の海女』には「雨夜などに、五里、六里と離れた沖中で漁をしていると、時々ボーシン（船幽霊）に遭う。舟縁に背《うし》ろ向きに並んで腰掛けている」という記録がみえる〔岩田 一九七

二〕。

いずれも、幽霊が人の前に姿を見せるときには、時として後ろ向きの格好をしていることを示している。多分にそれは夜間の出来事らしいが、言い換えれば、後ろ向きで現れるものは人間ではないという認識があったようだ。後ろ向きは、時として人間界の秩序とは反転した世界の住人であることを表象している。

後ろ手については、登山修『奄美民俗の研究』（海風社）に、鹿児島県奄美大島で船幽霊に出合ったときの興味深い聞き書きが収録されている。

(a)「向こうから船が来るよ」と言うと、祖父の銀五郎翁は「こらっ　口をきくな」とたしなめた。それは船幽霊だったからである。キチキチと音を立てて、通り過ぎて行った。モーレン（幽霊船）が話をしていた。舵をギー、ギーと鳴らしながら通り過ぎて行った。マーラン船の船幽霊だった。銀五郎はその船幽霊に罵詈雑言を浴びせた。船幽霊は帽子をかぶっていた。翁は唾を吐き、潮水をかけた。「船が来たよ」と言うと、「だまっておれ」と言って、マッチを後手で投げた。神の世であった（節子）。

(b)これがモーレン（船幽霊）である。海で亡くなった人の霊である。一番モーレンが多いのは、トンキャン（古仁屋の郊外）の火葬場の所と白浜のアダンギ崎のところである。そこには船幽霊がうようよしている。一度は篠川湾の奥の古志村に行くときに、途中に白浜のサクニュムィ（岬の目）というところがあるんだが、午後九時ごろだったな、雨がショボリショボリ降ってね、すると、西古見方面から汽船が来るように思ったんだよ。「ああ　あんなに綺麗な船は」と思ってみたわけだよ。すると、それがモーレンの船なんだ。「君なんかにだまされはしないぞ」と言って、後手で、自分の船に乗せてあった薪の割木を三本か四本つかんで投げると、おや、その火はね、久根津の山の峰をさしてヒューッと登って行ったよ（古仁屋）〔登山　一九九六〕。

モーレン船にむかって投げつけたマッチと割木は、ともに火を象徴する物でそれ自体に魔よけの効果が認められるが、それを後ろ手で投げたのは、妖異の影響を断ちつつ同時にその一方では相手に影響を及ぼすという、この行為の二面的な性格をよく伝えている。後ろ向きに物を投げるのは、意識的で能動的な行為であり、この行為を要請するある状況と切り離せない。森俊は、富山県の猟師が捕獲した熊を解体するとき、先《ま》ず膵臓《すいぞう》を摘出してそれを後方へ放り、山神に豊猟を祈願する儀礼について聞き取りを行なっている〔森　二〇〇四〕。

・山中で解体する場合、摘出して「次回もまた獲らせてください」と心中で念じつつ、肩越しに後ろ向きに投げて山神の供物とし、丸ごと里へ降ろして解体する場合、摘出後、ビニル袋へ入れて熊を捕獲した方向の近山へ置いてくる（中新川《なかにいかわ》郡上市《かみいち》町蓬《よもぎ》沢《ざわ》)。
・丸ごと横振りに後ろ向きに投げて、山の神の供物とする(八尾《やつお》町谷折《たにおり》〈富山《とやま》市〉)。
・「出すよ」と声をかけると、周りの者は見ないようにする。そこで「やるぞ」といって、後方へ振り向かず丸ごと投げる(東礪波郡利賀《とが》村・平村下梨〈南砺《なんと》市〉)。
・肩越しに後方へ投げる。その際、後ろを振り向いてはならない(利賀村・上平村西赤尾〈南砺市〉)。
・「百頭撃たせ!」と唱えつつ股の間より後方へ向かって放り投げる(城端町袴腰山麓〈南砺市〉)。

福島県只見町でも、熊を仕留めるとキモ(腎臓《じんぞう》)を小さく切って後ろ向きに山に投げて山神さまに捧《ささ》げたという(只見町史編さん委員会)。後ろ向きとは、意識的に見ないことだといってよい。見ないことによって背後に異界が立ち現れる。つぎに、後ろに物を投げた瞬間、そこは、異界との関係を現出する場に一変し、投げられた物は日常とは異なる世界へと移動する。右の事例では、取り出した膵臓を供物として山の神に届けて、感謝の意を表すとともに新たな獲物を期待している。ここでの相手は狩猟を司《つかさど》る山の神であり、先の幽霊船を退けるための後ろ手とは異なるが、後方に投げることで人間界とは別の世界の存在に働きかけようとする意図は変わらない。

富山県下村《しもむら》(射水市)の加茂神社では、毎年六月最初の卯《う》の日に御田植の神事が行なわ

図4-4　マコモで作った大男

図4-5　後ろ向きに大男を投げる

れる。前日、社頭の所定の場所に仮神座を設け、その前に砂の畦《あぜ》で区切った約三メートル四方の仮の田を作り、マコモを刈り集める。当日の朝、田の四方に注連縄《しめなわ》を張り、十時から祭式が始まる。仮神座の御神幣の下には、氏子が作ったマコモの神様と呼ぶ人形と、神社が作った大男と称する一際大きいマコモの人形（図4-4）二体を並べる。これは神の分霊を乞《こ》う行為とされる。宮番が杁掻《えぶりか》きを行なったあと、宮司は仮田に糯苗《もちなえ》を植えていく。田植えの神事が終了すると、神前に向かって仮田の真ん中に立ち、神霊の宿る大男を胸の前にもって後方に大きく投げ上げる。大男は結界を示す注連縄を超えて見物人のなかに投げ込まれる（図4－5）。これを得ると豊作になるとか縁起がよいといわれ、見物人は競って奪い合う（古岡他 一九八二）。大男は二つとも投与されるが、その際、宮司は見物人の方に背を向けて後方へ投げるので、当然、後ろの見物人からは、投げ上げる瞬間の顔は見えない。仮田から後ろ向きに投げられたマコモの神様は、日常の災厄を異界に捨て去るのとは反対に、異界から日常世界への富の移動といえるだろう。大男は、神から与えられた霊物としての性格に彩られている。

いざなぎの命《みこと》が黄泉の国から逃げ帰る途中、十拳剣を後ろ手にふりながら黄泉軍を祓った行為については前に触れたが、『古事記』には海幸山幸の神話にも後手《しりへで》（後ろ手）がでている。火遠理命が、失くした兄の釣り針を綿津見神の宮で手にしたとき、綿津見大神は「此の鉤を以て其の兄《え》に給はむ時に、言はむ状は、『此の鉤《ち》は、おぼ鉤・すす鉤・貧鉤《まぢち》・うる鉤』と、云ひて、後手に賜へ」と教える。火遠理命がその言葉のとおりにすると、火照命はだんだん貧しくなる。ここでの後ろ手は、事態を負の方向へと逆転させる呪《のろ》いの行為である。

平成一六年（二〇〇四）に、平安京右京六条三坊六町から男女と見られる木製人形二体が出土した。男性像は、丸彫の立身を表し両腕は柾目《まさめ》の別材でつくり、後ろ手にまわしている。女性像も後ろ手にまわした両腕がつけられていたようだ。この男女像について『京都市考古資料館年報（平成15・16年度）』では「幸せを願う祓えではなく、男女の離別あるいは呪殺を願った呪詛の人形であったと思われる。」と解説している〔京都市考古資料館 二〇〇六〕。

浮世草子の『好色萬金丹』の一節に、「心一つに悔〳〵と思ひ詰めたる揚句には、丑の時参りに身を凝らし、神木に釘を打ち、米の粉にて男根を作りて屋《やね》の棟を逆手に投越し、或は閨《ねや》に臥しながら、魂は嬲《うはなり》の家に通ひて咽喉に喰ひつきたる例も少なからず」という記述がみえる。これは男の浮気を封ずる呪《まじな》いの場面である。野間光辰《のまこうしん》は「米の粉で陽物の形を作る。後ろ向きにこれを投げて屋根を越える時は祈願成就のしるし」と解説している〔野間 一九六六〕。屋根棟をめがけて米の男根を後ろ向きに投げ捨てるのは、男根に象徴される浮気を異界に投棄する狙いであって、原理は災厄の付着したものを辻などで後ろ手に捨てる行為と変わらない。

屋根、とくに家の表と裏を区切る棟の存在は、民俗的な想像力のなかではこの世と異界の境界的な役割を担わされている場合が少なくない。夫の浮気封じに作り物の男根を用いる民俗については、南方熊楠が出口米吉に宛てた書簡のなかに田辺町（和歌山県田辺市）の伝承が紹介されている。次の文章は大正一〇年（一九二一）二月に送ったものである。

左の筆記は前日申し上げ候節申し漏らせしことと記臆候。けだし異伝なり。鶏肋とは存じ候えども写して差し上げ候。故楠本松蔵氏（楠本氏は一昨年ごろ死亡、当町の提灯屋なり。田本仁七と仮号し、しばしば『郷土研究』投書せり）に聞きしは、夫が外の女に通うを止めんとする本妻、夫の根の太さと永さに均しく土の根を作り、外なえ内おえと三たび唱え、炮烙にて熬り、四辻に棄つる時は、夫が外の女に行くも陰萎して事成らず、もし誤りて外おえ内なえと唱うれば全く反対の事を仕出だす。ただしこの方を行なえば、その土製物、人に失わるるゆえ、夫の勢力を自宅後まで恢復する能わず、夫婦旅行中事叶わざるなどの憂いあり。この憂いを予防するには、かの土製物を四辻に棄てず、自家の屋根を越して投じて落ちたる所にゆき拾収し、夫の陽を外にて力なくして置き、さてその力を外より恢復せしめんと思う時、取り出して前と反対の方向に抛げ返すべし、と。（南方 一九七二）

浮気封じを狙って男根を模造したものを投擲するのは、前の『好色萬金丹』の呪法と共通する。男根を後ろ向きに投げるのかどうかについては記載がないが、四辻と屋根とは生活領域の身近な境界として置換可能なレベルにあることを示している。それにしても、屋根を越して異界に捨てた男根を保管しておいて、必要に応じて投げ返し、再び活力を蘇《よみが》えらせるというのは、庶民の願望を映し出したしたたかな知恵（伝承の論理）である。

青森県五所川原市では「七日目に家に入るとき、後ずさりに入ればいい」という（飯詰小学校 一九八五）。外出先から七日目に帰宅するのを忌む俗信は各地で言うが、この場合は事情があって七日目に帰らねばならぬときの便法である。後ろ向きのまま、つまり背中の方から入るのは、家を出るときの格好のままで家に入るという矛盾した行為といってよい。本人は家に戻っているが、理屈の上では外出状態がつづいている。家に帰ったという認識の背後には、出たときとは反対に、家を正面にして外出時と同じ所から入ることだという論理が働いている。これとは反対の論理から成り立っているのが、長野県北安曇郡で「嫁に行く時、戸口を跨ぐには後ろ向きに出る」という俗信だろう〔信濃教育会 一九三二〕。家に入る格好で家を出るのは、花嫁は家を出てはいるが正常な出方ではない。それは、正常なかたちで家を出るのは、再び同じ場所に帰ってくることが想定されているからだ。後ろ向きに出るのは、そうした心理的な拘束性を断つための手段であり、嫁ぎ先から実家に戻る（離婚する）ことのないようにとの願いが反映した儀礼的な縁切りである。

妊婦は火事を見てはいけないとの禁忌は広く分布している。禁忌を犯すと生まれた子に痣《あざ》ができるなどという。偶然の目撃に対処するために妊婦は鏡を懐に入れておくとよいなどの俗信が伝承されているが、愛媛県松山《まつやま》市興居島《ごごしま》では、火災に遭遇したときには、手を後ろに回して見るとよいという〔愛媛県 一九八四〕。後ろ手のポーズが何ゆえ火事の影響（ケガレ）を免れるのか不明だが、相手を無視するとか無関係を装う意味であろうか。あるいは、後ろ手はケガレを異界に捨てるという意味から言うのであろうか。以上の他にも、後ろ向きの行為に関しては多様な俗信が報告されているのでいくつか紹介してみよう。

・子どもが病気のときは、米粒を紙に包んで息を吹きかけ、浜へ行って後ろ向きに捨てる（香川県三豊郡）

・浜では赤貝を拾うな。パンス（貝）を拾うとパンス（できもの）ができる。知らずに拾うと頭の上から後ろ向けに放りあげる（和歌山県那智勝浦町《なちかつうら》）
・赤城山へ後ろ向きになってゴマをまくと生えがいい（群馬県）
・杵取り水をさすときに使うネジボウキ（藁製）は、餅つきがすむと後ろ向きで屋根に投げ上げる。雷が落ちない（岡山県久米町〈津山市《つやま》〉）
・上田にある朴の木の枝に後ろ向きで鉤を投げる。鉤の短い方から嫁が来る（青森県七戸町）
・狐に化かされたら股をはって、股の間から後ろ向きに石を放ると化けの皮がはげる（和歌山県すさみ町）
・人を背負うときに後ろ向きに背負うな。死んだときばかり（新潟県新発田市）

3　「振り返るな」の禁忌

災厄を辻や橋のたもとまで運んで後ろ手で捨てるとか、葬式の野帰りの途中で小石を後ろ向きに投げるなどの行為には、きまって「後ろを振り返ってはいけない」という禁忌を伴っている。

(a)一家に風邪の者が多く、いかにしても絶えぬ時は赤飯と草鞋とお金をさん俵にのせて遠い田圃に持って行き「神様風邪を連れていって下さい、行くときこの草鞋をはきご飯を食べお金を持って行ってください」と拝んで、家に着くまで後を見ずに帰ると風邪引く者が無くなる。後を顧みると又風邪の神が戻って来る（秋田県鹿角郡）〔東北更新会　一九三九〕。

(b)節分の豆を四つ角に捨てて来て後をふり向いてはいけない。鬼がついて来るから（福井県小浜《おばま》市）〔中平　一九三二〕。

(c)七人みさきに取り憑かれたと思うと、まず医者よりも呪禁がよいといわれ、その呪禁には、送り念仏、神官の祓い、僧侶の祈禱が行われ、その後に医者にかけるとよいとされている。送り念仏というのは、多く老婆が行い、盥に湯を入れて念仏を称え、家の正面から出て川等に行き、その盥を棄てて後を振り返らずに帰宅して、出た時とは反対に裏門から入るものであるという。もし、盥を棄てて帰る時、後を振り返ると、七人みさきが跟《つ》いて来るといわれている（高知県室戸《むろと》市）〔桂井　一九四三〕。

風邪の神、鬼、七人みさきといった病魔や憑きものを捨てた後は振り返ってはならない。もし振り返るとそれらが後をついてくるという。それでは影響を断ち切るためにわざわざ四つ角や川に捨てたことの意味を失う。振り返りたい衝動は、一旦捨て去ったものを無視できずに気にかかる何か、おそらく、人に取り憑こうとする悪霊の執拗《しつよう》な視線を背後に感じるからであろう。

森俊はこの行為について「風邪の神、ほうそう神を送り出したあと、後ろを振り返ることなく戻るという習俗も全国に散見される。送り出すべき神が災厄をもたらす邪神であってみれば、それに拘泥するかのような行為が忌まれたのも当然と言える」と説明している〔森　一九九七〕。

今井《いまい》幹雄《みきお》の『それ迷信やで』（東方出版）には、僧侶《そうりょ》の立場からの体験を交えつつ、野辺送りの際のこの禁忌についてつぎのように書いている。

告別式が終わって、これから出棺である。式場前の道端には、出棺を見送ろうとする村人が列をなしている。葬儀屋が喪主になり代わって、村人に会葬の謝辞を述べ終わり、さて葬列がしずしずと動き出そうとすると、きまって見送りの中の物知り婆さんから声がかかる。

「院主はん、後ろをふり向きなはんなや」

やれやれ、またかーと、わたしはウンザリしてしまう。（中略）

先頭に立っていると、何かと後方に指示も与えなければならず、また、とかく遅れ勝ちな後方との間隔も気にして、どうしてもふり向かざるを得なくなる。するとどうだ。

「あッ院主はん、後ろ向いたらあきまへんでー」

「ええか、みんな、後ろ向いたらあかんで、後ひくんやからな」

物知り婆さんがちゃんとついて来ていて、喧しいことおびただしいのである。まことに幼稚な迷信だから、何構うものかーと、後ろをふり向いてもよさそうなものだが、後ろをふり向くなという理由が「後をひく」、すなわち続いて死者が出るということだから、坊主の身としては辛いところである。万一ふり向きでもしようものなら、口の悪い婆さん連のこと、わたしがまるで葬式を歓迎してふり向いたように言いふらすに決まっているし、偶然にでも不幸が重なったりすれば、それこそ本気でわたしの責任にしてしまうに違いないのである〔今井 一九八二〕。

ユーモアに富む文章だが、物知り婆さんの「後ろ向いたらあかんで」という言葉が精神的な負担になっていることが窺《うかが》える。「まことに幼稚な迷信だから、何構うものか」と思いつつ、「後をひく」という禁忌を犯した際の予想される結果に躊躇《ちゅうちょ》しているのは、生活の具体的な場面で意外に拘束力を発揮する俗信の生命力といえよう。この禁忌自体は一般的なもので、たとえば、新潟県川西町（十日町市）では「野辺送りのとき後を振り向いた人は死ぬ」といい〔新潟県民俗学会 一九八一〕、長野県諏訪湖地方では「お葬式のお供に立って行くときに後を向くと次いで人が死ぬ」〔有賀 一九三三〕という。山口県小野田《おのだ》市（山陽小野田市）でも、葬式の行列中に後ろを向くと早死するといってこの行為を戒めている〔小野田市史編集委員会 一九八七〕。

今井は禁忌の意味について「死者の霊魂に未練を残させてはならないということに起源があるのであろうし、また、地方によっては、葬列の発進に際して、故人が生前使っていた飯の茶碗を地に叩きつけて割る風習があるが、これも死者の霊に対して、もうあなたは人間としての生活は終ったのですよと言いふくめて、未練を絶たしめるためのものであろう」と解釈している〔今井 一九八一〕。葬列に参加した者が後を振り向かずに歩くのは、この世に思いを残さずに冥土《めいど》に旅立つ死者の姿にほかならず、野辺送りの途中で振り返るのは〈死者の未練〉と受け止められたのだろう。死者の未練は、「後をひく」と表現されるように、葬式の関係者にあの世から誘いかけてくると信じられてきた。

「振り返るな」の禁忌は、現在もさまざまな場面で生きている。[4] 青森県上北郡七戸町では、狐が出たときは振り返ると騙《だま》されるので振り返ってはいけないという〔民俗文学研究会 一九九七〕。狐に取り憑かれたり化かされぬためには、背を向けて無関心を装う必要がある。

次の話は、青森県東津軽郡平内町に伝わる狐の世間話である。

山へ行って、身体、ザワザワした時、後ろ、（狐が）ついて来ているっていうだよ。振り返って見るもんでないって、振り返れば、後ろついてきたの、姿見えなくするって。だからほら、この脇の下なら、後ろをこういうふうに（脇の下から後ろを覗く）してみれば見える、という、年取った人から聞いた（大正一五年生まれ、男性）〔弘前大学

人文学部 二〇〇三〕。

振り返ると「姿見えなくする」というのは、人の目には見えないように姿を隠すことである。脇の下からのぞき見るのは、狐に気づかれずに狐の様子を見るしぐさで、いわゆる「狐の窓」などと同様、妖異の本性を見抜くときの呪術的なしぐさの一種である。

高知県春野《はるの》町弘岡《ひろおか》（高知市）では、旅立ちのとき、門の外へ出たところで一度旅立って行く者を呼んでやるという。その声に応じてふり返ると無事旅ができると伝えている〔桂井 一九八三〕。無事旅ができるというのは、無事に家に戻ってくることと理解してよいだろう。葬送の場面などで後ろを振り返らないのは、絶縁の意志を表し相互の関係を切ってしまうところから、その裏返しの発想とも考えられる。振り返ってそこに心を残すことで、家との結びつきを持続させようというのであろう。

《注》

（1） 桂井和雄は「七人みさきに就て（一）」で、高知県の伝承として「七人みさきに真正面よりぶッかると即死すると言ふ」と報告している〔桂井 一九四三〕。

（2） 節分と厄落としの歴史的な関係については、奥野義雄が「節分と追儺の融合過程と呪術的要素について——中世民衆文化の創造の究明によせて」で興味深い指摘をしている。『宗長手記』の大永六年（一五二六）十二月廿五日条の「節分の夜。大豆をうつを聞て。福はうちへいり豆の今夜もてなしを拾ひ々々や鬼は出らん　京には役おとしとて。年の数銭をつゝみて乞食の夜行におとしてとらする事を。おもひやりて。かそふれは我八十の雑事銭やくとていかゝおとしやるへき」を引いて、つぎのように述べている。「この日の営みに、一種の〈厄落し〉の概念があったことを、さきの『宗長手記』から窺うことができる。この「役おとし」＝厄落しは、古代においては窺えなかった概念であるが、一五世紀半ばにみた災難除けかつ延命・長寿祈願とは相通ずる概念の萌芽をみることができるのである。（中略）『宗長手記』にみた「年の数銭をつゝみて」云々という文言にも今日おこなわれている豆を食べる風習、つまり年の数だけを食するという習慣と類似することが、一種の「厄落し」の概念にも繫がっていくことも考えないわけにはいかない。本来は、厄落しを意味しなかった節分の営みが、一種の厄除けの意味を付帯しはじめたのは一六世紀段階であろうと考えるが、この付帯した要素は、すでにみた『政事要略』の追儺の「穢悪」「疫鬼」「退疫鬼」退散の願い、つまり一種の魔除けであったとも考えられなくはない」（奥野　一九九七）。

（3）前年の大正九年（一九二〇）一一月に出口米吉に宛てた書状には、田辺町発刊の牟婁新報（一九一五年一〇月二〇日発行）より写したとして「十月十九日午前一時ごろ、田辺町大字下片町観音小路の角に、直径七寸の新しき法楽（炮烙）の中へ、長さ四寸二分廻り約三寸ばかりの土にて握りたる陰茎形へ三十三歳と書き、その中央に蒲団針を刺したるを捨てあるをおりから巡廻中の巡査が発見し、拾得物として警察署へ引き上げたり。夫が外にて浮気をする時、妻がかかる物を四ッ辻に捨てなば浮気が止むと言う俗信あり、たぶんそれならん、云々。」と書いている（南方　一九七二）。

（4）振り返ることを忌む俗信には次のような例もある。

・疣は墓石に溜まった水をつけ、後を振り向かずに帰れば治る（岩手県大船渡市）
・麦粒腫は、年齢と同数の大豆を井戸に投げ入れて後を振り返らずに走って帰る（青森県）
・お墓参りの帰りに後を振り向くと七十五日命が縮まる（栃木県宇都宮《うつのみや》市）
・猫を捨てるには、袋に入れて四辻に置き、後を見ずに帰る（千葉県長生《ちょうせい》郡）

《引用・参考文献》

有賀恭一　一九三三「長野県諏訪湖畔地方」『旅と伝説』六―七　七八頁　三元社
有賀恭一　一九三四「まじなひ・祈願集覧」『旅と伝説』七―三　四五頁　三元社
飯詰小学校歴史クラブ　一九八五『飯詰の俗信』
井関敬嗣　一九七三『会津坂下町の伝説と史話』七三～七四頁　浪花屋商店
井之口章次　一九七五「長崎県北松浦郡宇久島」『離島生活の研究』五九九頁　国書刊行会
井之口章次　一九七七『日本の葬式』二二七頁　筑摩書房
今井幹雄　一九八一『それ迷信やで』二二一～二二七頁　東方出版
岩田準一　一九七一『志摩の海女』二八・一〇一～一〇二・一六六頁　中村幸昭（本書は『志摩の蜑女』一九三九　アチックミュウゼアム刊の復刊である）
愛媛県　一九八四『愛媛県史　民俗下』二八二頁　愛媛県史編さん委員会
大本敬久　一九九九「『巳正月』研究の論点と課題」『四国民俗学会会誌』三二
奥野義雄　一九九七『まじない習俗の文化史』一九七～九八頁　岩田書院

小野田市史編集委員会　一九八七『小野田市史　民俗と文化財』小野田市
各務原市教育委員会　一九八五『各務原市史　考古・民俗編　民俗』二六九頁　各務原市
桂井和雄　一九四三「七人みさきに就て（一）――土佐の資料を中心として」『旅と伝説』一六―一二　七～八頁
桂井和雄　一九八三『土佐の海風』高知新聞社
嘉手納町史編纂委員会　一九九〇『嘉手納町史　資料編2』嘉手納町役場
京都市考古資料館編　二〇〇六『京都市考古資料館年報（平成15・16年度）』八～九頁
酒井忠正　一九五八「古風な行事」『公卿・将軍・大名』一三七～一三八頁　東西文明社
坂本正夫他　一九七九『四国の葬送・墓制』一五八頁　明玄書房
笹本正治　一九九一『辻の世界―歴史民俗学的考察』九六頁　名著出版
佐藤太二　二〇〇〇「背負われる化物の話」『昔話伝説研究』二一　昔話伝説研究会
信濃教育会北安曇部会　一九三二『北安曇郡郷土誌稿』四　八六頁　郷土研究社
新城真恵　一九九三『沖縄の世間話―大城初子と大城茂子の語り』一〇三頁　青弓社
鈴木棠三　一九八二『日本俗信辞典』角川書店
田井静明　一九九四「夜泣きの呪い考（一）」『四国民俗』二七
武田明　一九八七『日本人の死霊観』六三・六八頁　三一書房
只見町史編さん委員会　一九九三『只見町史　第3巻　民俗編』三〇四　福島県只見町
田畑賢住　一九六七「引っ張り餅」『岡山民俗』七四　岡山民俗学会

東北更新会秋田県支部編　一九三九『秋田県の迷信・俗信』東北更新会秋田県支部
登山修　一九九六『奄美民俗の研究』一四五〜四六頁　海風社
富山新聞社　一九八六『ふるさとの風と心―富山の習俗』七八〜八一頁　桂書房
中平悦磨　一九三二「若狭の俗信（二）」『民俗学』四―六
中山太郎　一九四二『校註　諸国風俗問状答』五三四頁　東洋堂
新潟県　一九八四『新潟県史　資料編23　民俗・文化財二　民俗編Ⅱ』一八三・二四六頁　新潟県
新潟県民俗学会　一九八一『戦後版　高志路』七　国書刊行会
野間光辰　一九六六『浮世草子集』一〇八〜九頁　岩波書店
野村純一・野村敬子編　一九七六『雀の仇討』一二頁　東北出版企画
平山敏治郎　一九八四『歳時習俗考』法政大学出版局
弘前大学人文学部宗教学民俗学実習他　二〇〇三『夏泊半島の宗教と民俗』二二〇頁　弘前大学人文学部宗教学研究室・民俗学研究室
福田アジオ他編　二〇〇〇『日本民俗大辞典　下』六〇三頁　吉川弘文館
古岡英明他　一九八二『下村・賀茂神社〈稚児舞〉調査報告書』八五〜九二頁　富山県射水郡下村役場
南方熊楠　一九七二『南方熊楠全集』八　五八五〜八六頁　平凡社
民俗文学研究会　一九九七「採訪報告資料　七戸町」國學院大学民俗文学研究会

森俊　一九九七『猟の記憶』桂書房
森俊　二〇〇四「熊解体儀礼（特に臓器供犠）とその周辺―日本海沿岸域を中心に」一一～三頁
　草稿
森正史他　一九七九『四国の葬送・墓制』一一一～一一二頁　明玄書房
柳田國男　一九六九「食物と心臓」『定本柳田國男集』一四　二六九～七〇頁　筑摩書房
柳田國男　一九七五『葬送習俗語彙』一二五頁　国書刊行会

第五章　動物をめぐる呪い

第一章で話題にした「口笛と蜂」では、口笛を吹いて蜂を退散させる俗信について紹介したが、このほかにも、特定の動物を対象にした呪術的なしぐさや行為が伝承されている。第一節では、虫の動きを封じるしぐさを取り上げる。穴に入りかけた蛇を引き抜くのは至難の業だが、特別のしぐさをすることによって容易に出せるとされる。特殊なケースだけに資料が限定されていて不明な点も多いが、穴の中の蛇を無力化するしぐさの呪的な伝承を検討し、その民俗的な意味について考察する。マムシを平気でつかむことのできるという手をニガテとかマムシュビと呼び、種々の特徴が伝えられている。近世の文献に記された資料も含めて整理し、ニガテを説明する言説が、柳田國男が言うように「蝮を手づかまえにすることの出来る人」ということから発した後の変化について述べる。第二節は、猫や蛇を殺したとき、その動物を「食う」ことで、祟《たた》りを未然に防ぐ、あるいは、すでに発生した祟りを鎮める民俗がテーマである。体験談、俗信、世間話に関する事例をもとに、「食う」という行為が、遺骸《いがい》に宿る〈執念〉を分離し体内に取り込んで同化することで、相手の〈執念〉を解消する手段であることを明らかにする。

1　虫の動きを封じるしぐさ

穴の蛇を引き抜く法

高知県高岡郡檮原町出身の石井今朝道氏（一九〇二～九一）は、長く山峡の地に生きてきた豊かな経験とともに古風な伝承を伝えてきた人だった。ここに紹介する穴に入りかけた蛇を引き抜く方法は、一九八五年に聞いた話である。

蛇は咬まんけんね、いずれ人間を。蛇ぁなんぼ太かっても俺《わし》ぁつまむ。ハメぁ（蝮は）食う（咬む）ぜ。頭より他《ほか》つまんだら、踏んづけても食う、飛びついても食う。蛇に食われんという呪《まじな》いはないが、穴んこへ入ったやつを引っ張り抜く時の呪いはある。そりゃ、言うにもいらんけんど、石垣へ入ったとか、家の中の穴のようなところへ這入りかかって、這入らしちゃいけん、出さにゃいけん思うても、なんぼ引っ張ったって出るもんじゃない。なんぼ力持ちじゃったて、蛇の尾ばちがちぎれたて出はせんがのう。その時に引っ張り抜こう思うたら、こちの手（右手）で尾ばちをつまんだら、左があそびよろう、その左手で右の耳の葉（耳たぶ）をつまんで、蛇を引っ張る力と対にな《い》ば（耳たぶ）を一生懸命引っ張る。耳の葉をはずしたら行くぜ向こうに（穴に入るぜ）。はなさんようにぎっちりつまんで、こっちむけて（手前に）引っ張って、蛇が出りゃその分あとへ退《しざ》って、なばをつかまえた指は絶対はずされん。蛇が出るまでは耳の方を引っ張ることをやめたらいけん。やすんだら引き込まれる。引っ張って引っ張って、引っ張りぬくとスコッと出る。これはお呪《まじな》いというものか何《なん》というもんか、まぁお呪いじゃのう〔常光 一九九三〕。

今朝道氏は、三十代で結婚してからは檮原町に隣接する愛媛県野村《のむら》町惣川《そうがわ》（西予《せいよ》市）に移り、そこで生計をたてていた。あるとき、自宅の炊事場にできた穴に蛇が入りこんだことがあった。それを見た女性たちが騒ぐので、外に出そうと蛇の尾をつかまえて引っ張ったがまったく動かない。そこで「おどれ、俺《おら》の力より強《つお》いもんじゃねや。じゃけ、俺は耳の葉（耳たぶ）を引っ張るということを習うちょる。こんどこそやらにゃいけん」と、蛇の尾を右手にからめ、左手で右の耳たぶをつまんで「よぅーい」と引っ張ったところ、まもなく抜け出たという。自らの体験として語ってくれただけに説得力があったが、筆者が調査中に知り得たのはこの一例のみで他の人からは聞くことができなかった。

そのためこの呪法の実態についてはわからない面が多いが、ただ、穴の中の蛇を引き抜く方法としてはやくから知られていたことは確認できる。江戸時代の『和漢三才図会』に、穴に入った蛇は力士の力で引っ張っても出るものではないと記したあとに「煙草ノ脂《やに》ヲ傳《つく》レバ則《すなわ》チ出ヅ。又云フ、左ノ手ニテ自身ノ耳ヲ捉へ、右ノ手ニテ引ケバ則チ出ルト。未ダ其理ヲ知ラズ」とみえている。頭部が穴の奥に入った蛇を尾のほうから引き出すのが容易でないのは常識的に理解されるが、このしぐさをすればどうして引き抜けるのか、あるいは引き抜けると考えたのか、当時すでにわからなくなっていたようだ。もう一例、根岸鎮衛《ねぎしやすもり》が天明から文化にかけて書き継いだ『耳袋』に、次の話が紹介されている。

> 　同じ老人の語りけるは、蛇の石垣または穴へ入《いり》かゝりしを引出さんとするに、諸手を掛け力を入《いれ》て引《ひく》とも、たとひ蛇の胴中《どうなか》より切るゝ事はありとも、引出し難き事也。右を引出し候には、左の手にて己《おの》が耳をとらへ、其《その》間より右の手を出し、指にて蛇の尾先を捕へ引出すに、こだわる事なく出るもの也と語りぬ。其業ためせし事はなけれど、右老人まのあたり様《た》めし見しと語りぬ（長谷川　一九九一a）。

『和漢三才図会』も『耳袋』も左手で耳をつかむとある。ただ、それが左右どちらの耳なのかが不明だが、『耳袋』に、耳をつかんだその間から右手を出すと説明されているところからすると、右の耳をつかむのであろう。左耳をつかんだ格好から蛇の尾を引くのはむつかしい。穴に入った蛇を引き出す方法については、南方熊楠も『民俗』二年二報（一九一四年）に「田辺近き芳養《はや》村の人に聞くと、蛇の尾を捉えて一人で引き出すはむつかしいが、今一人その人を抱きて引くと、造作もなく抜け出る由」と報告している[1]。

　穴に入った蛇については、石垣などの穴もさることながら、それよりも人間、とくに女性の体内に入りこんだときの危険なできごととして関心を集めてきた。室町時代の『看聞日記』の風聞をはじめ、先の『耳袋』にも「都《すべ》て蛇の、穴に入らんとするは更《さら》也、男女の前後陰中へ時として入る事もあるよし。是《これ》を出さんと尾を取て跡へ引《ひく》に、決《けっ》して不出《いでざる》ものなり。医書にも、『胡椒《こしょう》の粉聊《いささ》か蛇の残りし所へ附《つ》れば、出る事妙也』とありしが、夫《それ》よりも多葉粉《たばこ》のやにを附れば、端的《たんてき》に出るなりと、・山崎生の物語りなり」とみえている〔長谷川 一九九一a〕。この話題は、今でも本当にあることとしてしばしば話されており、その対処の仕方も伝えられている(2)。つぎの話も今朝道氏が話してくれたものである。

女《おなご》が山で昼寝しょって、尻(女陰)へ入っちょったことが昔あったというが。その時に引っ張り抜かにゃいけんのに抜けいで(抜けなくて)。女の腰をつり上げるほど引っ張ったて抜けん。そこで、耳の葉をつかまえて引っ張ったら抜けるいうことを聞いちょるけ、こんどこそじゃと思うて。女はふんばっちょる。男は蛇と耳の葉をつかんで引いたげな。スコーッと出たと。女は助かった。うん、そういうことを昔から聞いとるけんなぁ。じぁけ、女は山で昼寝すなという。昼寝する時は、尻を塞《ふた》いで寝ぇということを言うわえの〔常光 一九九三〕。

蛇が体内に入る事態が現実に発生すればことは深刻である。しかし、そうした異常な事態は、あったとしても極めて稀《まれ》なことにちがいない。若者に化けた蛇が夜な夜な娘のもとに通って孕《はら》ませたという「蛇聟入」の昔話が各地に伝承されており、土地によっては事実あることとしてまことしやかに噂されるように、蛇と女性との交渉の背景には、蛇が帯びている性的な要素、とくに男根のイメージが影響を及ぼしているのであろう。

それにしても、大力で引いても抜けない蛇が、左手で我が耳をつかみ右手で尾を引くと抜け出ると考えられた、その呪的な原理をどう理解すべきだろうか。この点について、宮《みや》武省三《たけしょうぞう》の「倍美瑣談」に、蛇と耳の関係を示唆する記述がみえる。

　豊前並に筑前では耳の前方にまるき窪みある者は蛇を恐れずとて、いかなる謂れにやこの種の人をカジワラと称している。周防厚狭地方では、これは針でついた程の小さいくぼみで耳の縁にありと言い、矢張カジワラと言っているとか。知人に二人カジワラがいるので試にその耳を見ると奇体にいずれも上図星印（図5-1）の箇所に浅きくぼみあるもおかしく、またその一人の言によれば、蛇はいじらしい程彼には従順で、たとえば田舎には畳井戸とて石をたたみ築きたる井戸多いが、この石の間にたまたま蛇入りこみ、これが引上に人々難儀する折、カジワラの彼が一度つるべを下げて蛇の

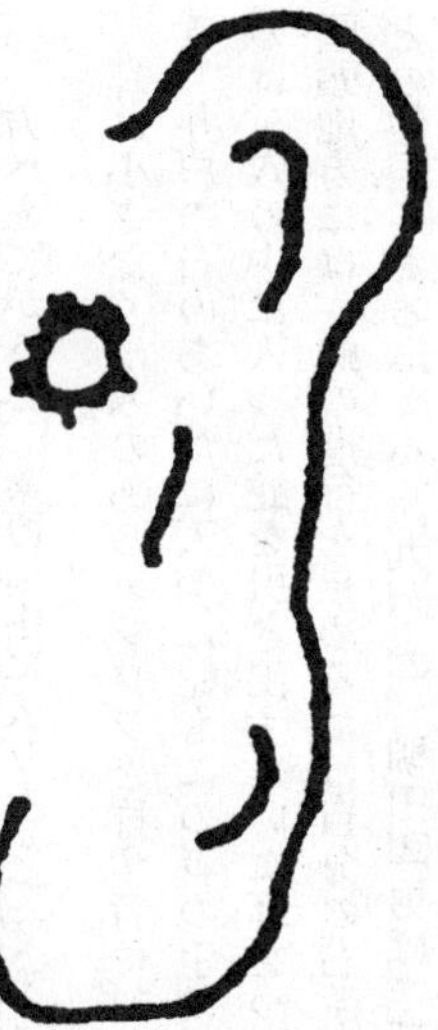

図5-1　カジワラの耳「倍美瑣談」（宮武省三「倍美瑣談」『兵庫県民俗資料』兵庫県民俗研究会、1932年）

方へあてがうと、素直に中に入り上ってくるとの事である〔宮武 一九三二〕。

耳に小さなくぼみのあるカジワラと称す者に対して、蛇はいじらしいほどに従順だという。井戸の石のあいだに入った蛇もこの者の手にかかれば、素直につるべ桶《おけ》に入るというのは、穴の中に入った蛇を引き出すさいに耳をつかむ呪法との類似が予想される。沖縄県国頭地方には、蛇の進行を止めるには自分の右手で左耳を引っ張ってシッと言うと止まるとの俗信がある〔鈴木 一九八二〕。柳田國男は「耳たぶの穴」と「にが手と耳たぶの穴」の論文で、蛇と耳たぶとの関係、とりわけ、身体的な特徴として耳たぶに穴のあるカジワラなる者が、蛇を自在に操るという伝承をいくつも紹介しているが、両者の関係については「やはりどうしてそういうかの理由が判って居るわけでは無い」と首を傾げている〔柳田 一九六九 a〕。

カジワラについての解明がこの問題を解く鍵《かぎ》だが、カジに鍛冶と通じる意味がなかったかどうかが今後の検討課題であろう。ヘビや河童《かっぱ》など水界とかかわるものが金属を嫌う伝承と、金属を扱う鍛冶の特殊な呪力とが結びつく接点がありそうに思われる。(3) いずれにしても、穴の蛇を抜き出す際に、この特殊なしぐさでつかめば抜け出るというのは、蛇が身動きできなくなる、いわば脱力状態になるということを意味しているのであろう。そうであれば、つぎに述べる「にが手」や「まむし指」とも共通する面をもっている。

にが手とまむし指

囲碁や将棋など勝負ごとで、さして力量の差があるわけでもないのに、なぜかある一人にはよく負けるという場合「どうもあの人は苦手だ」などという。特定の相手に対して優勢の者を一方の側から苦手とよぶのは、柳田國男によれば、マムシ（蝮）を捕まえる特別の能力をもった手の伝承に由来するという〔柳田 一九六九b〕。世のなかには、まれにニガテ（にが手）とよばれる手の持ち主がいて、この者は毒蛇のマムシをいっこうに恐れない。恐れないどころか、手をだすとマムシのほうが動けなくなって簡単に捕まえられてしまうと信じられている。

ニガテの言い伝えは方々にあって、愛知県西部の民俗を記録した早川孝太郎は『三州横山話』のなかで「人間に、ニガテという特殊な手の所有者があって、このニガテのものに握られると、蛇の自由が利かなくなると言います。それは男にも女にもあって、ニガテの人の子供が、かならずしも、ニガテとは定まらぬようです。ある人は、掌の筋が特別な形をしているとも言いましたが、私の実験では、それもはっきりと区別はされぬように思われます。現在私の記憶の中にも、女に一人、男に二人、このニガテの所有者がいます」と書き記している〔早川 一九七四〕。高知県ではニガテのことをマムシテと言っていたようで、桂井和雄は「吾川郡吾北村津賀ノ谷（いの町）の、明治四十年生まれの老人によれば、マムシ手の持ち主は、ハミ（マムシ）に出くわしても嚙みつかれることが少なく、捕まえると、ハミのほうで抵抗力を失い、長く伸びるというから不思議である」と報告している

（桂井 一九八三）。

桂井は、実際にマムシ手の持ち主だという人物に会って聞き書きを残しているが、蛇などはその手にかかると静かに胴体をのばし、指を動かせばその指に誘われるようにとぐろを巻くという（桂井 一九八三）。ほかにも、和歌山県東牟婁《ひがしむろ》郡太地《たいじ》町では「にが手の人は蛇をつかんでも噛みつかれるおそれなし」といい、福岡県北九州市でも「まむし指の人はヒラクチ（蝮）に咬まれぬ」という。宝永《ほうえい》四年（一七〇七）に版行された『手鼓』には「らく〳〵と」の題に付けて「蛇を自由にするにが手」の句がみえている（鈴木 一九九六）。ニガテの持ち主が、蛇を自在にあやつるという伝承のはやくにあったことがわかるが、ニガテは蛇につよいだけでなく、他にもいくつかの特殊な呪力が知られている。

腹痛のときニガテの人になでてもらうと治る（神奈川・長野・京都・大阪・奈良・和歌山・兵庫）という伝承は広く分布し、土地によっては、腹痛には女のマムシユビ（ニガテ）で腹をさするとよくなる（長野・京都・大阪）などという。ニガテが腹痛をおさえる例は、西鶴の『好色一代女』巻二にも出ている。ひとつ蒲団《ふとん》の床に入った女が、人を馬鹿にしたような男の態度に怒った場面を「俄に腹いたむとて返事もせず、そむきて寝入れば、この男つめひらきはおもひもよらず、私のにが手、薬なりと、夜明けがたまでさすりける程に」と書いている（暉峻他 一九七一）。また、歌舞伎十八番の『鳴神』（日本古典全書）では、鳴神上人と絶間姫のあいだでこんなやり取りが交わされる。

絶間「アイ思ひ切ってはをりますけれども、ア、悲しいことじゃと思ひまして、この
　つかえが、ア、いた〳〵」
鳴神「ハテ気の毒な、薬はなし、おれが背中を揉んでやらう」
絶間「イエ〳〵、勿体ない、ナンノ」
鳴神「ハテ病のことじゃ、ナンノ遠慮があらうぞ、ドレ〳〵」
絶間「ア、いえ、いかうお腹がいたうござんする」
鳴神「きうびへさし込んだのであらう。おれが手は苦手じゃ、指が触ると積聚はなほ
　りをさまる、ドレ〳〵」（ト懐中へ手を入れる）
絶間「アイ〳〵、有難うござんする、そんなら慮外ながら」（ト鳴神懐中へ手を入れ、
　思入れあり）
鳴神「よいか〳〵。そりゃ。虫がぐうと言うたワ」（河竹　一九五二）

つかえとか積聚（癪）は、胸にさしこみの発作が起きる病気のことである。「つかえにはにが手奇妙の解毒丸」という句が『玉尾花』（享保一六年）にみえており（鈴木　一九九六）、近世にはこの俗信は庶民のあいだに浸透していたらしい。人の体内にはムシが宿っていて、それが病気の原因になったり感情を左右すると信じられてきた。今でも「むしの居所がわるい」「むしがいい」「むしが知らせる」「むしがかぶる（陣痛がおきる）」などという言葉をしばしば耳にする。

腹痛のことを「むしがせく」とか「むしを起こす」という言い方をするところからみてもわかるように、体内にいるムシが騒ぐために起きるのだとされた。そこで登場するのがニガテで、虫の中の王であるマムシでさえ押さえ込んでしまうこの手でさすれば、腹のムシはたちどころに身動きできなくなると考えたのであろう。

ニガテの効果は体内のムシの活動を鎮めるだけでなく、土地によっては「まむし指でさすってもらえば喉にかかった魚骨が取れる」（広島）と意外な効用を説く例もある。「まむし指の人は器用だ」とは今でも言うが、ほかにも「よく働く」（長野）、「あんまが上手」（香川）、「利口である」（和歌山・奈良・兵庫）といい、総じてその評価は高い。

これまでの事例からもわかるように、この特別の能力を持つとされる手は、ふつうニガテとかマムシユビと呼ばれることが多いが、ニガユビ（香川）、マムシテ（高知）、ハミツメ（島根）と言っている所もある。ハミはマムシの方言で、ハミツメに漢字を当てると蝮爪であり、呼称は大きく分類するとニガ系統とマムシ系統にわけることができよう。

ところで、これらの呼び名をもつニガテには、ある特徴があるとされている。先ほど紹介した桂井和雄の論文に、自らの体験を記した次のような一節がある。

少年のころ、仲間同士でためし合った指遊びの一つに、親指の第一関節をマムシの鎌首のように、ぽきんとそり曲げる遊びがあった。しかし、親指をそり曲げることのできるものは極めて少なく、それが仲間たちを残念がらせたものであった。この指遊びを、大正初期の高知市で、マムシと呼んでいたように記憶するが、南国市太平洋岸の浜改田では、この親指をハメの首と呼んだといい、同じ南国市の八京では、ハメ首といい、ハメ首の持ち主は器用などと言ったという。（中略）古く山野に暮らしの基盤を持った祖先の人たちの間で、毒蛇の害に対処できる指を求め、競い合ったしぐさが、子供たちの生活の中に、指遊びとなって残留したものと想像される〔桂井 一九八三〕。

親指のつけ根をのばして端の関節を曲げた形は、桂井が言うように蛇が鎌首をもたげた姿、それもとぐろを巻いた蛇を象徴しているのではないかと思われる。徳島県小松島《こまつしま》市では「親指の関節を屈げて内側がふくれて鎌首になる指は蝮にかまれぬ」という〔小松島市史編纂委員会 一九七七〕。宮武省三の「倍美瑣談」に「人間というものは妙なもので、天性蛇を嫌わず、また恐れぬものもいて、かような人に限って蝮手またはニガテとて拇指の根もとを上図（図5-2）の如く凹めて垂直にしうと言い、女癪のさし込みにはこの蝮手で押えて貰えば治ると称されている」とでている〔宮武 一九三二〕。香川県仲多度郡多度津町の高見島では「別人扱いされている何とかいう者は、蝮を見掛けるとその拇指を蛇頭の様に立てて

図5-2 ニガテ「倍美瑣談」（宮武省三「倍美瑣談」『兵庫県民俗資料』兵庫県民俗研究会、1932年）

差出すと、蝮が立すくんで難なく捕らえるそうだが、それを矢張りニガ手と言っていた」との報告がある〔和気 一九四六〕。また、五本の指先の関節のみを曲げて他の関節は伸ばしたまま熊手のような格好にできるのがそうだともいう。大阪府南横山村（和泉《いずみ》市）では、マムシユビとは親指の先の自在に動く者のことをいったという。

このほかにも、親指の先が丸いとか、左右に張っている（広島）のもマムシユビを見分ける特徴とされる。南方熊楠も「予の現在地の俗信に、蝮指の爪は横に広く、癪を抑うるに効あり、その人手が利くという」と述べている〔南方 一九七一〕。ただ、こればかりは真似をするわけにはいかないが、横に広い指先に呪力を認めるのは、親指をマムシの頭部に見立てたうえで、三角形をしたマムシの頭に連想を働かせたためであろう。

愛知県北設楽《きたしたら》郡設楽《したら》町では、いわゆる升掛筋をそう呼んだようで熊谷好恵の報告には「にが手と言うのは掌の横筋が一文字に途中で切れずに通っている人の手のことを言いますが、この者が蛇類を捕らえると自然おとなしく（スクミこんでしまう）なると言い、また自分でもそう信じて蛇など捕らえて見せる」と書かれている〔熊谷 一九四三〕。ニガテにまつわるこうしたしぐさや指の特徴について、柳田國男は後の付会であったかも知れぬと述べている。

私などは、この手の指の上の節だけが、曲げられるかどうかを注意するよりも前から、まむし指という言葉は既にあったものと思って居る。そうしてそれは蛇のにがてというのも同じに、蝮を手づかまえにすることの出来る人ということであったろうと思う。同じ信州の北安曇郡などでは、蝮指の人は発明だと言い伝えて居る（郷土誌稿四巻）。女のまむし指の手で、腹痛をさすってもらうと治るということは、京阪地方でも謂うことであるが、一々蝮を捕らせて見て資格をきめるのも大がゝりな話だから、後には指を曲げるというような簡略な試験にさしかえたので、つまりは斯んな呪力に、そう大きな信用をもたぬようになった結果とも見られる〔柳田 一九六九a〕。

マムシユビの呼称については、元禄一六年（一七〇三）の『広原海』五に「真蛇指蝦蟇《まむしがま》の霊者に頼む伽《とぎ》」〔鈴木 一九九六〕の句が収められていて、すくなくともこの時期には知られていたことがわかる。マムシユビは、マムシを難なくつかみとるそうした不思議な力を発揮する手（指）をさしているのは間違いないが、そもそもは柳田のいうように「蝮を手づかまえにすることの出来る人」ということで、ニガテやマムシユビを説明する独特のしぐさや、特徴をもった指の形は後に変化した姿と考えられる。その逆の道筋を想定することは理論的に説明がつかない。毒蛇を恐れず平気でつかみしずかにさせる技能やふるまいに向けられた周囲の驚きと不思議の念が、それを解説するさまざま言説を生み出していったと考えられる。

ニガテ、マムシユビの蛇類に対する著しい効力は、他方では有難くない要素も持ち合わせている。島根県邑智《おおち》郡では「ニガテの人の拵えた食物はうまくないということをいう。

だから女房がニガテだと大きな不幸で、梅を漬けさせれば紫蘇を入れると梅が黒くなる。アマテの人のは赤色が立派である。芋の茎を煮てもニガテの人ではえぐくて喉をほって仕方がない。くさぎの葉もアマテの女に煮て貰わねば苦みが多くてくえぬ」といったそうだ〔民俗学研究所 一九五五〕。和歌山県岩田村（上富田町《かみとんだ》）では「ニガテの人は紫蘇を揉むとわかる。梅酢を入れると黒くなるが、ニガテでない人だと赤色になる。クッガニという焼いて食用にする蟹があるが、是をニガテの人が火にくべると脚がとれるが、ニガテでない人がすればとれぬ」という〔樫山 一九四二〕。

井之口章次は『ふるさとの民俗』（朝日新聞社）のなかで「青森県五戸出身の方から、あの地方では、人によってどうしてもうまいつけ物をつけることができない人がいる。その人がみそおけに手を入れるとみその味が落ちる、という話をきいたことがある。東北地方では、にが手の習俗の話は少ないが、ヘビやハチを捕える手だけではなく、このようなふしぎな手もまたにが手の一種である」と書いている〔井之口他 一九七五〕。島根県邑智郡で、ニガテに対してアマテ（甘手）というのは興味深い。和気周一は、香川県白方村（多度津町）で、ニガテの人が籾《もみ》を蒔《ま》いたら少しも生えなかったという話などを紹介して、「稲作農事の大切な作業には苦手に忌《が》まれたと考えてよいだろう」と述べている〔和気 一九四六〕。

貝原好古《かいばらよしふる》の『諺草』を開くと、苦手についてつぎのように解説している。

苦手《にがて》　靈樞云。爪苦手毒。爲レ事二善傷一者。可レ使二按レ積抑レ痺。手毒者。可レ使二試按レ龜置二龜於器下一而按二其上一。五十日而死矣。これ世にいふ苦手也。此者芋の莖《くき》を折に其味苦し。又腹の痛を抑《をさへ》て効あり。又蛇を捕《とらふ》るに、蟠《わだかま》りてうごかず。俗に蛇《くちなは》たましと云。是苦手也〔益軒会　一九七三〕。

手に触れるものを無力化したり悪しき状態にしてしまうニガテの伝承はなんとも奇妙だが、ただこの伝承はもうすこし視野を広げて見ていく必要がありそうだ。柳田が「にが手と耳たぶの穴」を発表した翌年、昭和一八年（一九四三）の『民間伝承』二月号に「段嶺のにが手」と題する愛知県段嶺（設楽町）の事例が載っている。報告者の熊谷好恵はその最後で「次に当地田峯田楽の鳥追の文句に『此御所苦風（ニガカゼ）苦水通ふなんどのものおつとり集めて東に向ておんならば関やそとが浜へ追ふべし、なほも外へ追ふべし』」と紹介している。苦風、苦水についての説明はないが、害を及ぼすので害鳥とともに追い払ってしまおうというのであろう。

筑紫風土記逸文（『釈日本紀』巻一〇所載）に、阿蘇山上の神霊池について「時時水満ちて南より溢れ流れ、白川に入れば衆の魚酔ひて死ぬ。土人、苦水と号く」とある。苦水は、火山からでる硫化物によって魚がふれると死んでしまう毒水のことである。苦風も、人や作物がそれにあたると害や災いをうける風をいうのであろう。作物が育たない、あるいは生育に適さない土のことを苦土という。根岸謙之助《ねぎしけんのすけ》によれば「田んぼの土で、表土はツクリツチ（真土）だが、その下にある土をニガッチ（苦土）という。前橋《まえばし》市周辺では、田んぼのツクリッチの下を一尺五寸くらい掘ると、かたい土が出てくる。これをニガッチと呼んでいる。ニガッチをほり起こして、これがツクリッチに混じると、田んぼの土質が悪化して、一、二年の間は稲の収穫が減少する」という〔根岸 一九八六〕。動植物の生育を阻害するニガミズ（苦水）やニガッチ（苦土）ニガカゼ（苦風）のように、負の側面と結びついた自然界における生活経験に根ざした伝承が「ニガ」の背後に横たわっている。ニガにまつわる民俗や伝承はほかにもいくつかある。ニガハダ（苦肌）といえば、虱《しらみ》などがきらって取り付かない肌のことだし、憎まれ口や毒舌のことをニガクチ（苦口）というのもその一つである。当然、蛇をまいらせたり、料理をまずくしたりするニガテの伝承もこれらの範疇《はんちゅう》に含まれる。ただ、もともとは、毒蛇でも平然と手で捕まえてしまう技能の威力や不可思議に対する人々の驚きに発しているとみられ、それを「ニガテ」と呼んだのは、毒蛇を麻痺《まひ》させてしまうような強力な毒性を指先から出すからだと想像されていたのかも知れない。

蜻蛉が目を回す

蜻蛉《とんぼ》捕りの方法は実に多彩で土地によってもさまざまだが、誰でも知っているのは人差指をくるくると回しながら接近しッッとつかむやり方である。指を回転させるわけについては、それを見ているうちに蜻蛉が目を回すからだという。宇賀和彦《うがかずひこ》の『蚊居田村風土記』（土佐出版社）には、高知県南国市の山岡春喜氏（一九〇一年生れ）の話として「アカトンボは、黄金色にうれた稲の穂先に、ぎょうさんとまって休みよりました。そこへ、じこじこ近よっていき、人さし指をクルクルまわし、トンボ、トンボおとまり、とちいさい声で呪文をとなえ、目をまわした奴のしっぽをつかんで捕りました。トンボはこんまい目がどっさりあって、よう見えるじゃろうと思いますのに、簡単につかまるのは妙にげせませんが、昔のトンボはちっくと、とろこかったにかありません」とみえている（宇賀一九八八）。

果たして蜻蛉が目を回すものかどうか、この点は定かでないが、仙台市に住む知人は「上手な人がやっているところを見たことがある。実際に目を回したトンボが、葉先からコロンと落ちたから間違いない」と言う。手摑《づか》みできるのはトンボの種類によるのかも知れないが、目を回すからとの説明には疑義をはさむ余地がある。

江戸時代の『松屋筆記』には、伊豆《いず》新島《にいじま》出身の少年で蜻蛉捕りの名人がいた話が紹介されている。

　おなじ新島の童《わらべ》が談に、蜻蛉を捕へんには彼がとまり居たる所を目当に、此方の指してそのめぐりを輪《わ》廻《めぐ》らすまねをする也。一度、輪廻らしおほせたらんには蜻蛉飛去ることを得ず。それをやう〳〵にめぐらし、せばめもて行てつひに蜻蛉がもとまでめぐらしつむれば、やすく事もなくとらへらるゝ也といへり。是も□がきゝたもちて語れる也〔市島 一九〇八〕。

また、『耳袋』には「蜻蛉を捕ゆるに不動呪の事。草木にとまる蜻蛉をとらへんと思ふに、右蜻蛉に向ひての丶字をくう（空）に書きてさて捕ゆるに、動く事なしと也」とでている〔長谷川 一九九一b〕。蜻蛉のまわりを、指で輪廻らすまねをすると飛び去ることができなくなるとか、「不動呪《うごかざるまじない》」というのは、要するに蜻蛉が身動きできなくなるということで、前の、耳たぶをつまんで蛇を抜き出す呪法やニガテとも通じている。

指が描く輪もただの円形ではなく『松屋筆記』の記述では渦巻き状に回している。蜻蛉をそのなかにとらえ、輪をだんだん小さくしていきながら相手を身動きできなくしてしまう呪的なしぐさだと考えられる。和歌山県西牟婁《にしむろ》郡で、蛇に出合ったとき「わが行くさきに錦まだらの虫あれば、よけて通せやナムアミダウンケンソワカと三唱し、人さし指を突き出してくるくる回せばくわれない」〔鈴木 一九八二〕とか、群馬県邑楽《おうら》郡で「蛇を見た時、指を三回まわす」〔鈴木 一九八二〕というのも、回転する指の輪のなかに対象をとらえて相手の動きを封じる呪いである[4]。

2 祟りと摂食行為

猫を食った話

祟りを封ずる手段は多様だが、本節では猫や蛇を殺したとき、その動物を「食う」ことによって、未然に祟りを防いだり、すでに発生した祟りを鎮めるという話題を取り上げる。次の話は、高知県檮原町で聞いたものである。


井の谷におった時じゃったが、殺す気はなかったけんど、ちっと頭を叩いたらコロスケまるいで（死んで）ねや。兄貴がおったけ、

「俺《おら》、猫叩いたら見事まろいだわい」言うたら、

「道よ、猫を叩いて死んだら、食わにゃいけんぞよ。祟るけ」言うた。

「食うか」

「食う」言うたら、

「われ（お前）は食わにゃいけんぞ、叩いたんじゃけ」

「おう」言うて。それから、ひとつさばいて料って、兄貴が、

「食わにゃいけん」

言うけ、一切ればぁ食うたが、いやになって食わなんだ。兄貴ゃきばって食いよったが、なにや、ものの三十分せんうちにあげて（嘔吐して）しもうて、きれぇにあげてしもうた。半焼きを食うたもんよ。

「弱ったわい。」お前の罰《ばち》が俺《おら》んくへゆうたもんじゃ（自分にふりかかった）」

言うたが。まぁ、罰はこなんだ。じゃけ、猫を叩いて死んだら食わにゃいけん。食う

たら罰がないというて食うたが、妙に肉の白い嫌なもんではあるぜ〔常光 一九九三〕。

一九七二年に秋田県の鳥海山《ちょうかい》の麓《ふもと》で調査をしたときにも、猫を食ったという話を聞いたが、それは第二次大戦中の食糧難という状況下でのできごとであった。江戸時代には、カラスネコ（黒猫）を飼うと労咳《ろうがい》が治るなどといわれ、黒猫の黒焼きで喘息《ぜんそく》を治した話なども記録されている〔鈴木 一九八二〕。現在でも薬として猫を食す風は一部にみられるが、右の体験は殺した猫の祟りを封ずるために食べたという点で事情が異なる。「食う」という行為が帯びている呪術的な一面を示していて興味ぶかい。

猫は人間と生活の場を共有する身近な動物だが、ただ、家畜化してからも野生の性質を失っていない。人間との関係にも、どこかで一線を画す冷ややかな態度を保持している。また、猫は執念深くて祟りやすいといわれ、とくに古猫は化けるといった伝承は枚挙にいとまが無い。

右の話を聞いたあとで、同じような例がほかにもあるのか檮原町で調べてみたが確認できなかった。しかし、猫を殺したときに兄が言った「猫を叩いて死んだら、食わにゃいけんぞよ、祟るけ」という言葉は、単なる思いつきではなく、こうした場合の祟りを封ずる手段として伝承されていた知識に違いない。静岡県御殿場《ごてんば》市印野《いんの》では、子どもが病気になってなかなか治らないと「フーライ猫がとりついたらしい」といって、猫退治をする風習が大正期まであった。取り憑《つ》いているとおもわれる猫は捕まえて食ったという。「猫の肉は煮ると山のように泡が立つので、泡が出なくなるまでスイノー（編竹製の柄杓）ですくい取って煮る。さらに砂糖醤油で味付をして煮上げ、一同で食べてしまう」と『静岡県史資料編24』に記されている〔竹折 一九九三〕。

猫を積極的に殺して食うのは、前の話の場合とは事情がちがう。しかし、この行為によって、子どもに取り憑いた猫の害を取り除き、その後の祟りの心配を解消していると考えると、そこに共通の民俗的な発想が読み取れる。

二〇〇一年に高知県で発見された『土佐化物絵本』は、幕末から明治の初め頃に作られたものといわれ、妖怪や神霊、武勇談など当時の土佐の民俗を素材にした話が多数収められている。このなかに、父養寺《ぶようじ》の久七という男が古狸を退治した話が載っている〔高知県立歴史民俗資料館 二〇〇三〕。

神通お得し狸キも数百年ふれば、老もふするにや。近キ頃、父養寺のつツミをおのれハはけし気前にや、白昼にほい〳〵と言ふて通りしお、大なる猫引くわへ大合戦せし処へ、父養寺久七といふ男行掛り、加勢してなんなく古狸お打殺し、よく〳〵見ればあたまに毛少しもなく、やつくわんにて、手足人の如くありしと也。是こそ化かしのこつちやうなり。のちの祟りも有へしと、人ゝ集り、りやうりしてくいしに、くさみ甚敷おふと（嘔吐）して、喰ふもの壱人もなかりしとなん。

父養寺（高知県香南《こうなん》市野市《のいち》町父養寺）の堤で大きな猫と古狸が争っているのを、通りかかった久七が見かけ、猫に加勢して古狸を打ち殺したという内容である。注目されるのは、その後、祟りもあるだろうと人々が料理をして食べたが、甚だしく臭く、嘔吐《おうと》して食べられる者がいなかったという点である。殺した狸の祟りを恐れて食ったというのは、同じ理由から猫を食った先の体験談と通じている。話の背後には、狸が人を化かすとか人に取り憑くといった、高知県や徳島県に顕著にみられるこの動物に対する特別の意識が共有されていたのであろう。

明和元年（一七六四）に刊行された奇談集『愧儗話録《こんがい》』にみえる「市の川彦四郎、吉田十郎兵衛役者成シ物語」にも、これらの俗信が取り込まれている一節がある。該当箇所を引用してみる〔伊藤 二〇〇四〕。

或時の朝、学寮へ狐が来て彼《か》の沸《わき》し茶を呑《のまん》とて、やけどをしてくるしみさわきける時、本堂より立帰て見れば、畳を粥《かい》たらけになしゝ故、随誉《ずいよ》をこりて有合棒《ありあふほう》にて一打しければ其侭《そのまゝ》に死《しゝ》ける。随誉思ふには、『殺《ころせ》し者を一ト口喰《くは》ねばあたをなすと聞及《きゝおよふ》』とて宗源と談合《だんかふし》て、日の中は隠し置て、夜入て出入の者ニ持て忍で寺の門を出し、肉を少々喰て酒を呑ける上にて、宗源云、『明日、寮は病氣トいつはりて、中村七三良が『あさまかたけ』の狂言を見物に行ん』とすゝめける故、随誉も『心得たり』とて同道にて行、見物しける處、甚《はなはた》面白かりける。

興味深いのは、随誉が「殺《ころせ》し者を一ト口喰ねばあたをなす」という俗信を聞き知っていたことで、後述するように、現在もこの言葉は生きている。

蛇を食った話

殺した猫の祟りを回避するために食ったという体験談をきっかけに、類似の事例に注意を払っていると、猫とならんで、執念深くまた祟りやすいと信じられてきた蛇についても同様の言い伝えのあることがわかった。幕末の風聞を書き記した『藤岡屋日記』の安政元年（一八五四）二月二十五日条には、運搬中の杉の丸太で頭を挟まれた少年が死ぬという記事がみえているが、この事故の原因についてつぎのような話を紹介している。

右材木伐出し候山と（は）、上新田山中ニ大キ成石の大日如来在之、右は大日山と言也。此山ニ大木有、杉樹十二間余有之、古木也。同月十日頃、右木を伐出し候処ニ、右木ニうつろ有之、其中ニ九尺余の大へび住居候処ニ、巣鴨上野清兵衛店、権次郎と申杣人、是を知らずしてあやまつ（て脱）右蛇の首を切落し候処、同職の杣人ニ而、同処家主松本屋彦八と申者、申候ハ、右之蛇其儘捨置候而は祟り候とて、権次郎・彦八、蛇両人ニ而、是を蒲焼ニ致、酒の肴ニ致し候由、外ニ木挽五人と都合七人ニて残らず喰ひ候よし、至而風味宜敷候よし、然る所、右之者共ニは祟り無之候得ども、右材木ニ死念残り、右祟りニ而、岩吉を引殺せしなるべし〔鈴木他　一九八九〕。

祟りを心配して大蛇を食った木挽《こびき》たちは無事だったが、しかし、切り倒した杉の木に蛇の死念が残ったため、それがもとで岩吉少年が犠牲になったという解釈である。先の『土佐化物絵本』にも、大蛇の首を切ったために祟りが発生した話が載っている。

今ハ昔し新改村住人に村田善太夫と云士あり。強勇智徳文武兼備し、巳二年八拾になんくとして、少しも年おとろへす、くわくしやくたる老人也。同村に吉右衛門とて、善太夫方へ出入する百姓あり。ある時秋の頃、田ノ草お刈しにあやまって大なる蛇の首お切たり。せいしつおく病なる男成ハ、大ニ驚キ、若や祟りもあらんかと、大のへひはんとに入、我家の裏藪へうつめしに、吉右衛門其夜より大熱發し、狂乱し、水おのむ事数升、食おあとふれハ舌お出し飛つきくらい、其様皆へひの仕方おし這廻りけれハ、家内のもの大ニおとろき、医薬手おつくし、神佛にいのるといへとも、更に印しなく、後ミハ薬おあたゆれハ茶わんおなけ出し、親子ともいわす飛かゝりくらいつき置物おくたき荒廻れは、親類・家内よりて一ト間へ押込只打専斗せんかたつきて居たりしに、善太夫是お聞「仕様こそあんなれ」と、いかもの作りの大小おさし、吉右衛門ヶ宅へ走り行「其へひ（蛇）をうつ（埋）め処わいつくそ」と問ふに、一子善六裏藪ヱ人ともない「此処なり」と、おそるく言ハ、印の石を足にて蹴返し、はんとにおさめしへひ引つかミかけ来り。吉右衛門か鼻先へつきつけ「汝チかうつめし物わこれかく、此弥物只おくわおしきものなり」と、へひの頭よりむしやりくと、打食イ「美なりく」と舌打し、「吉右衛門ちと咄に参るへし」と言捨て立出ける。親類・家内是お見て肝おけしふるいわなゝき、一言もいふものなくひへ氷りて居たりける。不思議なるわ吉右衛門、頓に大熱さめ良本心に立帰り、せん〳〵快方にもとつきける。吉右衛門初家内のもの大ニ悦、善太夫出行方を神佛の如く手お合て拝ミける。善太夫へひのしうねん取ひしき、一時に説破したりわ、実にこふけつの手段といふへし〔高知県立歴史民俗資料館 二〇〇三〕。

あやまって大蛇《おおへび》の首を切り落とした百姓の吉右衛門は、甕《かめ》に死骸を入れて裏藪《やぶ》に埋めるが、その夜から狂乱状態となりまるで蛇のような行動をするようになった。それを聞いた豪勇の村田善太夫は、甕を掘り出して大蛇を頭より食べてしまった。図5-3の挿絵はその場面を描いたものである。このあと、不思議なことに吉右衛門はすっかり本心に戻ったという。新改《しんがい》村は現在の高知県香美市土佐山田《とさやまだ》町である。当地に伝えられていた世間話であろう。

前に取り上げた猫や狸の場合とちがって、蛇を殺した人物が自ら「食う」ことで祟りを未然に防ごうとしたわけではない。しかし、甕に入れて埋めただけでは、大蛇の執念を断ち切ることはできなかった。祟りを受けた本人は事態に対処する能力を喪失しているため、当事者以外の者が蛇を食うことによって鎮めている。

蛇、とくに大蛇を殺したときにはその祟りを一段と警戒したようだ。中越穂太郎の『津野山どめき』に、津野山郷（高知県東津野村・檮原町）の中越種次郎という古老が大蛇を

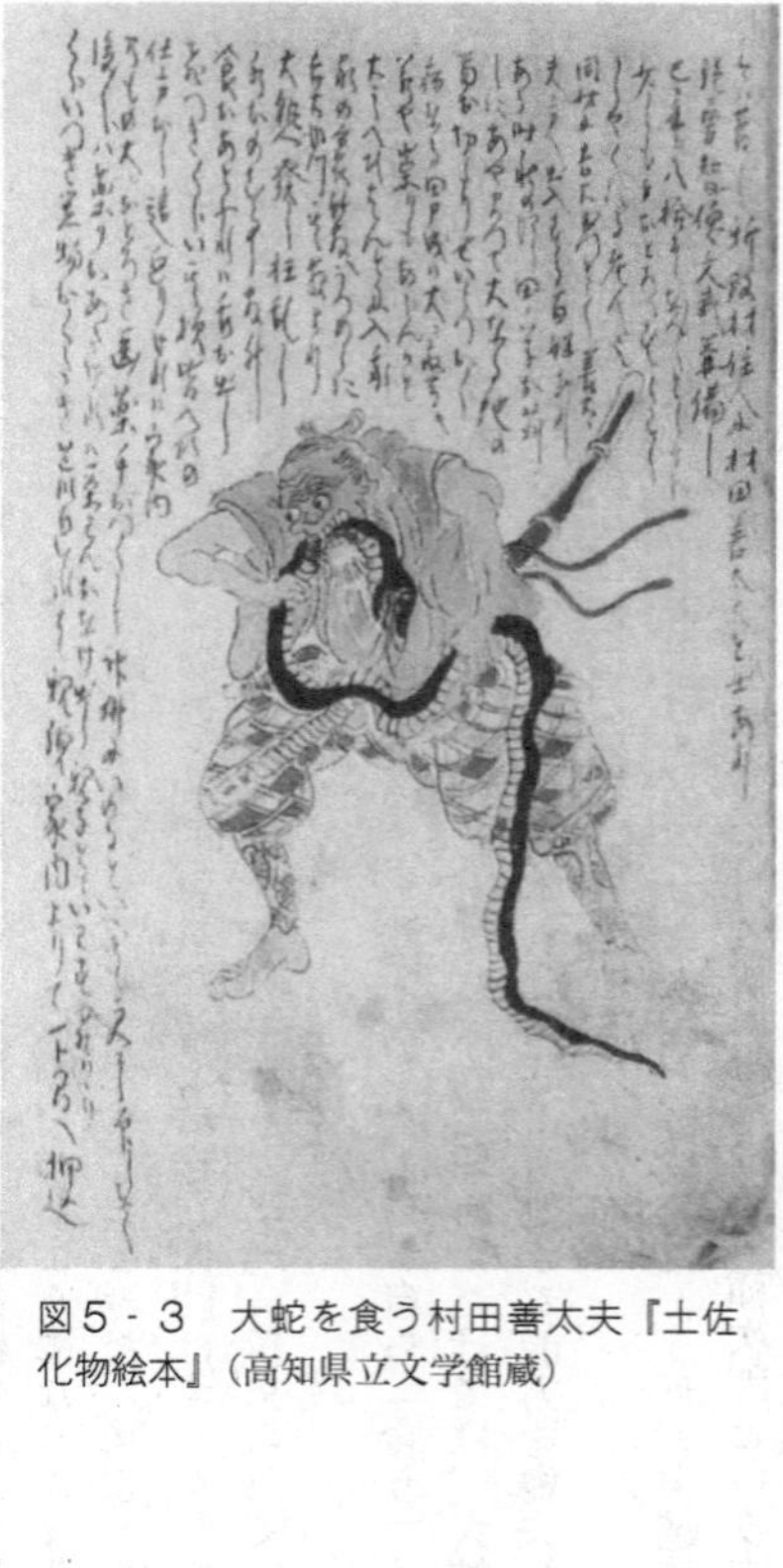

図5-3　大蛇を食う村田善太夫『土佐化物絵本』（高知県立文学館蔵）

撃ち殺した話が収められている。昔、父親と山に入って大蛇を殺した。それを家に持ち帰って囲炉裏で焼いたが、そのとき、父親が「食え、ちっとでも食うもの」と言ったので、むしりとって口に入れてみたがうまいものではなかったという〔中越一九八九〕。父親が「ちっと（少し）でも食うもの」と言ったそのわけは書かれていないが、おそらく大蛇の祟りを封じるためであろう。高知県香美郡物部村の宗石光重氏は、「猟で獲物を獲った際には『とにかく蛇であっても、猫であっても、特に太いモノを撃ったら、必ずそのモノの肉を一口でも食わにゃあいかん』、獲物を食べなかったら、化けて災いを及ぼすだろう」と語っている〔松尾 二〇〇一〕。

筆者も同村岡ノ内の伊井阿良芳太夫から「猟で獲った獲物は、相手に負けぬために一口でも食うものだ」と聞いた。「食う」ことは必然的に「噛《か》む」という行為を伴っている。相手を威嚇し災難や病魔を駆逐する行為としての「噛む」という力のイメージもここには作用しているといえるだろう。蛇を食う話では、矢島五岳編『百家琦行傳』〔天保六年刊〕に「蛇喰八兵衛」という話が載っている。梗概《こうがい》はつぎのとおりである。

> 常陸国龍ケ崎の荘官の庭先に両頭の蛇が姿を現わした。昔からこれを見ると遠からず死ぬという言い伝えのある不吉な蛇である。しかし、蛇は執念深く、たとえ殺しても念を残し、その人に仇をするというのでなかなか手が出せない。そこで、八兵衛という六十ちかい下僕をよび、蛇を食ってくれないかと頼む。食ってしまえば形も残らずこの世に念を残すこともない。八兵衛は死を覚悟の上で引き受ける。鍬で蛇を打ち殺すと、それを三、五寸ずつに切り、醤油をつけて残らず食ってしまう。周りの人々は毒にあたって死ぬのではないかとうわさしたが、蛇の祟りはなく、その後八兵衛は八十余歳まで生きたという〔塚本 一九二七〕。

荘官の依頼で下僕の八兵衛が蛇を食ったのは、殺してしまった蛇の祟りを未然に防ぐためでも、あるいは発現した祟りを鎮めるためでもない。不吉の前兆とされる両頭の蛇の災

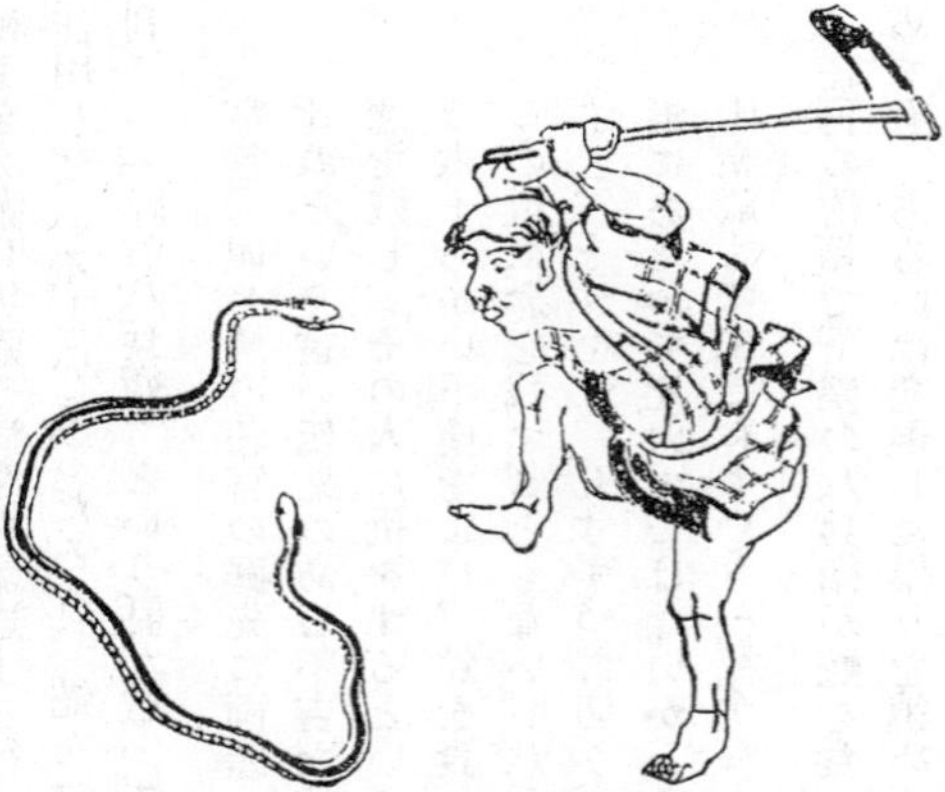

図5 - 4　両頭の蛇を打ち殺す
（塚本哲三編『先哲像傳　近世畸人傳　百家琦行傳』有朋堂書店、1927 年）

いを恐れて、つまり、最初から食うことが目的で殺している。図5・4は、八兵衛が鍬《くわ》で両頭の蛇を打ち殺している場面である。双頭や両頭の蛇の出現を凶兆とするのは、今でも富山県氷見市で、口を二つ持っている蛇を見ると一週間以内に死ぬといい、秋田県南秋田郡では、二ッ頭の蛇は切ると言い伝えている〔鈴木 一九八二〕。執念深いとされる蛇は、殺された後でもその死骸《しがい》が残る限り仇《あだ》をなす場合があるのは『土佐化物絵本』の話で見たとおりである。

宮負定雄《みやおいやすお》の『奇談雑史』にも、天保《てんぽう》（一八三〇～四四）の頃の出来事として、執念深い蛇を食い尽くす話が載っている〔宮負 二〇一〇〕。八兵衛が最後の皮と骨まで食い尽くしてしまったのは、わずかでもこの世に残骸が残ることの懸念を払拭《ふっしょく》し、祟りが発動する根拠を根こそぎ奪い去ってしまうためであった。猫や蛇を「食う」という行為は（たとえそれが一口であっても）災厄を及ぼしかねない異類を体内に取り込んで同化し、相手の力（執念）を解消してしまう呪的な手段だといってよい。「食う」ことによって遺骸から執念を引き離し、食った側の身体と一体化することで、祟る側と祟られる側の関係を無化してしまう。

このことは、猟で太いモノを撃ったら食わねばならないという、先の宗石氏の言葉について、「獲った主が、食することが、獲物の鎮魂にも、供養にもなるものと考えられてきたのであろう」という松尾《まつお》恒一《こういち》の指摘とも通じている〔松尾 二〇〇一〕。猫や蛇の祟りを防いだり鎮めるためにそれらを摂食する民俗は、体験談、俗信、世間話といろいろな形で伝承されてきたことがわかる。そこには物を「食う」ことによって自らの血肉に変え、排泄《はいせつ》していくという身体の経験が同時に、社会的な「力」として日常のなかに顕在化していく関係の一端が見て取れる[5]。

《注》

（1）穴の中の蛇は、力士が引っ張っても、たとえ胴体が切れても出ないというのだから、この場合、二人がかりで引けば力が倍になって抜けやすくなるというのではない。今朝道氏も「左手で右の耳たぶをつまんで、蛇を引っ張る力とついに耳たぶを一生懸命引っ張る」と言っているように、実際に引っ張る手のほかに、もう一つの引く力の存在が重要なのかも知れない。「抱いて引く」とか「耳たぶを引く」しぐさは、直接蛇の尾を引く手に、尋常ではない力の加勢を表現している形とも考えられるが、ただ、これらのしぐさにはさまざまな解釈が可能であり、推測の域を出ない。

（2）長崎県壱岐では「女の仕事着にメーカキというものがある。着物の上から腰に巻くものである。其の褄には必ず糸で小さい花形の縫をしておく。蛇が陰門から這入った折これでつまみ出すと直ぐに出せるという。普通に引っ張っただけでは鱗が逆立って出るものではないと言われて居る」との報告がある（山口 一九三二）。『日本俗信辞典』（角川書店）には「山で女が昼寝をすると、尻からヘビが入って、引っ張ったくらいでは抜けない（宮城県栗原郡）。この尻はいわゆる前尻で、陰部をいう。同様のことは岩手・千葉・岐阜・兵庫・鳥取・島根・長崎その他、諸地方でいう。ヘビに魔を入れられる（群馬県利根郡）、斑ヘビに騙される（沖縄本島）、などともいう。ヘビは跨がぬものだという（新潟・愛媛）のも、この理由によるのであろう。いったん入ったヘビは、鱗が逆立ってブレーキの役をするので、引出そうとしても出ないといわれる。これを出すには、針でつついて出す（宮城県栗原郡）、前掛の隅の三角に折返した部分でつかみ、口にくわえるとよい（長崎県西彼杵《にしそのぎ》郡）」と書かれている。近世の『松屋筆記』巻五三に「蛇の尻にいりたるを治ル方　蛇の尻にいるはおほくは烏蛇《カラスヘミ》とて小くて黒色也好て人の尻穴に入るにその人さらにおぼえずとぞ此蛇穴に少許首をさし入たらんにはいかに引出んとすれども出ることとなし寸々《ズタズタ》に引切ても首は尚残りて腹にいり遂に人を殺すこれを引出すに『サルノシカケ』といふ木の葉にてまき引出せば僅に尾計さし出たるにてもたやすく引出ぬといへり『サルノシカケ』は赤色の小實なり熟れば黒色になる味酸く甘し葉はカン木の類也小木にて大樹はなし武相の間にて『ヨソゾメ』とよぶ『サルノシカケ』といふ名は越後にてよべり」とある。『渡辺幸庵対話』にも、体内に入ったヘビを引き出す方法が記されている。

（3）柳田國男は、「耳たぶの穴」で「現在抱いて居る一仮定説乃至は空想、即ち我邦でも可なり近世になるまで、呪いや祈禱に従事する女子又童兒のみは、耳たぶに何か金属の環をはめて居たのでは無いか」と述べている〔柳田 一九三八〕。また、谷川健一は「耳と目の結婚」で、鍛冶の集団と耳輪の関係について論じている〔谷川 一九九三〕。蛇や河童が金属を嫌うという伝承との関連で捉《とら》えると興味深いが、具体的な資料に乏しく現段階では推測の域を出ない。

(4) 蜻蛉以外にも、特定の動物に対して動きを封じるなど特殊な呪力の持ち主や呪いに関する伝承がある。長野県東筑摩郡本郷村では、ニガテと同じような手を生巣《なます》と呼んでいる。蜂の巣を素手で取っても蜂は刺さないし刺しても腫《は》れないという〔井之口他 一九七五〕。人差指と中指の間に筋の入っている手相を「きゅうせん筋」といって、この指の間に鰻《うなぎ》をはさむと、鰻はおとなしくなる〔宮尾 一九七四〕。左手の親指と薬指を合せて後ろに隠し、右手で蜂をいじっても刺されない〔群馬県大間々町〈みどり市〉〕。『耳袋』巻四に「鯲《どじょう》を不動呪の事　鯲を買ふ時、升《ます》に入りても踊り狂ふ故、一升調へて外の器へ移せば纔《わずか》也。末の蓋《カサ》を臍《へそ》へ当て白眼《にらみ》つけて升《はか》らせれば、頓《やが》て一倍也と人の語りし也」とある。ドジョウが動かないので二倍入るというのである。同書の巻八には「蜂の巣を取らんと思はゞ、右巣の下にある所の石にても瓦にても打返し候て、右を踏《ふま》へ巣を取捨るに、いかやうの蜂にても害をなさずとの事也」とある。

(5) 動物を「殺して食う」ことの信仰的な意味を考える上で、川野和昭「奄美・沖縄とラオス・タイ北部の少数民族の動物供犠——比較民俗学と民俗の地域性」は示唆に富む。たとえば、大島郡宇検村阿室では、大正五年の大火のときに、火を出した家の者に風呂敷《ふろしき》を被《かぶ》せてウワントネ〔上のトネヤ〕から浜まで村中を牛を牽《ひ》き廻《まわ》させた。村の辻々《つじつじ》では、青年たちが牛を棒で叩《たた》き、浜まで牽きだしたところで叩き殺して料理し、村中で食べ尽くしたという。同種の記事は『南島雑話』補遺篇にも見えている。こうした防災儀礼について「大火をもたらした集落内の悪を牛に依り付かせ、それを集落外に引き出し、叩き殺すことで依り付いた悪を叩き殺すという意識を見出すことができる。つまり、身代わりに殺すという意味で供犠性を認めることができる」と述べている〔川野 二〇〇〇〕。悪の依《よ》り付いた牛を「叩き殺し」それを「食い尽くす」ことで、集落に災厄をもたらすものを丸ごと取り除く狙いであろう。

《引用・参考文献》

市島謙吉編　一九〇八『松屋筆記』一　一二七頁　国書刊行会

伊藤龍平　二〇〇四「翻刻『愧儗《こんがい》話録』」『國學院大學近世文学会会報』一〇　四二頁

井之口章次他　一九七五『ふるさとの民俗』二八七〜八八頁　朝日新聞社

宇賀和彦　一九八八『蚊居田村風土記』三一一〜一二頁　土佐出版社

益軒会編　一九七三『益軒全集　全八巻之三』八〇四頁　国書刊行会

堅山嘉一郎　一九四二「紀伊のニガテ及産土神」『民間伝承』八―八

桂井和雄　一九八三「マムシ雑話」『土佐民俗』四〇　土佐民俗学会

河竹繁俊校注　一九五二『歌舞伎十八番』朝日新聞社

川野和昭　二〇〇〇「奄美・沖縄とラオス・タイ北部の少数民族の動物供犠――比較民俗学と民俗の地域性」『黎明館調査研究報告』一三　鹿児島県歴史資料センター黎明館

熊谷好恵　一九四三「段嶺のにが手」『民間伝承』八―一〇
高知県立歴史民俗資料館　二〇〇三『あの世・妖怪・陰陽師―異界万華鏡・高知編』一三〇・一三六～三七頁
小松島市史編纂委員会　一九七七『小松島市史』徳島県小松島市役所
鈴木勝忠　一九九六『川柳雑俳江戸庶民の世界』三樹書房
鈴木棠三　一九八二『日本俗信辞典』蛇の項目　角川書店
鈴木棠三・小池章太郎編　一九八九『近世庶民生活資料　藤岡屋日記』第六巻　一二九九頁　三一書房
竹折直吉　一九九三『静岡県史　資料編24　民俗2』一一四二頁　静岡県
谷川健一　一九九三「耳と目の結婚」『民俗の宇宙　Ⅱ』三一書房
塚本哲三編　一九二七『先哲像傳　近世畸人傳　百家琦行傳』七五〇～五四頁　有朋堂書店
常光徹　一九九三『土佐の世間話―今朝道爺異聞』六七～七一頁　青弓社
暉峻康隆・東明雅校注・訳　一九七一『井原西鶴集一』四六八頁　小学館
中越穂太郎　一九八九『津野山どめき』三〇二頁　中越穂太郎
根岸謙之助　一九八六『民俗知識の事典』三五三頁　桜楓社
長谷川強　一九九一ａ『耳嚢（下）』一四二・三九七～八頁　岩波書店
長谷川強　一九九一ｂ『耳嚢（中）』二四二頁　岩波書店
早川孝太郎　一九七四『早川孝太郎全集』四　二〇三頁　未來社

松尾恒一　二〇〇一「魔群・魔性の潜む山―高知県物部村、西山法・猟師の法をめぐる民俗世界」『文学』二―六　岩波書店
南方熊楠　一九七一『南方熊楠全集1』一七五頁　平凡社
宮尾重を　一九七四「江戸ッ子料理」『歴史読本』一九―一二
宮負定雄著・佐藤正英　武田由紀子校訂　二〇一〇『奇談雑史』三八頁　筑摩書房
宮武省三　一九三二「倍美瑣談」『兵庫県民俗資料』一　兵庫県民俗研究会
民俗学研究所　一九五五『改定綜合日本民俗語彙』三　一一三九頁　平凡社
柳田國男　一九六九「耳たぶの穴」『定本柳田國男集』一五　筑摩書房
柳田國男　一九六九ａ「にが手と耳たぶの穴」『定本柳田國男集』一五　筑摩書房
柳田國男　一九六九ｂ「にが手の話」『定本柳田國男集』一五　筑摩書房
山口麻太郎　一九三一「壱岐の俗信」『民俗学』三―五
和気周一　一九四六「にが手考」『讃岐史談』七―四　讃岐史談会

第六章　エンガチョと斜十字

鎌倉時代に作られた『平治物語絵巻』信西巻には、信西《しんぜい》の生首を見る人びとのなかに、右手の人差し指を中指の上で交差させている人物が描かれている。この指の形は、関東地方の子どもたちが「エンガチョ」と呼ぶ遊びのなかで、ある汚さ（ケガレ）の感染を防ぐ目的で行なうしぐさと共通している。指や腕・足を交差させた形は斜十字（×）を表現していると考えられる。斜十字（または十字）に関する伝承は多様だが、この形のどこに呪《じゅ》的《てき》な力を喚起する原因が潜んでいるのか、関心をもつ者を魅了する課題としてこれまでも論じられてきた。この根源的な問いに対する解答は推測の域をでないが、先学の説を紹介するとともに、この形やしぐさが現在の私たちの身近な場面に顔をのぞかせている点に注目したい。

乳幼児の額に鍋《なべ》墨で×や犬などと書くアヤツコは、外出の際などに主に魔よけの目的で行なわれるが、早く、平安末期から鎌倉期において、幼少の皇子女が他所へ行啓するに先立って額に「犬」の字が奉書される慣習のあったことが指摘されている。コト八日に庭先にかかげる目籠《めかご》についても、十字の集合に民俗的な意味があると思われる。斜十字や十字に関する多彩な民俗事例を取り上げて、それが防除や禁止などの意味を帯びていることを明らかにし、絵巻に描かれた人物のしぐさに繋《つな》がっている可能性を指摘する。

1 エンガチョと穢れ

生首を見る人びと──『平治物語絵巻』から

平安時代も末期の平治《へいじ》元年（一一五九）、藤原信頼は源義朝《よしとも》と組み、清盛《きよもり》の熊野参詣《さんけい》中を見計らって挙兵すると、後白河法皇を幽閉し、対立する藤原通憲（信西入道）の勢力を葬り去ろうとする。鎌倉時代に作られた『平治物語絵巻』には、信西の最期が生々しく描かれている。

伊賀《いが》の国境の山中で自刃した信西は追っ手に発見され、首を斬り取られる。信西の首はその後、検非違使《けびいし》の廷尉《ていい》源資経の手に渡されて都大路を西獄門に向かう。その隊列は、鉄《てっ》蛭巻《ひるまき》の薙刀《なぎなた》に結びつけられた生首を先頭に三条大路を進んで行くが、道の両側にはこれを一目見ようと押しかけた人々であふれている。『日本の絵巻』（中央公論社）の編者である小松茂美《こまつしげみ》は、この異様な場面の有様を「路上には、僧俗男女の見物が、あふれている。市女笠を目深にかぶり、その奥からじっとみすえる女。被衣《かつぎ》を引きかぶって、顔を包んで眼ばかりで行列を見送る者。袖を口に当てて涙をこらえる者。一人一人の豊かな表情が、信西に対する毀誉褒貶《きよほうへん》さまざまの感情を押し包んでいるようだ」と解説している〔小松 一九九〇〕。

道の両脇から信西の生首を見る人々の表情や姿（図6-1・2）には、異様な光景に立ち会ったときの何ともいえぬ緊迫した空気が流れていて興味が尽きないが、よく見るとそのなかに、ちょっと変わったしぐさをしている人物が描かれているのに気づく。図6-1で、

上から、図6-1　信西の首を見る人々、図6-2　薙刀に結ばれた信西の首『平治物語絵巻』（ともに国立国会図書館蔵）

扇の骨の間から覗《のぞ》き見ている男の隣で、なにやら話をしているらしい二人の男のうちの一人が、胸の前で指を組んでいる。印を結んでいるようにみえるが、その指の形に注意すると、右手の人差指を中指の上で交差させている。すこし離れた所に、もう一人同じように指を組んで立っている人物がいるところをみると、おそらく偶然のしぐさではないだろう。

エンガチョのしぐさと形

絵巻のしぐさから筆者がすぐに思い浮かべたのは、エンガチョという子どもたちの遊びである。誰かが排せつ物を踏んだり、トイレの床に触れたりすると、それを見ていた子が「〇〇ちゃん、エンガチョ、エンガチョ」と言ってはやしたてる。はやされた子は、体になにか汚いものがまとわりついたような気分になるらしく、だれかに移そうとする。エンガチョは誰かに触ると本人から離れて相手に移るのである。しかし、まわりの子は自分に移されないように「エンガチョかぎしめた」などと言って、ある特別のしぐさをする（図6-3）。このしぐさを作っているうちは、触られてもエンガチョに感染しない。

エンガチョの実態については、京馬伸子《けまのぶこ》が詳細な報告をしている。土地によって呼び方はちがっているが、大まかに「エンガ」「エンガチョ」と呼ぶのは関東系、「ビビンチョ」と呼ぶのは関西系の言葉であろうという。エンガチョは戦前からあった遊びだが知らない人も多い。ところが昭和三十年代から五十年代生れになると多くの人が知っており、しかも「バリヤー」という言葉が同じ意味で使われるようになってくる。このことについて京馬は「神奈川県の事例では、一九六〇年生れあたりから、エンガチョといいつつ、防ぐときにバリヤーという言葉をつかう。テレビの『ウルトラマン』(一九六一年頃放映)[1]や『鉄人28号』などの番組に影響されてのことらしい。戦後の、SFを使った映画やテレビの漫画には電気や光線を使った透明バリヤー(防御壁)が出てきたものだった。『欽ちゃんのどこまでやるの』(一九七五年頃放映)という番組では『バーリヤー!』といって透明バリヤーを張る姿が出てくる。このためエンガチョの遊びとバリヤーを張るルールはテレビを通じて広まったのではないかと考えられる」と、この言葉が流通していった背景を示唆している。

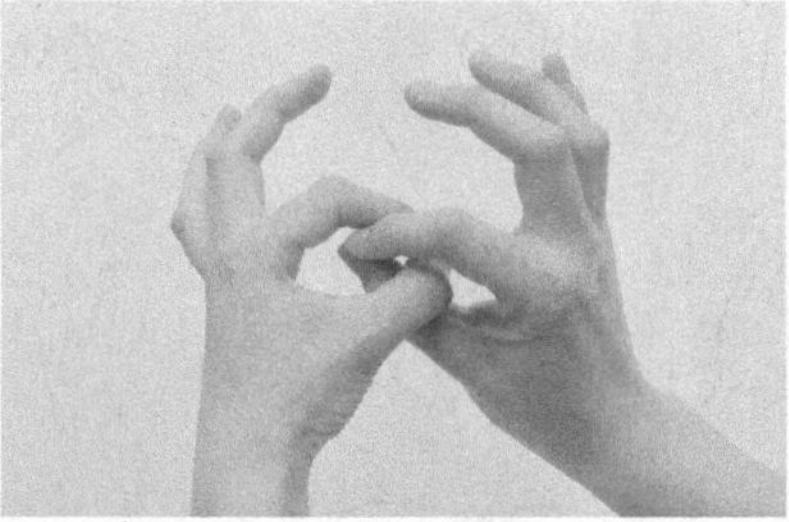

図6-3 「かぎしめた」のしぐさ

また、子どもたちの間ではエンガチョは遊びというよりも、相手の自尊心を傷つけくやしがらせる人なぶりの要素がつよく、いじめに繋がる面のあることも指摘している〔京馬 一九九〇〕。エンガチョは汚さを表現する言葉でケガレや不浄感に通じる感覚といってよい。網野善彦は「たしかに、『エンガチョ』の『エン』は『穢』と考えることができそうであるが、さきの『エンきーった』というまじないの方の『魔力』は『縁切り』のそれと見るべきであり、『エンガチョ』の『エン』も『縁』なのかもしれない。

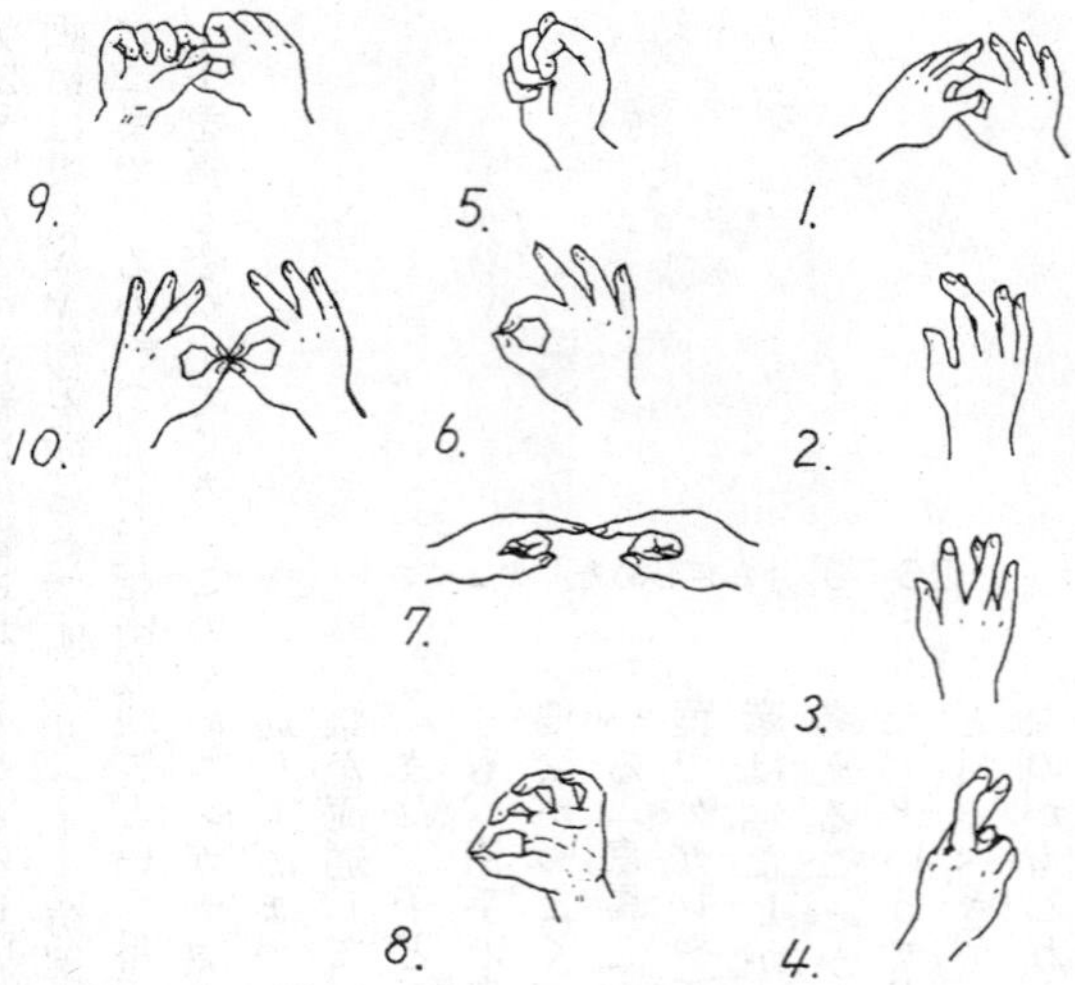

図6－4　エンガチョのしぐさ
（京馬伸子「子どもとケガレを考える(1)―エンガチョを中心に」『民俗』134　相模民俗学会）

いずれにしても、後者の『魔力』を考えに入れた方がこの遊びの意味はずっとわかり易い、と私は思う。そして、『エンガチョ』の遊びは、この『縁切り』の原理のもつ表と裏をよく示しており、人間の心と社会の深奥にふれる意味をもっているように思われるのである」と述べている〔網野　一九九二〕。鯨井千佐登は、幕末の童《わらべ》言葉をもとに「幕末の江戸にはエンガチョという幼児語（幼児音）がすでに存在し、それは『因果《いんが》の性《しょう》』の訛語《かご》（訛音）であった」と指摘している。そしてこの囃《はや》しことばの本来の意味は「前世における悪行が原因で、『汚いこと』をしてしまうような子どもに生まれついたというのであり、そうした不幸な生まれつきを『因果の性』と呼んで、囃し立てたのである。」と述べている〔鯨井 二〇一〇〕。

エンガチョの感染を防ぐための指の組み合わせには何種類かある（図6-4）。1は鍵《かぎ》をかけた形を表しており、これでエンガチョの侵入を防ぐ。7はくっつけた人差指の先を誰かに手刀で切ってもらうのだが、切るという行為がそのままエンガチョとの関わりを切る意味に重なっている。2・3・4は指を交差するように重ね合わせた形である。[2]

とくに2の中指を人差指にかけるしぐさはよくみられるが、反対に人差指を中指の上で交差させることもあり、これは絵巻に描かれた生首を見ている男の指の形と同じである。2の形で中指にさらに薬指と小指を重ねると一段と防御効果が増すともいう。そのほか胸の前で腕を交差させるとか、足を交差する場合もあるが、これらはいずれも斜十字（×）を表現しているとみられる。内藤彩子は、現代におけるこれらのしぐさについて「ケガレがあるから斜十字を使うというよりも、その斜十字を向ける対象をケガレと見なすことにあったのである。だからこれがいじめにも繋がったのであろう」との見解を示している〔二〇一〇〕。

2　斜十字の民俗

生と死をめぐる伝承

東京のある高校でおこった事件としてこんなうわさが伝えられている。数年前、女子生徒が教室から飛び降り自殺をした。ところが、落ちた場所にいつまでも血の跡が消えない。消しても消してもすぐに浮き出るので、ついに緑と赤の塗料で塗りつぶして隠した。そして、自殺をはかった教室には×印が貼られたが、生徒たちはその教室をバッテン教室と呼んだという(3)。

×を貼った意図は不明だが、おそらく立ち入り禁止と危険防止の意味であろう。バッテン印は女子生徒の死を連想する不吉な空間を表示するマークとして語られている。『日本のかたちの縁起』(彰国社)の著者である小野瀬順一は、かつて勤め先の大学が耐震補強として、鉄骨の筋違を建物のまわりにはりめぐらしたときの感想を次のように記している。

経費も安くすみ、デザイン的にも面白くなったと思っていたのであるが、一般の人々の反応はまるで違っていた。絆創膏を張ったバッテン建物だといって恐ろしく評判が悪いのである。私はそんなことは思いつきもしなかったので、思わずなるほどと感心をしたのであるが、その一方では、やはり×は嫌われるのだなあという感想をうけたものである〔小野瀬 一九九八〕。

×の形が喚起するイメージをさぐる上で興味深いエピソードである。秋田県では、主人が常に坐《すわ》る上に十文字の梁《はり》を用いると家運が傾くといって忌む俗信があり、この形に対する特別の感情が認められる。それは、小野瀬が指摘しているように「×形は、なにか禍禍しい呪術的雰囲気を感じさせ、しかも禁止の意味を多分に含んだ形であった」ということだろう〔小野瀬　一九九八〕。ところで、このバッテンという言葉だが、柳田國男は昭和五年〔一九三〇〕に発表した「阿也都古《あやつこ》考《こう》」のなかでつぎのように述べている。

　十年余りも前から、家の子供がよく使うので耳に留まって居たのは、斜めにした十文字、即ち×、斯ういう形の符号をバッテンということであった。東京の小学生は皆そう謂って居るが、恐らく教師が別に深い考えもなしに言い出したことであろう。西洋人は普通書いた物を消すときに之を用い、又xという字の楷書にも近いので、答案の誤って居るという符号にしたものと思う。バッテンは勿論罰点で、学校の子供だけにしか通用せぬものとのみ私は思って居た。ところがつい此頃になって、もう是が通常の日本語になり切って居ることを発見したのである。私の近所に東京朝日の住宅展覧会があって、絵図を作って来館者に分けて居たが、売約済のしるしに付けた×、是を記者の某君が、このバッテンの附いたのはもう売れて居るのですと言った〔柳田　一九六九〕。

バッテンは大正時代に学校教育の現場から生れた新しい言葉で、それが巷間《こうかん》に広まったとみている。その通りかどうかは検討を要するが、なにげない日常に息づいている生活の歴史を手繰り寄せる、柳田の着想の新鮮さと鋭い観察眼にはいつものことながら感心させられる。

それでは、バッテン以前にこの形を何と呼んでいたのか。柳田は東北地方で使われるヤスコがそれにあたるといい、その元の語は阿也都古《あやつこ》であったという。アヤツコとは「乳幼児の額などに、鍋墨や紅で○・×・大・犬などと書く行為およびその文様のこと」で、初外出などに主に魔よけの目的で行なわれる習俗である（福田他 一九九九）。この習俗の歴史は古く、『為房卿記』や『中右記』等の古記録にみえるアヤツコを分析した斉藤研一は、平安末期から鎌倉期におけるアヤツコの様相について「アヤツコは、誕生後数年の間、幼少の皇子女が他所へ行啓する際に、出発に先だってその額に『犬』字が奉書される慣習であり、すくなくとも行啓の目的、行啓先、あるいは行啓に出発する時刻とは無関係に行われるものである」と述べている（斉藤 二〇〇三）。

史料には現れないが、皇子女だけでなく他の階層においても行なわれていたであろうという。犬はそのすぐれた嗅覚《きゅうかく》で逸《いち》早く怪しいものを察知し吠《ほ》え立てるところから、はやくから魔を払う能力を認知されてきた動物である。「犬」の字にはそうした呪的な狙いが込められている。ヤスコについては、菅江真澄《すがえますみ》も『おがのあきかぜ』（文化元年）のなかで「ぬかぐろに十字《ヤスコ》かいたる乳児《チゴ》おひたる女ふたり、天神まうでしなんとてさいだつ」と書き記している[4]（内田他 一九七三）。

×印はアヤツコというほかに「ペケ」「たすき」「羅紋《らもん》」「筋違《すじかい》」などとも呼ばれる（小野瀬 一九九八）。柳田はアヤツコ（×）について「恐らく是ももとは草の葉を引き結んだ形であったろうと思う。兎に角それが占められ指定せられているということを、標示しようとした徽號であったことだけは確かである」と述べ、アヤツコのアヤは、霊怪をアヤカシというごとく神変不可思議の意であろうという〔柳田 一九六九〕。

飯島吉晴《いいじまよしはる》は「アヤッコは犬の字とふつう考えられているが、元来はアヤ（文・乂）で二つの線が斜めに交わるものをさしたのである。これはある世界から別の世界に参入したり、二つの世界が交差している徴であるが転じて魔よけともみなされた」と述べて、白川静《しらかわしずか》のつぎの説を紹介している〔飯島 一九九一〕。

> ×が悪霊に対する呪禁として加えられるのは、死葬喪のときのみでなく、出生においても同じである。生まれた児のひたいに×をつけることは、わが国にもアヤッコの俗として、久しく行なわれていたことであった。アヤは霊を意味する。のち×を誤まって大や犬の形に書き、犬の安産にあやかるなどの俗説を生じたが、生まれてから安産の呪符を加えても意味のないことである。それはこの新しい肉体に、邪霊の憑りつくことを禁ずるための呪符である。文字においても産（產）の字形のなかにその俗が含まれている。厂はひたい。その上に文を加えるのがアヤッコ、生を加えて産となる〔白川 一九八二〕

白川は「文」と死との関連について『字統』（平凡社）で「文とは死者のいわば聖記号である。死葬のとき、朱をもって胸にその絵身《かいしん》を加えて屍体を聖化し、祭るときには文を冠してよんだ。（中略）凶礼のときにも胸に×形を加えて呪禁とすることがあり、凶・兇《きょう》・匈《きょう》・恟《きょう》・胸《きょう》などはその系列の字である」と説明している。

この世に生を享《う》けた者（新生児）とあの世に旅立つ者（死者）の身体に、同じ×印を記す習俗はわが国でも行なわれていた。たとえば、昭和一〇年（一九三五）七月一〇日付の「奥南新報」にこんな記事が載っている。

ヤァツコ（＋の事）

嬰児《あかんぼう》が生まれて初めて外に出る時に額へヤァツコを書く。魔除けに書くんだそうである。死んだ人を納棺した時にも額にヤァツコを書いている。此の世を旅立ち彼の世に行く旅路で悪魔を除けるためだと信じて書いた。嬰児にヤァツコを書く事は今では旧家か家庭のきびしい処でなければ、めったにやらずに、だん〳〵廃《す》たれて来た。死ぬと書かれるから老人達は額に墨のつくのをひどく忌み嫌ったのである。がこれも今では死人に書かないで、棺に書くようになり、従って現代人《いまのひと》はヤァツコを仏の位置の目印に考えるようになっている〔青森県環境生活部 一九九八〕。

新生児にも遺体にも×印をつけることについて、小野瀬順一は「遺体に×をつけるのは『あの世のものになった、再びこの世に戻ってくるな』という禁止、新生児の場合には『異界からこの世にやってきた、再び異界に戻るな』という禁止であり、×はこの世と異界との出入りを禁止する記号であって、したがって魔除けにもなったと思うのである」と解釈している〔小野瀬 一九九八〕。

葬送儀礼のなかには斜十字（あるいは十字）形が数多く登場する。青森県津軽地方では、葬家に打つ×型の木片をモカリと呼び、それは死者のある家の表示である〔中市 一九三三〕。石川県能都町では、葬家の表口に垂らすだれの上に青竹を×に組んだものをはりつけるが、同様の事は富山県の砺波地方や氷見の辺りでもみられるという。岐阜県吉城郡上宝村（高山市）や神岡町（飛騨市）では、以前は葬式の際に死体の上に十字に組んだ箸《はし》をのせた〔斉藤 一九八六〕。

図６‐５　オコアゼ（惠原義盛『奄美生活誌』木耳社、1973年）

新潟県佐渡では、死者を北枕にして寝かせたところに蚊帳《かや》を三方吊《づ》りにして張り、その上に麻ガラを十字に結わえたものをのせるという〔新潟県 一九八四〕。

鹿児島県奄美大島の名音の集落では、死者の枕元に供えるメチバンェ（道飯米）は一合の米で炊いた飯を、飯茶碗《ちゃわん》に山盛りにしてそれに竹箸を交差させて×掛けにたてる〔田畑 一九九〇〕。恵原義盛《えはらよしもり》は『奄美生活誌』で「村の各家では葬式のあった晩は暗くなる前から門にオーコと箒をはすかいに立てておきます。死者の魂魄が迷い込んで来るのを防ぐ呪いです。」と記して図（6・5）を添えている〔恵原一九七三〕。沖縄ではススキを十字に結んだものをサンといい、死体や遺骨の上でこれを振り回したり、葬列の通る道沿いの家では死霊の侵入を防ぐ目的で門に置いたという〔山里一九九七〕。

土井卓治は「除災の民俗と斜十字」と題する論文で、エジプトのミイラやその棺《ひつぎ》に×印や×印の連続文様が多い事実に注目している。そしてこれを魔除《よ》けと捉《とら》えた場合に予想される二つの解釈について「一つは、例えば抱石葬についての考え方のように、死に至らしめた悪者がとりついているのを石で圧えて外へ出さぬという考えである。いま一つは、死者をねらう多くの凶悪霊が寄ってくるのを排除するためという解釈である」と指摘し、どちらにも正当性はあるが後者のほうが事例の説明には都合がよいと述べている〔土井一九九四〕。

×印はそれが用いられる状況や文脈に応じて「占有」「封印」「防除」「危険」「まちがい」など多様な意味を帯びていて、一義的な解釈はできないが、基本的には外部から侵入する、あるいは接近してくるものを遮断するという目的で用いられる場合が多いといってよいだろう[5]。

一つ目小僧と目籠

それにしても、斜十字や十字のどこにこうした力が由来するのか、この形に関心をもつ者を常に魅了する課題である。この根源的な問いに対する解答はどこまでも推測の域をでないが、しかし、この形やしぐさそのものは私たちの身近な生活の場に今も生きている。先学の研究成果を紹介しながら、日常のさまざまな場面に顔をのぞかせている×印の文化を取り上げてみたい。

土井卓治は先の論文で、神社の屋根の千木や鳥おどしと称される民家の棟の×型の押え、入れ墨にみられる×印などいくつかの具体例を挙げて解説をしている。たとえば、シメ(〆)について「今でも封書の封をしたところに書かれる。これはそこに×印をする風があってそれを封じてしめる意味でシメと呼ぶようになり、胴長の線がカタカナのようになった。恐らく貴重なものを封じこめた時×印をしておくことが行なわれていたのであろう」と説く〔土井　一九九四〕。この推測と関わる問題は、金子裕之が「記号から呪力ある文字へ」と題して考古学の立場から言及している。

金子は、円筒埴輪《はにわ》の十文字について触れたあと「+や×印は封の意味があり、埴輪に限らない。島根県東笠根一号墳では、赤色顔料で須恵器の杯と蓋に+を描き、封の象徴としていた（勝部昭「+印のある土器」）。文字が普及する八世紀以降、魔除けの記号のいくつかは文字が代用するようになる。封もその一つ」と述べ、関連する別の箇所で「しかし、文字はいつでも記号と入れ替わる。封筒でも糊づけすると、何気なく上に×を書く風習になっている」と、記号と文字の関係を論じている〔金子　一九九六〕。斜十字については、辰巳《たつみ》和弘《かずひろ》『埴輪と絵画の古代学』（白水社）でも論じられている。

鹿児島県徳之島では、ジンヌムンという首切れ豚の妖怪に股《また》の間をくぐられると命を取

図6-6　さかあし
（宮本常一・宮田登編「花祭」『早川孝太郎全集1』未來社、1971年）

られるといわれ、それがよく出る場所（境）では足を交差させて歩くものだという（酒井一九九三）。同県奄美大島の名瀬では、耳《みん》キラ豚《うわー》（耳のない豚）が出るといわれる所があって、それに股下をくぐられると死ぬから、足を×にして通さないようにしなければならないといわれた〔田畑 一九九六〕。沖縄本島山原《やんばる》地方の民俗を記述した島袋源七《しまぶくろげんしち》の『山原の土俗』にも、夜間に道の辻《つじ》を通るときには小股で歩くかまたは足を交差させて歩かねばならないとある。なぜなら、犬や豚、鳥などの化け物であるジーハーハーやジージーウワーグワーに股下をくぐられると死ぬからだという〔島袋 一九七四〕。

左右の足を交互に交差させながら歩くのは、まさしく×の連続歩行であり、これが辻に出没する魔物を駆逐すると信じられてきた。この形やしぐさから思い起こすのは、早川孝太郎の『花祭』に紹介されている「しずめまつり」の一場面である。しずめの反閇《へんばい》を行なう禰宜《ねぎ》がみせるさかあし（逆足）と称する姿がそれで、著者が描いたスケッチが残っている〔宮本他 一九七一〕（図6-6）。星野紘は、このさかあしを踏む姿について「両足を縄でも捩るかのように交差させながら前進したり、後退したり、あるいは逆めぐりに九歩を踏んでみたりの歩み方をする。豊根村の方ではこういう不自然な所作はしないとも聞いたが、これは歩行というよりも何かマジカルな秘術といった感じがする。このさかあしを踏む部分のみをとりあげて反閇とは称していないが、しずめの反閇の一連の次第の中の一部ではある。わざわざ足を捩って歩むというこの無理な歩行の発想は一体どこから来たものであろうか？」と述べている〔星野 一九九六〕。

足を斜十字に交差させるのは、前に取り上げたエンガチョでも見られるしぐさである。筆者には「しずめまつり」におけるさかあしの儀礼的な意味はよく解らないが、足を交差させた形だけをみると、南西諸島に伝承される魔を祓《はら》う×のしぐさと通じているようで興

図6-7　コト八日の魔除け　埼玉県日高町〈日高市〉（『日本民俗地図Ⅰ年中行事1』文化庁、1969年）

味深い。

関東地方では、コト八日（二月八日と十二月八日）には一つ目小僧が来訪するといわれ、各家では目籠を軒先に高くかかげた（図6・7）。筆者が調査した静岡市戸枝では、節分には竹竿《ざお》の先に芋洗い籠を伏せ、籠の上にヒイラギを結びつけたものを庭先に立てていた。これを鬼おどしといい、こうしておけば鬼が入ってこないという。暦日の変り目に訪れる妖怪を退散させるために、籠や笊《ざる》などをかかげたり屋根や門口に伏せておく習俗は広く知られている。籠の効用については、一般にその目の多さに一つ目小僧や鬼が驚いて逃げ去るからだと説明される。

南方熊楠は「小児と魔除」で「二月八日籠を掲げて鬼を避くるには、いろいろの理由もありなんが、一つは鬼が籠目の数をよみ尽すうちに、その邪力耗散すとの意もなきにあらじ」と、籠の目の多さに邪視を防ぐ力を推測している〔南方一九七二〕。節分の籠について、豊富な事例をもとに分析した近藤直也は、従来いわれてきた籠を依り代《よしろ》とみなす見解を否定し、不都合なものを選別し籠の目からふるい落とす機能に呪力の源泉を認めた。その狙いは、時間と空間の変革を象徴する点にあり、鬼に象徴される不都合なものをふるい落とす（祓う）ことによって春が訪れると考えられたのだという〔近藤一九八六〕。

目籠の魔よけ効果について、民間の言い伝えではもっぱら目の数の多さが強調されるが、斉藤たまは「十字の魔よけたるゆえんは、線の交差しているところからくる一種の目くらませだろうと私は考えている。目の多いもの、たとえば目籠などが見るものの眼を惑わすように、交錯する線が眼力を弱め、力を四散させるのだろう。私どもが十字路に立った時に心四方に振り分けるがごとくにである」と述べて、目そのものではなく、線の交差する十字の形とその連続に相手を惑わす力の原理が潜んでいると予想している〔斉藤一九八六〕。土井卓治も「これは籠をあむ竹の十文字の交差の集合が魔よけとせられたもので、目の数ではなかったと思う」と十字の集合に認めている〔土井一九九四〕。

疫病よけと十文字

今から一六〇年ほどまえの安政六年（一八五九）の夏、高岡郡宇佐村（高知県土佐市宇佐町）では前年の夏に続いてコロリ（コレラ）の流行に見舞われた。「昨夜病つきし者は今朝死し、今朝吐瀉する者は晩景には死す」というありさまで、悲惨な現実をまえに、人びとはさまざまな対策を講じてコロリを防ごうとした。

当時のようすは井上静照《じょうしょう》が残した『真覚寺日記《しんかくじにっき》』にうかがうことができるが、安政六年（一八五九）八月二八日の記録には、コロリ除けとして「此頃当浦中を往来するニ橋田より松岡迄竪横《タテヨコ》十文字ニ数百本の竹を立、注連縄を張り恰も碁盤の目のことく、雨天ノ節ハ竹の為ニ傘を突破り夜分ハ提灯なけれハ眼の用人悪く」という記述がでてくる（吉村一九七一）。数百本の竹を碁盤の目のように立てたのは、そこを境にコロリの侵入を防ぐためだが、十字の連続が織り成す形が邪悪なモノを阻止する強力な力の表現でもある。

今日のように科学的な治療法が確立していなかった時代には、疫病などの流行は想像を絶する恐怖だったにちがいない。天明の末頃に北海道に渡り、松前の民俗を記録した菅江真澄は、その日記『えぞのてぶり』に次のような話を書き留めている。寛政三年（一七九一）六月八日の条である。

蝦夷の国に住んで越年するものは、通訳、番人、漁夫らにその子供もまじっているので、天然痘が流行すると、それらのシャモ（和人）の子でまだ疱瘡をしないものは、みなシャモの国に追い下げるのがこの島の掟であるが、親の身として幼い児がかわいいので、いたわり隠しておいたりして、もし疱瘡を病むと、かならず付近のアキノ（アイヌ）にうつして死んでしまうものだという。ときには、アキノの家屋の戸や窓に、のこらず網をはりわたすことがある。これは病気のはいってこない呪いである。これにならってシャモの漁師たちも、疫病になったり天然痘になると、軒端やまたは病人の枕もとにも網を張るそうである〔内田他　一九六六〕。

内田武志・宮本常一による現代語訳に拠《よ》った。蝦夷《えぞ》の国は北海道のことである。病気が入ってくるのを防ぐために戸や窓に網を張りわたしたのは、対象物を絡めとる網の機能とともにこの道具のもつ十字の集合が魔を退けるのであろう。

沖縄県国頭郡で「幽霊に追われた時は網の中に入ればよい」というのも同じである。各地に伝えられる「雷が鳴りはじめたら蚊帳に入ればよい」との俗信も、素材に用いられる麻の呪性とともにこうした面から考察する必要があろう。蚊帳に入るのは、蚊の侵入を防ぐだけでなく邪悪なモノから身を護《まも》る手段でもあった。

魔物や邪気を祓う目的で行なわれる九字《くじ》（ドーマン）は、陰陽道や修験道の呪法としてつとに有名である。九つの文字を唱えて宙に横五本縦四本の線を切ったり、あるいは呪符として書いたりするが、この図形（卌）は十字の集合を表現している。ドーマンとならんで、セーマンと呼ばれる☆印の呪術的な図形も知られており、三重県志摩の海女の間では頭にかぶる手拭《てぬぐい》にこうした文様を刺繡《ししゅう》して魔よけとする習俗が報告されている。

柳田國男は、「阿也都古考」で「つまりは是（×印）さへ付けて置けば、人も鬼も近よらぬ時代があったのである。単なる徽章ながらも唯是によって元の力を知る故に、終には徽章其ものに霊があるが如く、考えるようになったのである。此地方でもたぶん行われて居ることと思うが、九字と称して縦横各九本の直線を書いた祈禱札を門口の上などに貼ってあるのも、修験道の人たちは臨兵闘者皆陳列在前などと、わからぬ説明をしたがるが、実は八八六十四個のヤスコの結合であった」と、九字の図形がヤスコの結合に基づいている点を示唆している〔柳田 一九六九〕。

×の民俗を紹介していけば切りがないが[6]、再び話題を冒頭の『平治物語絵巻』に戻すと、信西入道の生首を見ている人々のなかに、二本の指を胸の前で交差させた人物が二人描かれているのは、この異様な場面のなかで意味を帯びたしぐさだと思われる。時間的にかけ離れた事例を安易に結び付けてはいけないが、絵巻の状況から推して、死霊の影響(穢れ)を防ぐ×の形を表しているのではないだろうか。

このしぐさそのものは、絵巻世界の微細な一齣《こま》にすぎないが、その背後には魔払いとしての根強い生命力をもつ斜十字の民俗が横たわっていると考えられる。

《注》

(1) テレビ放映は一九六六～六七年。

(2) 図6・4で9のしぐさはつくれない。

(3) 大島広志氏のご教示による。話者は専門学校に通っている女子学生で、出身高校で本当にあった話として伝えているという。

（4）アヤツコではないが、アイヌの額に十文字の入墨がしている記述が『えぞのてぶり』（寛政三年六月二日の条）にみえる。

（5）×を二つのもの（例えば二株の茅《かや》など）を引き結んだ形とみれば、そこに結びとめたと意識するもの（たとえば魂）の離脱を防ぎ保護する。そのことは同時に、外からの侵入を拒む意思表示でもあり、両者は表裏の関係にある。

（6）斜十字の集合を魔よけとして用いるのは我が国だけではない。ラオスでアカ族の民俗調査を行なっている川野和昭によれば、集落の入り口などで、竹を六ツ目編みにした「ダレ」と呼ばれるものをよく見かけるという。これは邪悪なものが入ってくるのを阻止するためだという（図6-8）。

図6-8　村の入り口の鳥居の笠木に打ち付けられたダレ（川野和昭氏撮影）

《引用・参考文献》

青森県環境生活部県史編さん室　一九九八『奥南新報〈村の話〉集成　下』二六頁　青森県

網野善彦　一九九二『増補　無縁・公界・楽』一三～四頁　平凡社

飯島吉晴　一九九一『子供の民俗学』六一頁　新曜社

内田武志・宮本常一　一九七三『菅江真澄全集』四　一

三頁　未來社
内田武志・宮本常一　一九六六『菅江真澄遊覧記（2）』二三八頁　平凡社
惠原義盛　一九七三『奄美生活誌』三二四頁　木耳社
小野瀬順一　一九九八『日本のかたちの縁起―そのデザインに隠された意味』彰国社
折口信夫　一九七五「髯籠の話」『折口信夫全集』二　中公文庫
金子裕之　一九九六「記号から呪力ある文字へ」『日本の美術』三六〇　七九頁　至文堂
鯨井千佐登　二〇一〇「文化としてのエンガチョの遊び」『歴博』一六三　歴史民俗博物館振興会
京馬伸子　一九九〇「子どもとケガレを考える（一）―エンガチョを中心に」『民俗』一三四　相模民俗学会　同「子どもとケガレを考える（二）」「子どもとケガレを考える（三）」は『民俗』一三六、一四〇
小松茂美　一九九〇『日本の絵巻12』四三頁　中央公論社
近藤直也　一九八六『ハライとケガレの構造』一九三頁　創元社
斉藤研一　二〇〇三『子どもの中世史』六一頁　吉川弘文館
斉藤たま　一九八六『死とものの け』四一・四四頁　新宿書房
酒井正子　一九九三「歌のシマの空間―徳之島・目手久集落における音楽民族誌の試み」『南日本文化』二六　鹿児島短期大学付属南日本文化研究所
島袋源七　一九七四『山原の土俗』（『日本民俗誌大系』一所収　角川書店）
白川静　一九八二「線の思想―×と+をめぐって」『バツ―×の時代×の文化』工作舎

田畑千秋　一九九〇『千秋雑纂4』一四頁（自刊）
田畑千秋　一九九六「豚妖怪の考察―耳切れ豚の出自」山折哲雄編『日本文化の深層と沖縄』国際日本文化研究センター
土井卓治　一九九四「除災の民俗と斜十字」御影史学研究会『民俗の歴史的世界』岩田書院
内藤彩子　二〇一〇「『しぐさ』の民俗学的研究―斜十字の意味」『伝承文化研究』九　國學院大學伝承文化学会
中市謙三　一九三三「青森県野辺地地方」『旅と伝説』六―七
新潟県　一九八四『新潟県史　資料編23　民俗・文化財二　民俗編Ⅱ』一八九頁
福田アジオ他　一九九九『日本民俗大辞典　上』四八頁　吉川弘文館
星野紘『歌垣と反閇の民族誌―中国に古代の歌垣を訪ねて』二二六頁　創樹社
南方熊楠　一九七一『南方熊楠全集』二　二〇一頁　平凡社
宮本常一・宮田登編　一九七一『早川孝太郎全集』一　一四二頁　未來社
山里純一　一九九七『沖縄の魔除けとまじない―フーフダ（符札）の研究』二四頁　第一書房
柳田國男　一九六九「阿也都古考」『定本柳田國男集』一八　筑摩書房
吉村淑甫書写　一九七一『真覚寺日記』三　五三頁　高知市立市民図書館

第七章　クシャミと呪文

クシャミにまつわる伝承は実に多彩である。不意にもよおして、出かかると自らの意思では制御し難いこの生理現象に対する人々の意識がさまざまな形で表出している。その根底には、激しく息を吐き出すことが霊魂の動揺や逸脱を誘発するのではないかとの不安が横たわっているといってよい。第一節では、呪文《じゅもん》としての「クサメ」をめぐる二通りの解釈を紹介し、この言葉の記された中世の文献にその手がかりを探る。第二節では、クシャミにまつわる俗信の多様な姿を提示するとともに、呪文のもつ性格の違いについて述べる。第三節では、南西諸島に伝承されているクシャミの由来譚《たん》を取り上げ、悪霊を退散させる「クスクェー」という呪文の起源を説く昔話の伝承に注目し、俗信と昔話の関係の一端について論じる。

1　ハナヒからクサメへ

クサメをめぐる解釈

クシャミがでたのは、誰かが自分のことをうわさしている証拠だといって、その回数から内容をあれこれ判断する俗信は広く伝承されている。一ほめられ、二そしられ、三ほれられ、四かぜをひく、などという。柳田國男は「クシャミはまことにふしぎなもので、出かゝると、自分でもおさえることができない。アクビやセキバライとはちがって、わざとしてみるということもできない。（中略）これには、何かかくれたる理由があるものと、むかしの人たちはみな思っていた」と推測している〔柳田 一九七〇〕。わが身に起きる現象でありながら自らの意思で制御することが難しいのは、自分以外の何者かが働きかけているからだと感じていたからであろうという。

小馬徹も「クシャミはほとんど制御不可能な生理現象であるがゆえに受動的な身振りであり、したがってそれは人間を越えた霊的存在から届く兆候と解される傾向が強い」と述べている〔小馬 二〇〇三〕。クシャミという現象に、他者からの見えないはたらきかけを予想する俗信は、『万葉集』にも数首みえている。

たとえば、巻十一の「うち鼻ひ鼻をぞひつる剣太刀身にそふ妹し思ひけらしも」（二六三七）は、クシャミがでたのはいつも添い寝する妻が私のことを想っているにちがいないとの歌意である〔桜井 一九八八〕。『枕草子』に、中宮定子が「『我をば思ふや』と問はせたまふ御答《いら》へに、（清少）『いかがは』と啓するにあはせて、台盤所《だいばんどころ》の方に、はなをいと高うひたれば、（宮）『あな心憂《う》。そら言《ごと》を言ふなりけり。よしよし』とて、奥へ入らせたまひぬ」という話がある〔松浦他 一九六六〕。これについて、堀維孝は「嘘を言うと誰かがくさめをするという信仰があったからに相違無い」と指摘している〔堀 一九二七a〕。

古くは、クシャミをすることをハナヒル（鼻ひる）と言った。ヒルは放つという意味である。クシャミをさすハナヒという古語は、今でも鹿児島県奄美大島など一部の地域で使われているが、普通にはクシャミという言葉が定着している。クシャミはクサメの変化した語だが、ハナヒからクサメへの変化については、呪文として唱えられていたクサメという言葉がハナヒに取って代わったためと説かれている（柳田 一九七〇）。クサメの呪術性を示す例としては、『徒然草』の四十七段にこんな話がみえている。

或人、清水へ参りけるに、老いたる尼の行き連れたりけるが、道すがら、「くさめ〱」と言ひもて行きければ、尼御前《あまごぜ》、何事をかくはのたまふぞ」と問ひけれども、応《いら》へもせず、なほ言ひ止《や》まざりけるを、度々問はれて、うち腹立ちて、「やゝ。鼻ひたる時、かくまじなはねば死ぬるなりと申せば、養君《やしなひぎみ》の、比叡山《ひえのやま》に児《ちご》にておはしますが、たゞ今もや鼻ひ給はんと思へば、かく申すぞかし」と言ひけり。有り難き志《こゝろざし》なりけんかし（安良岡 一九八八）。

老尼が「かくまじなはねば死ぬるなりと申せば」と言っているように、明らかにクサメは呪文である。下出積與は「本来、クシャミのことは『鼻ひる』といったのだが、鎌倉時代以後は京都を中心にして、次第に『クサメ』という言い方が普及していった。室町時代以後になると『鼻ひる』はほとんど死語となり、全国的に『クサメ』というようになっていったらしい」と述べている（下出他 一九九四）。

鎌倉時代あたりから、ハナヒに代わってクサメがこの生理現象をさす言葉として広まっていったのではないかとの推測には説得力がある。下出はクサメの語については、鎌倉時代の『二中歴』に、ハナヒをしたときに「休息万命《くそくまんみょう》　急々如律令《きゅうきゅうにょりつりょう》」と唱えると記されている事例を示して、「クシャミのでたときにはこの呪文を唱えたが、いつしかきまり文句の部分を略して『休息万命』とだけいうようになり、やがてそれをくり返すうちにさらに略されて『休息命』だけが呪言となった。しかも、クシャミが出るとそれが止まるまで急いで何回も唱えねばならぬところから、『クソクミョウ』が『クソミ』となり、それが訛《なま》って『クサメ』になった」と説明している（下出他　一九九四）。

クサメが「休息万命急々如律令」に由来するとの解釈ははやくから行なわれているが[1]、これに対して柳田國男は、昭和二四年（一九四九）に発表した「クシャミのこと（孫たちへの話）」のなかで、「いまある辞典や註釈の本を見ると、クサメという語の起りは、休息萬命、急々如律令と言うとなえごとを、まちがえたものだと、どこにも出ている。そんなおろかしい説明をまに受けて、ちっともうたがわない人があるのだろうか。休息萬命なんかは、漢字を知っている者にも、なんのことを言うのかまるでわからない。そうしてまったく字を知らぬ者が、じつはむかしから、クシャミをおそれていたのである」とつよく否定し、むしろ、休息萬命のほうがクサメをこじつけた可能性を示唆している（柳田　一九七〇）。

柳田によれば、クサメは「糞はめ」であってクソクラエと同じ語で、隠れた悪意に対する反発、最大級の悪罵《あくば》だという。かつての人びとがこれほどまでにクシャミを気にかけたのは、鼻や口から息を激しく吐き出す勢いとともに魂も押し出されるのではないかと心配したためで、罵《ののし》り言葉を発するのは、魂を狙う邪悪なモノを追い払うためである。ただし、この「糞はめ」説については、三谷栄一《みたにえいいち》が、狩谷棭斎《かりやえきさい》の『箋注倭名類聚抄』にみえる「今鄙人嚔《スル》時《ハ》則呼《ブ》レ噉《くらへ》レ糞《くそヲ》、亦久左米《くさめ》之譌也」の記述から、必ずしも柳田の新説ではないと指摘している〔三谷 一九六九〕。

クサメの語については、平安時代後期に成立したと考えられている『簾中抄』に、「はなをひたるおりの誦 休息万命 急々如律令 くさめなといふハこれにや」とある〔財団法人冷泉家 二〇〇〇〕。経尊が建治《けんじ》元年（一二七五）に北条実時《ほうじょうさねとき》に進上した『名語記』の巻八には、「鼻ヒタル時 クサメトマシナフ如何 コレヲハ九足八面鬼トトナフレハ短ヲウカ、フ鬼 ワカ名字ヲイハレテ 害ヲナサス 迯去トイヘル義アリ 又休息万命急々如律令トトナフヘキヲクサメトハイヘリトイフ説アリ」とみえている〔北野 一九八三〕。また、『簾中抄』を有力な参考にしたとされる鎌倉時代の『拾芥抄』には、「嚔時《ハナヒルノ》頌『クサメノトキノ事』休息萬命 急急如律令。クサメト云ハ是也」とでている〔故実叢書編集部 一九九三〕。

山里純一は「くしゃみの呪文『クスクェー』」の論文で、ハナヒルことをクサメと言っていたのをこじつけて「休息万命 急々如律令」という呪文ができたのか、または、初めにこの呪文があって、それが訛ってクサメというようになったのか、何とも言いがたいと述べたあとで、しかし「少なくとも平安時代末期の貴族社会において、くしゃみのまじないとして『休息万命　急々如律令』が唱えられていたことは動かし難」いと指摘している〔山里一九九七〕。

「休息万命」の訛伝《かでん》がクサメなのか、クサメを「休息万命」にこじつけたものか、その経緯についての決め手は容易に得られないが、『簾中抄』で、休息万命急々如律令のあとに「くさめなといふハこれにや」と、疑問の意を表しているのは、当時この生理現象の直後に「クサメ」と唱える言い方のあった事が確認できるとともに、「クサメ」と「休息万命」の関係については判然としていなかった状況がうかがえる。『名語記』では、クサメは明確にハナヒタルときの呪いとして記述されており、休息万命との関係は「トイフ説アリ」と、一説として紹介している。『拾芥抄』では、ハナヒルことをクサメと称していたことがわかる。休息万命との関係については「クサメト云ハ是也」と断定している。

これらの記録からは、「クサメ」を「休息万命」からの変化とする説得力のある根拠は見出し難い。むしろ、当時広く行なわれていた「クサメ」という呪文に対する知識人の関心が、休息万命を創りだしたか、あるいは、本来、出自の異なる呪文として知られていた「休息万命」に結びつけて解釈した可能性が高いように思われる。「クサメ」と「休息万命」の関係を、前後の連続性として捉《とら》える視点を一旦《いったん》離れて、共存する二つの言葉の関係からみることも必要であろう。

クシャミの俗信と呪文

文治《ぶんじ》年間（一一八五―九〇）頃の成立とされる顕昭の歌学書『袖中抄』に、古今集の俳《はい》諧《かい》歌「いでゝ行かむ人をとゞめむよしなきに隣のかたにはなもひぬかな」について「顕昭云、はなひるは、何ごとにもよからぬ事なり。年始にもはなひつれば、祝ひごとをいひてほがふなり。されば人のものへ行かむずるはじめに、隣の人のはなひむを聞きても、くすしからむ人は立ち止まるべきなり」と注釈している〔川村 二〇〇〇〕。家を出ようとするときに隣でクシャミをするのは不吉なことの前兆とされていたことがわかる。クシャミは、なにか行動を起こそうとするときそれを中断・停止させるものであった〔小野地 二〇〇八〕。

『奥義抄 下』には「ことのはじめものゝさきに、はなひつればあしき事にてあるにや。物をいふにあしきさまにさしいらへするをば、はなひるやうに物いふなどまうすめるは。又はらへするをりはなひるをばいむは此心也。人の家を出づる時おのづからわるきものなどあひぬれば、くすしき人はいみてかへりいりなどすれば、いづる時はなひる人などのあるは、いむことにてはべるにや。」とある〔川村 二〇〇〇〕。

また、明応《めいおう》九年（一五〇〇）の『随兵之次第事』には、「一 馬のいばゆるについて吉凶まじなふ事。同其主はなをひる事。又はまろびたをれたる時は。具足の上帯を解てゆひなをして。たんしをすべし。たんしに口傳有。惣じて弓矢の事には。ゐんみやう可レ有。
一 馬のいばふに吉凶といふは。馬屋にていばふは大吉。其主乗て後いばふは凶也。其時も具足の上帯をしめなをし抔すべし。是等は出ざまの儀也」とある〔塙 一九三二〕。出ざまに鼻をひること、つまり、出陣の時のクシャミを凶兆としていたことがわかる。たんし（弾指）をするのは縁起直しの意であろう。家を出る間際のふるまいに特別の関心を払う心持ちは現代の伝承にも見ることができる。出がけに針を使うと、縁起がわるいとか怪我をするなどといって忌む出針の禁忌は広く分布している。また、一年の最初である元旦に喧嘩《けんか》をすると一年中喧嘩をするようになる（愛知・岡山）とか、生まれたときが雨だと結婚式の日も雨になる（群馬・岐阜）などという。物事の初発時の行動や状態が、吉凶を含めて、その後のあり方を拘束するようなつよい影響力をもつという心性は私たちの生活の処々に脈打っている。

三田《みた》村《むら》鳶魚《えんぎょ》は、「江戸ッ子の使う悪態の解説」で、江戸では「ハックショー、糞をくらえ」と言うのがほとんど仕癖のようになっていたと述べている。悪態をつくときにも、一方が「糞をくらえ」と言うと、「何、食うから料理して持って来い」[2]などとやりあったものだという。「糞くらえ」の起こりについては鳶魚に独自の説がある。十返舎一九《じっぺんしゃいっく》の『東海道中膝栗毛』五編や江戸小咄《こばなし》の『今歳咄』（安永二年）には、クシャミのあとの「くそをくらえ」を素材にした笑い話がみえており、また、川柳に「くしやみすりや糞をくらへも道具也」（誹風柳多留拾遺）の句もあって、鳶魚が言うようにこの呪文が庶民のあいだに広く行き渡っていた実態がわかる。

現在もクシャミに関する人々の関心はつよく、平成五年（一九九三）二月二八日付の朝日新聞の「天声人語」に、各地の読者から寄せられたクシャミの呪文が紹介されている。

くしゃみのことを二十日の小欄に書いたら、大勢の読者から手紙を頂いた。それぞれ、生まれ育った土地で「はっくしょん」にはこういう合いの手を入れます、と教えて下さっている▼ありがたく読んだ。氏名を記す紙幅がなくて残念である。実に面白い。沖縄の「クスクェー」には驚いた。「糞食《くそくら》え」の意味だというから、まさに「くさめ」の語源、そして江戸時代の表現の直系といえる。「クスクェー、ヒャー」とも言ってののしる感じを強めるという▼「人間に向かって使う言葉ではなく、呪文に近い」という解説もあった。「インニャクラエ」（奄美大島）も同様の意味だ。「コノクソッタレ」（栃木県那須郡）や「クソーッ」（滋賀県大津市）「クソゲドウ」（広島県比婆郡）も仲間だろう。ゲドウは、人に災厄をもたらす外道か▼これほど直接的ではなくても、ののしる表現はいろいろある。「チクショウ」（新潟県魚沼地方、佐渡、栃木県足利市、大阪府、静岡県遠州地方、その他）「オンドレ」（山口県宇部市）「チクショウドロボウメ」（山梨県甲府市）。「チクショウ」の直後に「オモウタビニアエルカイ」（東京、埼玉県川越市）、あるいは「タッシャダヨ」（山梨県）をつけ加える地方もある▼地域の伝承か個人のくせか、判然としない、と断っている人もいた。「アラドッコイショ」（大阪市、島根県松江市）「モウヒトツ」（宮崎県都城市）「ヨイショ」（兵庫県氷上郡）や「コラーッ」（和歌山県有田市）の類も多い▼こういうのもある。「オシミャアセンデ」（岡

> 山県高梁市)。「惜しまなくていいよ」の意か、とある。はくしょん、の音につられて「ヒャクショウクワカッグ」(三重県伊勢市)と唱える所もある▼どうも一度では書き切れぬ。明日も続けよう。異例だが、そこはくしゃみ、思わぬ連発もよくあることで……。(一九九三年二月二八日付)

これだけ多彩な呪文が各地に伝えられているのは実に興味深い。クスクェー(糞くらえ)とかクソゲドウ、チクショウなどといった罵り言葉が目に付くが、それだけではない。「オモウタビニアエルカイ」とか「タッシャダヨ」と言うのは、自分のことを想ってくれている見えない相手に対して応《こた》えているのだろう。

強烈な罵り言葉で悪霊を退散させるほかに、いまひとつ別系統の呪文がある。「天声人語」は、クシャミの俗信を二日にわたって取り上げているが、翌日の欄は次のような内容である。

> 「はっくしょん」とくしゃみをしたら、すぐ続けて何と言うか。読者の手紙の中から、昨日は「クスクェー」その他を紹介した。いわば、ののしりの表現だ。様々な言葉の中で大きな一群をなす。くしゃみをさせる邪悪なものを追い払おうとでもする心の働きが、こういう表現を各地に生み、それが伝承されてきたものだろうか。別に大きな一群があった。その代表は「トコマンザイ」である▼読者の手紙によると福島県安達

郡、東京の下町、関西一円などで親から聞き、今でも言い伝えているという。ある人は「最初のトにアクセントを置き、三拍子のようにして早口で言う」と教えてくれた。地方によっては鼻の頭と額、あるいは背中などを指先でとんとんとたたきながら言うそうだ▼ののしりとは趣が異なる。ものの本には、「徳若《とくわか》に御万歳《ごまんざい》」の略とある。さらに調べると徳若は常若《とこわか》が転じたもので「いつまでも若々しい」ことである。となれば、ののしりと違って、ドイツ語の合いの手「ゲズントハイト」と同様に、健康を祈る表現ではないか▼浄瑠璃の『大経師昔暦《だいきょうじむかしごよみ》』に「徳若に御萬歳と御代も栄えまします……」というくだりがある。もとは「京の町」という万歳歌だというが、このあたりが「トコマンザイ」の起源だろうか、と想像する▼スペイン語で「サルー」と合いの手を入れる習慣を、ペルーに住んでいた読者が教えてくれた。健康を祈る気持ちがこもり、言われた人は「グラシアス」(ありがとう)と礼を言うそうだ▼合いの手ではないが、くしゃみをすると「だれかがうわさをしている」と言う。これは全国的なものらしい。くしゃみの数により、一ほめられ、二にくまれ、三ほれられ、四る(夜)風邪をひく……。各地さまざまに判定する▼どうやら、くしゃみへの反応は、撃退型、健康祈念型、うわさ意識型に三大別できそうだ。(一九九三年三月一日付)

江戸時代の安永《あんえい》から天明のころの風俗を書き留めた『神代余波《かみよのなごり》』に「正月元旦朝嚔すれば傍より、常万歳《とこまんざい》といふ事あり、みづからは糞食《くそくらえ》といふ人あり、常万歳は、天竺にて長寿といへるよし」とある。トコマンザイは、もとは正月のおめでたいときにでたクシャミに用いた言葉だったのだろう。先に紹介した『袖中抄』にも「今《(ノ)》俗《(ニ)》正月元日、若早旦《ハ》嚔《ニハナヒツレバ》即《(チ)》称《シテ》曰《フ》ニ千寿万歳急々如律令《ト》一、是《(ノ)》縁也。何《(ソ)》只在《(ラン)》ニ元日《(ニ)》一哉。尋常々《ヨノツネニツネニ》禱《(フ)》レ之《(ヲ)》。」（川村二〇〇〇）とある。クソクラエが邪霊に向って発する罵り言葉であるのに対し、トコマンザイはクシャミをした本人の健康や長寿を祈る言葉だが、結果的にどちらも邪霊を寄せつけないという点では同じである。

2　クシャミの由来譚

昔話や伝説のなかには、俗信と深く結びついて語られている話が少なくない。本節では南西諸島、とりわけ沖縄県に色濃く伝承されている「クスクェー由来」の昔話を取り上げて、俗信との関係を考えてみたい。はじめに紹介するのは、田畑英勝《たばたえいかつ》編『奄美大島昔話集』（岩崎美術社）に収録されている「糞食れという理由」である。

ある人が、親戚の病気見舞いに行くために夜道を歩いていると、途中でひとりの男と道づれになった。

「こんな夜道をどちらへ行くのですか」と言うので、

「実は、こうこうして親戚の病気見舞いに行くところです。あなたは?」と問い返す

と、相手の男も、

「私もその家に見舞いに行くところだ」と言う。

「して、あなたはどなたですか」とたずねると、

「私はただの知り合いの者だ」と言って名前は言わない。それからしばらくして、その道づれになった男が、

「病人の家へ行って、病人が鼻をひる時には、糞食《くすくお》れと言ってはいけないよ」と言った。人が鼻をひる時には必ず、糞食れと言うのに、言ってはいけないというのはどうも変だとは思ったが、病人の場合は言ってはいけないのかと思いながら道を急いだ。

やがて病人の家に着いた。家には親戚一同集まって看病していたが、夜も大分更けて来たので、家人は皆、夜明けまで少し間があるから、それまでしばらく休むことにしようと、隣の部屋に行ったが、この人はさっき道づれになった男の言葉が気になったので、病人の側に横になって袖で顔をおおい、ひそかにその道づれになった男に気をくばりながら、寝入ったふりをしていた。

看病の人達が皆寝静まった頃、急に病人がヒュンヒュン息苦しそうなヒメキ(うめき声)をあげているので、そーっと袖の下からのぞいてみると、意外なことには、さっき道づれになった男が病人の上に馬乗りになって、両手で鼻からソーメンのようなものを手繰り出しているところであった。――これがみんな手繰り出されてしまうと、人は死んでしまうのだそうだ――そして手繰られるたんびに、病人は息苦しそうなヒ

メキをあげているのであった。あまりに物凄い光景を見て、恐ろしさにどうしたらよいかとしばらく考えもつかずにいると、その時、病人が大きなくしゃみをした。その人はそこですぐに思った。道づれの際、病人が鼻をひっても、糞食《くすくお》れと言うなと言ったが、それはこの悪魔が病人をとり殺すために言ったのだと。そこで、すかさず、「糞食《くすくお》れ」と言ってやると、今まで病人の上に馬乗りになって鼻から何か手繰っていた悪魔が、

「イエーキキ、ナーイキャン（ええ糞、もうだめだ）」と言って、病人の上からおりて来て言うには、

「あれほど鼻ひる時、糞食れと言うなと言っておいたのに、お前が糞食れと言ったために自分の目的を達成することができなくなった。自分はこの病人の先祖に呪い殺された者で、そのし返しにその一族を皆殺しにしてやるつもりで、もうこの男ひとりとり殺せば自分の望みがかなうところであったが、残念なことをした」と言って立ち去ってしまった。

そこで看病の人達を叩き起こして、一部始終を話すと、看病の人達は誰ひとりとしてこの道づれになって一緒に来た人を認めなかったということである（話者　渡ウィソ）（田畑　一九七五）。

ここでは、鼻が魂の出入り口であることをはっきり示していて興味ぶかい。睡眠中の人

の魂は遊離しやすく、まれに虫に化して鼻を通路に出入りするとの観念は昔話の「夢の蜂」などに窺《うかが》うことができる〔井伊 二〇〇〇〕。クシャミと魂の関連については、昭和二年（一九二七）に堀維孝が「くさめに関する俗信（完）」を発表し「くさめが草昧人の注意を引いた最初の縁因は、其れが彼等の生命其物と考えて居る気息の激しい発露である事だと思う。気息を生命乃至霊魂と同一物とする思想は、汎く各種族に亘る原始的信仰である（中略）吾々は無意識に呼吸して居るのが常である。然るにくさめは此気息を確実に自覚せしめる発作であるから、之に就いて何等かの考の起るのは自然の事であろう」と述べて、クシャミは、魂としての気息を自覚するきっかけではないかと推測した〔堀 一九二七b〕。

柳田國男も「クシャミのこと（孫たちへの話）」で「知能のまだひらけない民族の中には、鼻の穴をたましいの出入口のように、思っている者がずいぶん多い。生命と不可分なる気息がそこを通路とし、睡中にも遠く遊び、または親しき人々とあって語りえるものが、こゝより外には出て行く口はないと思ったからであろう。その霊魂が、ふいにおしだされ、なんらの用意もなく飛びだすばあいがあるとすると、これを一大危険としておぢおそれ、ことにだれかが悪く思っているために、クシャミが出るのだというようなことを教えられた人々はできるかぎり、それを鼻の穴からは出さないやうに、くせをつけていたろうことも想像させられる」と述べている〔柳田 一九七〇〕。

柳田が言うように、クシャミは何者かの働きかけの結果起きるとする認識は広くみられるが、とくに南西諸島ではそれを怨《うら》みを抱いてこの世を去った死霊のしわざとする場合が多いようだ。野間吉夫《のまよしお》は鹿児島県徳之島での聞き書きをもとに「死んだ人の魂《マーブイ》が生きた人の魂をとりに来る。それで墓をこわがる。魂をとる時は鼻の穴からとるという」と報告している〔野間　一九四二〕。

例話も、病人の先祖に殺された人物の霊が男に姿を変えてし返しにやってきた話である。その際、病人の鼻からソーメンのようなものを手繰りよせて命を取るという描写は珍しいが、『大和村の昔話』（一九八六、同朋舎出版）にも、道連れになった幽霊が、寝ている女の上に馬乗りになって鼻の穴から毛髪のようなものを引き出して命を取ろうとする話が収録されており、モティーフの類似性が認められる。

沖縄のクシャミの由来では、病人の鼻をくすぐるなどしてクシャミをさせようとする場面が語られるが、双方とも死霊が鼻の穴から命を取ろうとしている点に変わりはない。それにしても、死霊が化けた男の残忍な行為に主人公（見舞いに行った男）が気づいたのはなぜだろうか。話中では、顔を覆った袖《そで》の下から偶然のぞき見たように語られているが、実はそのヒントは「袖の下から覗いた行為」に隠されているように思う。というのも、怪異に遭遇したときに袖の下から見ると相手の本性がわかるという俗信が各地に伝えられているからだ。

・河童その他の化け物は袖の下から見れば見える（宮崎県えびの市）
・袖の下から見ると人魂の顔が見える（東京都大田区）

・狐の嫁入りは袖をかぶって見ると見える（長崎県壱岐島）
・夜着の袖から見ると人魂が見える（秋田県鹿角郡）

こうしてみると、袖の下から覗《のぞ》き見る行為には相手の本性を見破る呪的な意味が宿っていることが読み取れる。袖によって自らの姿を覆い隠し相手からの影響を防除したうえで、ひそかに覗き見る行為といってよいだろう〔常光 一九九九〕。ただ、死霊の化けた男に看病の者たちは誰一人気づいていないのに、主人公の男には当初から姿が見えていたというのはやや不自然である。この点については今後類話の分析が必要だが、もともと後半部のモティーフで自立していた話に、病人の家に行くまでの前半のモティーフが加わったのか、あるいは、他のモティーフと入れ替わった可能性も考えられる。

ところで、奄美大島でクシャミをすることを「鼻をひる」といっているのは古い言葉である。クサメの語源については詳細な検討がまたれるが、南西諸島に伝承されている「クスクェー」などは、民間説話や俗信をみるかぎりでは、クシャミを誘発する邪悪なモノを退散させるための罵り言葉として使われているといってよい。

奄美では、クシャミをしたときに「インニャ　クスクス　コォレ」と唱えることについて、田畑《たばた》千秋《あき》は「インニャもクスも糞《くそ》のこと。コォレは食え」の意味であると解説している〔田畑 一九九二〕。谷川健一は、古代の人名に屎のつく名がある事実に注目した南方熊楠の「邪鬼を避けんがために、人名に屎、丸等の穢きを撰べりと言える」との説や、奄美で明治初年の戸籍簿に記載された人名のうちに糞兼、赤まり（まりは糞を垂れる意味）がみえるという金久正《かねひさただし》の研究などをもとに、「糞（屎）の名を好んでつけるのも、糞穢をもって邪神を撃退することから生れた」と述べている〔谷川一九九九〕。

悪霊から子どもを守るのに糞が効果的だとの認識ははやくからあったといってよいだろう。とくに、生まれて間もない子どもの魂はきわめて不安定でちょっとしたことでも逸脱しやすいとみなされていた。乳児がクシャミをするたびに傍らの大人が紐《ひも》や糸を結ぶ「鼻結び」が古くから行なわれてきたのも、魂が抜け出ないように結びとめる玉結びの呪いである〔中村一九七八〕。沖縄に色濃く伝承されているクシャミの由来譚でも、「クスクエー（糞くらえ）」の罵り言葉は多くの場合、子どもの命を狙う死霊にむけて発せられる。次の話は、沖縄県島尻郡伊是名村の山内カマさん（一九〇九年生れ）の語る「クスケーの由来」である。

あれは昔ね、花の島（遊郭）にいた女の人がよ、自分のお客さんだった人に、子どもが生まれたらしいよ。そうしたからね、このだんなさんは花の島に来なくなって長らくなっているらしいさ。そのうちにこの花の島の女は死んでしまった。「あの人に男の子がうまれたというから、私は必ず（その子の魂を）取ってくる」だけどね、女が死んだことを知らない男は、子どもが生まれてお祝《うち》いするというので、この女、三味線も上手だったらしく、そういうことで、この男はもう、この女を連れにと言って迎えに行く途中で会ったらしい。そしていっしょに行ってお祝いをしていたら、昔の家はサギウチダン（正式な仏壇ではなく、仮につくったもの）とありましたからね、むこうの後ろの節《ふし》ぬ穴《みー》から見たら、この女は人間ではないことがわかって、むこうにいる人が、わかったので、「珍しいね」と思って、そうしてその後からはね、最初この柳節《やなぎぶし》やるのはね、お産の後ね。子ども産んだお祝いのときになぜ柳節を必ずやるのかといえば、こんな後生の人を追い払うために柳節やるらしいの。この柳節をやったから、いっときでいなくなったわけ、そうしたからね、この男はもう気づいて後を追って行ったから墓の前に行きよったって。そして、墓に行っての話を聞いているわけさ。この男は。

「だあ（どれ）、お前は取って来たか」と言ったら、

「今日は（あの子の魂は）取れなかったが明日こそは行って取る」と、言いましたって。

またもう一人の死んでいる人の話。一人の人が、

「おまえがもしかね、『クスッケー』と言われたら取りきれるか。」と、言ったら、

「じゃあ、水飲ますさあ」と、言いよったって。そして、

「水を飲ますときに『ほーい』と言われたらこれでかえされる。だから（子どもの魂は）取りきれんんよ」

と、言って話するのを聞いてね、この男はすぐお家に帰ったって。この子どもがクシャミをしたらしいよ。何回もやるたびに、

「クスッケー、クスッケー」

といったので、これは取られなくてすんだとの話よ。

なんかね、子どもに水を飲ますときは、

「ほーい」

と言って飲ましなさいと、ここでは話しているよ〔伊是名村教育委員会 一九八三〕。


クシャミの謂《いわ》れを説く話は、南西諸島のなかでもとりわけ沖縄県に偏在して分布する。『日本昔話通観　昔話タイプ・インデックス』（同朋舎出版）では、「クスクェー由来」のモティーフ構成を次のように示している〔稲田他 一九八三〕。

①男が生れた子の出産祝いをすると、見知らぬ女が来て歌い踊る。
②あとをつけると、女は墓の入り口で後生の王に、生身の人間とつきあいおそくなった、と叱られている。
③女の幽霊が、子供にくしゃみをさせて命を奪ってくる、とことわると、王が、賢い人間にクスクェーと言われると失敗する、と注意している。
④そののち子供がくしゃみをするたびに、親たちがねクスクェー、と言うので、幽霊は子供の命を奪えない。
⑤これが、子供がくしゃみをすると、クスクェー、と言うならわしの起源となる。

山内カマさんの「クスケーの由来」も大体右のような展開に沿っているが、話によっては前半のモティーフに変化がみられる。たとえば、名護市の比嘉松亀氏の語る「キジムンとクスタッケー」は、猪捕りが大木の下で雨宿りをしているとき、木の中から漏れてくる不思議な会話を聞く。キジムン（木の精）が、礼儀知らずの猟師の家に生れる子どもの命を取りに行くが、もし人間が「クスタッケー」と言ったら魂は取れないと話している。猪取りはさっそく猟師に知らせたため難を逃れたという内容で、これは昔話の「産神問答」に近い〔名護市一九八九〕。

異界のモノから「糞くえ」の呪い言葉を手に入れるまでの展開（先のタイプ・インデックスで言えば①②③）には、いくつかのヴァリエーションが存在しており、新しいモティーフを導入して変化しやすい部分といってよい。

右の昔話では、男は節穴から覗き見た結果、女がこの世の者ではないことを知る。沖縄では節穴から覗くというほかに戸口や壁の隙間から覗く例もいくつかある。その正体については、右の「クスケーの由来」では、ただ、人間の女ではなかったと述べているだけだが、話によっては「顔だけあって体がない」（宜野湾《ぎのわん》市）、「足が無い」（具志川市〈うるま市〉）、「骸骨が歌をうたっている」（那覇市）、「豚がおどっている」（那覇市）などと異常性を具体的に表現している。

小さな穴や隙間からひそかに覗き見る行為は、初めに紹介した奄美の話で袖の下から覗く行為と同様、異界のモノの正体を見抜く呪的な意味を帯びており、「鶴女房」や「蛇女房」の昔話でも異類の正体が露見する契機として機能している。

俗信との関連で興味深いのは、子どもに水を飲ませるときに「ほーい」と声をかけて飲ませる呪《まじな》いの由来と結びついていることである（第一章参照）。次に、沖縄県国頭郡宜野座村の玉代勢百豊さん（一九〇八年生れ）の語る「クスケー由来」に耳を傾けてみたい。

この、「ハークスクェーヒャー」ということばは、どこから出たかというとさ。

ある漁師が、夜に、魚とりに行ったが、まだ潮がひいていて舟が出せなかった。「潮もひいているし、ここに寝ることにするか」と思い浜辺に寝ていたら、そこへ後生の人たちが現れた。そして、後生のえんま王が、

「あそこの家では女の子が生れたが、今日は、その子の魂を取ることになっている。だれが、その子の魂を取りに行くか」

とおっしゃった。後生の人はたくさんいるけど、まだそんなことをしてみない人が、

「それならば、これは。私はまだ、こういうことはやったことがありません。わかりませんから、経験のため、私がちゃんとあの子の魂を取ってきますから、行かせてください」

「おまえがやるか。さあ、そうだったら、おまえは、その子の魂をどうやって取るつもりか」

とえんま王は聞いた。（漁師は、海へ出るつもりでここに寝ていたけど、偶然にも、その話を聞いたんだな）後生の者は、

「はい、クーイルーを持ってきて、クーイルーで鼻をほじくると、くしゃみをしますから。くしゃみをしたら、この子の魂はすぐに取ることができますから、こうして魂をとってきます」

「だが、もし、人間が『ハー、クスクェーヒャー』といったらどうするのか」

「生きている人には、このことはわかりません。生きているひとに、このことはわかりませんから、くしゃみをしても、そういうことはございません」

「そうか、そうだったら、おまえががんばってこい」と、えんま王はおっしゃった。

このことを聞いた漁師は、「これはたいへんなことになった」と思って、あわてて家に帰ったら、自分の子どもが生れていた。漁師は、

「今、子どもが生れているから、この子の魂を取ってこい」

というえんま王のことばを聞いていたもんだから、びっくりした。思ったとおり、この後生の人はやってきた。そして、人には見えないのだけど、クーイルーで赤ちゃんの鼻をほじくったのか、赤ちゃんがくしゃみをした。そのときに、

「ハークスクェーヒャー、ハー、クスクェーヒャー」

といったので、赤ちゃんの魂を取ることができなかった、そうだ。

あの「クスクェーヒャー」ということばは、簡単にいうと「クスクェー」だけど、鼻をほじくったので、「ハー、クスクェー」であって「クスクェー」ではない（宜野座村教育委員会一九八五）。

浜辺に寝ていた漁師が、偶然あらわれた後生のものたちの会話を耳にしてわが子の命を救う。この話で注意したいのは、単に「クスクェー」ではなく、「ハークスクェー」と「ハー」を強調している点である。わざわざ「ハー」というクシャミをもよおしたときの擬声語が「クスクェー（糞くらえ）」と結びついているのは、本来、この呪い言葉はクシャミと一続きで発せられるべきものであったことを推測させる。

この点について、柳田國男は「能の狂言に『茶かぎ座頭』といふのがある。盲人が集まり、茶を立てゝ楽しんでいるところへ、いたづら者がやって来て、胡椒の粉をそっと抹茶の中へまぜておいたのを知らず、おおぜいのめくらがじゅん〳〵に飲もうとしては、クサメをするというのが、いさゝか不人情な笑草であるが、こゝでは、そのひとり〳〵がハクッサメハクッサメと言って、クサメをしている。（中略）こうしてクサメをするのが、もっとも以前の世のクサメらしかったのであろう。ハナヲヒアワスと言ったのも、おそらくはこれであった。無心の幼児のためには、そばにいる者があわせるのだから、どうしても、少しあとになるが、本来はクサメの出た瞬間に、あたうべくんば、それと同時に、まじないのことばをとなえるのが有効だったので」と鋭い指摘をしている（柳田 一九七〇）。

また、斎藤たまは「くそくらえ」という文章で「山形の私の村ではハクョンはアキショというのだった。子どもが口を開いてクシャミの前走段階に入ると傍の者がもう『アー』とそれに合わせて声を発し、同時に『キショ』と言ってやる。このアキショだってまた一般に使われるハクションの方も『大糞《おおくそ》』なることとほとんど疑いないのである。これらの言葉の凄いところは、鼻ひる息づかいに合わせて呪い言を埋め込んでしまったことだ」と報告している〔斎藤 二〇〇五〕。

こうしてみると、宜野座村の玉代勢百豊さんの「ハー、クスクェー」であって「クスクェー」ではないという言葉の意味がよくわかる。もともとクシャミと同時に発することが悪霊につけいる隙を与えない効果的な手段であったことを示している。

《注》

(1) 山里純一は「江戸時代に谷川士清の著した国語辞書『倭訓栞《わくんのしおり》』には、『くさめ』とは『休息命』の訛音とあるが、『休息万命 急々如律令』と早口に言っているうちに、それがなまって『くさめ』となったという現在の通説的理解はこれを根拠としたものである」と述べている〔山里 一九九七〕。

(2) 「糞をくらえ」の起りは、戦国時代から江戸時代の寛永頃まで行なわれていた「糞問い」という拷問から出たと説いている。仰向《あおむ》けに寝かせた罪人の顔の上から糞尿《ふんにょう》を少しずつ注ぎかけていくもので、牢屋《ろうや》言葉で『糞を食わせる』と言ったという〔三田村 一九七五〕。

《引用・参考文献》

井伊美紀子 二〇〇〇「昔話『夢の蜂』と遊離魂信仰」『昔話伝説研究』二一
伊是名村教育委員会 一九八三『いぜなの民話』伊是名村教育委員会
稲田浩二・小澤俊夫責任編集 一九八三『日本昔話通観』二六 同朋舎出版
小野地健 二〇〇八「クシャミと人類文化―身体音からの人類文化研究の体系化のための試論」

『非文字資料研究の可能性―若手研究者研究成果論文集―』九四頁　神奈川大学21世紀COEプログラム「人類文化研究のための非文字資料の体系化」研究推進会議
春日正三　一九九一「『くさめ』考―その俗信性の一断面―」『ことばの論文集―春日正三先生還暦記念』　双文社
川村晃生　二〇〇〇『歌論歌学集成　第五巻』二七八・三三五頁　三弥井書店
北野克　一九八三『名語記』九〇八～九頁　勉誠社
宜野座村教育委員会　一九八五『宜野座村の民話―上巻（昔話編）』二八三～八五頁　宜野座村教育委員会
故実叢書編集部　一九九三『改定増補　故実叢書　22巻　禁秘抄考註・拾芥抄』二七五頁　明治図書出版
小馬徹　二〇〇三「クシャミの比較民族学―キプシギス文化を中心に」『歴史と民俗』一九　平凡社
斎藤たま　二〇〇五『落し紙以前』二四二頁　論創社
財団法人冷泉家時雨亭文庫編　二〇〇〇『簾中抄　中世事典・年代記』二九四頁　朝日新聞社
桜井満　一九八八『対訳古典シリーズ　万葉集（中）』三六四頁　旺文社
下出積與他　一九九四『縮刷版　日本宗教事典』四三四頁　弘文堂
谷川健一　一九九九『日本の神々』三八～三九頁　岩波書店
田畑千秋　一九九二「童詞、童歌、唱え言」『奄美博物館紀要』二

田畑英勝　一九七五『奄美大島昔話集』二一〇～一二頁　岩崎美術社
多良間村役場　一九八一『多良間村の民話』多良間村役場
常光徹　一九九九「股のぞきと狐の窓―妖怪の正体を見る方法」『妖怪変化・民俗学の冒険③』筑摩書房
中村義雄　一九七八『魔よけとまじない―古典文学の周辺』一九六～二〇二頁　塙書房
長野晃子　一九九四「クシャミと唱え言葉」『世間話研究』五　世間話研究会
名護市史編さん室　一九八九『名護の民話』一七四～七八頁　名護市教育委員会
野間吉夫　一九四二『シマの生活誌』八二頁　三元社
塙保己一　一九三二『群書類従・第二十三輯　武家部』二七六頁
原泰根　一九九四『茶ァ喰らい爺―負の民俗』初芝文庫
堀維孝　一九二七a「『くさめ』に関する俗信」『民族』二―二　一〇四頁
堀維孝　一九二七b「『くさめ』に関する俗信（完）」『民族』二―三　三七頁
松浦貞俊・石田穣二訳注　一九六六『枕草子　下巻』六七頁　角川書店
三田村鳶魚　一九七五「江戸ッ子の使う悪態の解説」『三田村鳶魚全集　第七巻』中央公論社
三谷栄一　一九六九『古典文学と民俗』二四七頁　岩崎美術社
三谷栄一編　一九七八『講座日本の民俗9　口承文芸』有精堂
安良岡康作訳注　一九八八『徒然草』八六頁　旺文社
山里純一　一九九七「くしゃみの呪文『クスクェー』」『沖縄の魔除けとまじない―フーフダ（符

札）の研究』第一書房
柳田國男　一九七〇「クシャミのこと（孫たちへの話）」『定本柳田國男集』二〇　筑摩書房
読谷村史編集委員会　一九九五『読谷村史・読谷の民俗下』読谷村役場

第八章 「一つ」と「二つ」の民俗

一杯茶や一膳《ぜん》飯を忌む伝承をはじめ、「一つ」に関する事柄を特別視する俗信は少なくない。一声で人を呼ぶのを嫌う一声呼びの禁忌は、それが人の死や怪異と結びついているところから不吉とされ、人を呼ぶときには二度繰り返して呼ぶものだという。一声呼びに関する妖怪譚《たん》や葬送習俗をもとに、「一つ」の異常・不安定・非日常性に対して、「二つ」を正常・安定・日常性と看做《みな》す観念のあることを指摘したい。また、「一つ」と「二つ」の関係のあり方を読み替えていけば、他の民俗事象の意味を類推するヒントにもなり得る。「洗濯物は竿《さお》にさした方に抜き取る」「葬式では墓場からの帰りは来たときと同じ道を通るな」といった伝承を、「行き」と「帰り」、「片道」と「往復」の関係に置き換えれば、そこに「一つ」と「二つ」の関係に重なるものの見方や感じ方がうかがえる。この点について、主に俗信資料を用いて述べる。

1 一声と二声の俗信

モシとモシモシ

多田道太郎の『からだの日本文化』（潮出版社）の中に「日本人は二回ノックする」というつぎのような文章がある〔多田 二〇〇二〕。

先日、テレビの英会話を見るともなく見ていた。日本人の学生がアメリカ人の真似をして、他人の家を訪問してみせる場面である。ノックする。アメリカ人がノックするから、真似をしてノックしてみせた。ところが、これがちがうのである。日本人は、ふしぎなことに、トントンと二回戸をたたくようである。この番組でも、二人の女子学生が二人とも、二回、ノックした。マーシャというアメリカ人が、日本人は二回ノックする、でもアメリカ人は三回です――と注をつけた。

そういわれてみると、通常は二回ノックすることが多い。この話を何人かの学生に紹介したところ、一人の女子学生がこんなことを言った。友人のなかに、なぜかコンと一回だけドアをノックする人がいたが、それがとても気持ちわるかった。そこで、ノックするときにはコンコンと二回たたいてほしいと注文をつけたというのである。

たしかに、一回だけのノックは薄気味わるい気がする。暗黙のうちに私たちが了解している文化のコードからずれているためで、ドアの向こうに立っているのがいったい何者なのか、訪問者に対する不安がよぎるからだろう。一回と二回の違いは、ただ数の差を示すだけでなく、状況によっては、とくべつの感情を引き起こす要因にもなるようだ。

柳田國男は『妖怪談義』のなかで、夕暮れ時の不安について「黄昏に途を行く者が、互いに声を掛けるのは並の礼儀のみで無かった。言わば自分が化け物でないことを、証明する鑑札も同然であった。佐賀地方の古風な人たちは、人を呼ぶときは必ずモシモシと言って、モシとただ一言いうだけでは、相手も答えをしてくれなかった。狐じゃないかと疑われぬためである」と述べている〔柳田 一九六八〕。ノックとかけ声の違いはあるが、両者のあいだには共通の心意を汲《く》み取ることができる。一声呼びの禁忌については、はやくに桂井和雄が注目している。「平生、人を呼ぶ場合、一口だけ呼ぶのを忌みきらう俗信が、高知県の一部に残っている。これを一口呼びといい、たとえば『オーイ』と一声人を呼べば、必ずもう一度『オーイ』と呼ぶものという。人の名を呼んで「馬吉よう」と言えば、やはりもう一度『馬吉よう』と呼ぶものだという」と述べている〔桂井 一九七九〕。

　ほかにも、一声《ひとこえ》で人を呼ぶのを忌む伝承はいくつか確認できる。沖縄県国頭郡本部《もとぶ》町で「夜、他人の呼ぶときは一声だけで応えてはならぬ」といい〔仲田 一九九〇〕、同県糸満《いとまん》市では「グソーの声は一声でニーアギーである。その声に同調したら命を取られる。一声で呼ばれたら返事はしないのがよい」と伝えている〔糸満市史 一九九二〕。グソーとは、あの世のことである。那覇市でも、夜中の一声を忌むが、それはヤナムン（魔物）が呼んでいるからで、出て行くものではないという。声ではないが、夜中に大きな物音が一回だけするのも忌み嫌われる〔那覇市企画部 一九七九〕。

　島根県北浜（平田《ひらた》市）では、一声のものは魔物であるから返事をするなという〔柳田 一九四九〕。『禁忌習俗語彙』では、ヒトコエヨビについて「山小屋などで特に是を忌み、人を呼ぶなら必ず二声つづけて呼べと戒める〔飛驒大野〕。怪物が人に声を掛けるのに、いつも一声しか呼ばぬという話もある。神霊は恐らく連呼しなかったのであろう」と説明している〔柳田　一九三八〕。こうしてみると、「一声」か「二声」かの違いは、「妖怪」か「人間」かの違いとして認識されている。それは、非日常と日常、あの世とこの世といった対立的な関係へと置換していくことも可能だろう。

一声呼びの禁忌

妖怪と一声が深く結びついた事例については、村山道宣が長崎県対馬の調査をもとに報告している〔村山　一九八二〕。

対馬の山や峠付近などには、一声だけおらび声をあげる「一声おらび」という化物が住むといわれる。たとえその化物の声を聞いたとしても、絶対に応えてはいけない。それから対馬では山中で一声だけおらぶこともタブーとされる。必ず二声三声おらばなければいけないのである。（この一声おらびに類似した伝承は広く各地に見られる。）芦ヶ浦のある古老に聞いた一声おらびについての話である。「山中で一声おらびに声を掛けられても絶対に返事をしてはいけない。もしうっかりして返事をしてしまった場合には、一声おらびにおらび負けないように、直ぐ続けて「千万億兆オーイ」というように返事をする。そうすれば、数えきれないくらい多くのおらび声をあげたということになり、恐ろしい一声おらびの声の呪力に打ち勝つことができる。

「おらぶ」というのは、叫声を発することである。村山はこうした禁忌伝承について、「山中や峠など、霊的世界との境界と考えられる場所で一声おらびに応《こた》えるということ、あるいはそのような場所で一声だけおらぶということは、人々にとって魔を引く行為と考えられていたのであろう。ともあれこのような様々なおらび声にまつわる禁忌の話に触れてみると、おらび声というものが神霊と交わる契機そのもののように、またそれ故にタブーを伴っていたように、私には想われてくるのである」と推測している〔村山 一九八二〕。

たしかに、おらび声にはしばしば呪的な性格が認められ、時として神霊と交感する手段であったが、ただ右の一声おらびの禁忌は叫声そのものとの関係というよりは、一声だけ、つまり一回のみの叫声という点に意味があると考えられる。高知県本川村（いの町）にも、竹の川の一口声という伝説が伝わっている〔本川の民話編集委員 一九九四〕。

昔、昔、越裏門に貞次という人が居りました。その人は、竹ノ川の五斗尻へ稗を蒔いていました。或日、竹ノ川を通っていたら、山の奥のどこからか、「オーイ」と一声長あい何とも言えない声が聞こえて来ました。貞次は、あゝこれが「竹ノ川の一口声」というのか、「返事をしたら命をとられる」と昔からいわれているので返事をせずに急いで家に帰って来ました。

そんな事があって、正月になる年のくれに、貞次は、五斗尻に刈り取ってかけてある稗のはでを、春まで置かないといかんので様子を見に竹ノ川の五斗尻へ行きました。行って見ると、稗のはでは、何十倍もふえて、その中で、白髪のおじいさんが、蓑を着いて、稗のはでを尋《ひろ》どっていました。貞次は、木の陰にかくれ、しばらく見ていたが、おじいさんに見つからないようにそうっと家へ帰って来ました。

春になって、貞次の稗は物凄くたくさん取り（収穫）がありました。貞次は「あの時、白髪のじいさんに見えたのは、姥御前じゃったかも知れん」と、皆に話したという事です。

話者は本川村越裏門《えりもん》に住む山中糸美さん（一九二四年生れ）である。再話されているが土地に伝わる話である。(1)

「一口声」の妖怪は、対馬でいう「一声おらび」と同類とみてよい。いずれもこの妖怪が発する声に返事をしてはならないという。返事をかえすのは、異界のモノである妖怪の誘いに乗じた危険な状態を意味している。一口声の呼びかけに応えずに無視した結果、稗が豊作になったというのは、これが姥御前（山姥）から富を授かる試練の一つであったようだ。

高知の一口呼びの禁忌については先に紹介したが、桂井は、一口呼びが忌み嫌われるのは「それが死者に対する特別な呼び方であったためである」と指摘して、高知県下のつぎのような事例を列挙している〔桂井 一九七九〕。

・高岡郡窪川町仁井田の汢《ぬた》ノ川（四万十《しまんと》町）などでは、葬送習俗と関係なく、夕方一声だけ人を呼ぶのを忌みきらったという。同じ高岡郡でも山村の仁淀村高瀬（仁淀《によど》川町）の中野という部落では、出棺のとき座敷から棺を運び出した血縁の男二人が、埋葬先から一足早く帰ってくる。庭には二人で担げるように作った小さい竹組みの棚に、山盛りの茶わん飯を盆に載せて置いてある。飯には箸を二本立ててあるが、その名称は土地のものも知らない。それを二人が担ぎ合って、埋葬地とは全く反対の方角に歩いて、最初の谷にきたとき、担ぎ合ったものを谷底に向かって投げ捨て、谷に向いて一声高く死者の名を呼ぶ。その後は決して振り返るものではないという。

・高岡郡佐川町斗賀野《とかの》の西組（塚谷）では、棺が門を出るとき、一口死者の名を呼び、その後で箒ではくという。平生、人が家を出る場合、箒ではき出す形になるのを忌むのは、この習俗のためという。同じ斗賀野の花畑でも、棺が門を出るとき、一口死者の名を呼び、その後で生前使用していた茶わんを割る。ここでも棺が出た後、その部屋を箒ではくという。棺が門を出かかるとき、一口死者の名を呼ぶ形式は、高知県の東部にも残っている。香美郡香我美町徳王子（香南市）や室戸市原池などの一口呼びがそれで、棺が門をでるとき、茶わんを割り、「オーイ」とだけ呼ぶという。安芸郡北川村安倉《あぐら》でも、棺が出るとき、一口死者の名を呼ぶといい、この村の野友では、初七日の前夜、墓に向かって一口死者の名を呼ぶという。室戸市吉良川町の傍示《ほうじ》では、夜間血縁のものが墓に向かって一口だけ「オーイ」と呼んだという。以上の資料の多くは、魂よばいの形式と考えられる。

平生嫌われる一口呼びの禁忌が、葬送習俗に起因していると説いている。(2) 一口で呼びかける対象が死者だというのは、これまでみてきた例も含めて考えるとき、「一声」や「一口」が、日常の外側の世界とか非日常的な状況に属していることを物語っている。その意味では、桂井が言うように、魂よばいの形式とも通じている。実際、高知県安芸郡北川村では「魂呼いは屋根に箕をもって登り『何某よう』と一口だけ呼ぶ」という〔土井 一九九七〕。

ただ、桂井が挙げた右の事例は、出棺時やその後の儀礼の一環として理解すべきで、ここでの一口呼びは、死者との絶縁の意を伝える声であろう。

山口彌一郎は、一九五二年に発表した「イナバツ・チシキマイ・カスミ等——信仰の地域的支持の経済的形態」で、能登石動山のチシキマイを集めに来る者について「錫杖をついてあるき、戸口に立って『セキドウさん』とどなるだけで何もいわなかったという」と記している〔山口 一九五二〕。この報告を読んだ戸川安章《とがわあんしよう》は、セキドウサンとどなるだけで何も言わなかったという点に注目し、つぎのように述べている〔戸川 一九五二〕。

羽黒山の冬の峰の勧進聖が「羽黒山松の勧進」と大声で名乗るだけであとは法螺貝を吹き、だまって戸口に立っているのと似ていておもしろい。(中略)。サイノカミの子供たちも十二日の夜の勧進には「蔵開き奉納」とだけ呼ぶし、十五日の夜は「サイノカミ舞こんだ。どっさり舞いこんだ」と叫び、托鉢僧も「オウ」とのみいって門に立つが、こうしたおとずれをするものが、できるだけものをいうまいとしていることは、私たちがもっと考えてみる必要がありはしまいか。

この問題を「一声呼び」と関連づけてよいかどうかは慎重を要するが、戸川が言うように、外から訪れるものが戸口で一言発してあとは黙って立つというのは興味深い行動で、尋常の訪問者ではない存在を際立たせている。妖怪をはじめ異界のものが人に呼びかけるときには一声であり、また、人が死霊などに呼びかける際にも一声でするという観念のあったことがわかる。一声は異界からの声であると同時に、この世から異界にむけて発する声でもあり、二つの世界の交流は、しばしば、一声あるいは一口で行なわれてきたようだ。

2 片道と往復の俗信

墓場からの帰り道

妖怪や人の一声呼びのほかに、動物の一声鳴きにも特別の注意を払ってきたらしい。長野県や熊本県では、「イタチの一声は火に祟《たた》る」とか「イタチの一声火の用心」といい、イタチが一声だけ泣くと火事が起きるとの俗信は全国的である〔鈴木　一九八二〕。愛知県では「家の上をカラスが一声鳴いて飛んでゆくとその家は火事になる。ただし、大黒柱に水をかければ火事にならぬ」〔鈴木　一九八二〕といい、鹿児島県日置《ひおき》郡金峰《きんぽう》町では「夕方のカラスの一口鳴きは身内に不幸がある」〔桜井　一九六四〕といって嫌う。カラスの一声鳴きを忌む土地は多い。「鶴の一声」の諺《ことわざ》なども、こうした一声を特別視する伝承とつながりがあるのかも知れない。

一回きりのノックや物音、一声呼び、一声鳴きを耳にしたとき、状況によっては、ある種の違和感を抱くとか異常を感じるような心性が認められる。そして、ここに共通する「一つ（一回・一本・一匹等）」という単位からこの問題を眺めれば、さらに広い伝承の裾《すそ》野《の》が姿を現してくる。一杯茶、一膳飯、一本箸《ばし》、一夜餅、一本針、一つ鐘、一つ雷、イッポンダタラ、一つ目小僧、ヒトツモノ、一本花、一本茅、一匹雑魚《ざこ》、一匹猿等々、挙げればいくらでもあるが、これらの多様な民俗語彙《ごい》は何らかの点で「一つ」が帯びている非日常的な意味とかかわっていると推察される。

『古事記』神代編では、イザナキはイザナミを追って黄泉の国に行く。イザナミが、しばらく見ないでくれというのを待ちきれずに、ユッツマ櫛《ぐし》の大きな歯を折り、一つ火を灯《とも》して入って見る場面がある。『日本書紀』では、これが現在、夜、一つだけ火を灯すことを忌むもとになったという。「一つ」の禁忌の由来を説く神話である。

前節の「モシとモシモシ」で述べたように、一声の呼びかけが異常であるのに対してそれをもう一度繰り返す二声は正常とされている。

本来二つで対をなすもの、たとえば箸や草履などでは、片方の欠如や過剰・取り違えが異常性と繋《つな》がる可能性は予想されるが、そうした条件に当てはまらないケースでも、「一つ」の異常・不安定に対して「二つ」を正常あるいは安定した状態とみなす観念があるように思われる。底流には、陰陽の思想に基く歴史・文化の大きな流れが横たわっているにちがいないが、日々の生活の現場では俗信と呼ぶ言い伝えとして処々に顔をのぞかせている。

・ご飯をよそうとき、一回でよそわず二回によそう（和歌山県すさみ町）
・他家を訪問したとき、だされたお茶は一杯のみ飲んではいけない。二杯飲むものである（沖縄県伊是名村）
・顔を二回ふかないと親の死に目に会えぬ（愛知県）
・新しいローソクは、一度消して二度目に点火する（鹿児島県栗野町〈湧水町〉）
・紐を一度あてられると災難に遭う、今一度あてればよし（大阪市）
・頭の鉢合わせをしたときはもう一度するとよい（愛知県）

「一つ」に関する禁忌は、しばしば、私たちの身辺の具体的な場面で機能し、行動や思考に影響を及ぼしている。また、「一つ」と「二つ」の違い、そこに通底する両者の関係のあり方を読み替えていけば、他の民俗事象の意味を類推するヒントにもなりそうだ。

たとえば、「行き」と「帰り」を「片道」と「往復」の関係に置き換えれば、そこに「一つ」と「二つ」の関係に重なるものの見方・感じ方がうかがえる。

洗濯物を取りこむ時には、竿に通した方へ抜けという俗信がある。いくつか例を挙げてみよう。

・洗濯物はさした方から抜かねばならない（愛知県）
・洗濯物は竹竿へさした方へ抜き取る（京都府美山町〈南丹市〉）
・干し物は竿のうらから取らない。必ずもとから抜いて取る（長崎県壱岐郡〈壱岐市〉）
・洗濯物を竿の元から袖を通して干し、取り込むときは竿の先から外すな（茨城県水戸市）
・竿に物を干したら、干した方から抜かないと祟る。またはヌケガラになる（岡山県）
・竿に着物を干すとき、根元からさしたら根本から出さぬと逆子が生まれる（沖縄県嘉手納町）

竿のどちらから洗濯物を抜き取ろうと勝手だろうといってしまえばそれまでだが、しかし、些細《ささい》にみえるこうした事柄のなかに、さりげなく女性の日常に沁《し》みこんでいる伝承の拘束性が垣間《かいま》見える。現在は、合成樹脂や金属製の竿がほとんどなので、両端のどちら側から衣服をさすかは自由だが、竹竿を用いていた時代には、モトとウラの関係が意識されていた。

それにしても、さした方に抜くことになぜこだわるのだろうか。この行為を仮に「行き」と「帰り」の関係に喩《たと》えると、さした方の反対側から抜き取るのは行きっ放しの状態といってよいだろう。

もちろん、洗濯物は手元に回収されるが、意識のなかでは帰りの部分が抜け落ちたような、どこか落ち着かない気分が残るのであろう。さした方から抜くという伝承には、「行き」と「帰り」を一対の行為のようにそっくり重ね合わせることによってもたらされる安心感が見て取れる。反対側から抜き取るのは、行きっ放しのままで帰ってこない「片道」であって、それは「往復」の日常性に対して、非日常的な忌まれる行為である。

「行き」「帰り」の俗信では、葬式の際、とくに墓からの帰りは来たときと同じ道を通るな、との禁忌が広く知られている。

・葬式には同じ道を往復してはならない（長野・三重・和歌山・沖縄県）
・葬式からの帰り道は別の道を通れ（長野・岐阜・愛知・和歌山・徳島・沖縄県）
・葬式の帰りに同じ道を通ると魂に合う（秋田県山本郡・南秋田郡・雄勝郡）
・葬式の帰途は来た道と違った道でないと亡霊にとりつかれる（奈良県御杖《みつえ》村）
・葬式に行くときと帰るとき、同じ道を通るともう一度葬式に行くようになる（島根

県広瀬町〈安来市《やすぎし》〉

・葬送の帰りは別の道を通らぬと後戻りする（石川県七尾付近）

同じ道の往復を避けるために行きと帰りの道をわざと違えるこれらの禁忌は、先に紹介した洗濯物の俗信とは反対の思考といってよい。葬送習俗は、日常の秩序を逆転した世界だからとの説明もできるが、同じ道を通って帰ると「魂に合う」とか「亡霊にとりつかれる」「もう一度葬式に行くようになる」というのは、死霊が人について来るとの心配、また、それが引き起こすかも知れぬ災厄に対する不安からだろう。

墓場まで送っていった死者の霊はそのままあの世に送り出すべきもので、そこから戻ってこられては困る。本論の文脈でいえば、行きっ放しにすべきであって、「帰り」は想定していない。「同じ道を往復してはならない」というのは、「行き」のみで「帰り」の無い関係をいったもので、死霊が人について一緒に帰ってくるのを拒否する手段である。そして、ここでの往復とは「同じ道」の行き帰りであり、「別の道を通って帰る」のは往復とは看做されない。

もちろん、別の道であっても家に戻ることに変わりはないのだが、わざわざ道を変えるのは、俗信の論理からすれば、それは「行き」に対応する「帰り」ではなく、「行き」の延長、もしくは、墓場を基点とするもう一つの「片道」と理解すべきであろう。

ハチワレ猫の禁忌

我が家では娘が拾ってきた猫を飼っている。最初は四、五匹いた子猫がいつの間にか誰かに引き取られていき、最後まで残ったのを持ち帰ったという。なぜ引き受け手がいなかったのかよくわからないが、私はひょっとしたら毛色の模様が原因ではないかと思っている。というのは、俗にいうハチワレだからである。

ハチワレについて、『禁忌習俗語彙』では「犬猫の斑毛が顔のまん中で左右に分れ、鼻筋の白く通ったのを鉢割れと謂って忌むことは、関東も近畿も一様であり、山で働く人は殊にこの鉢割れの犬をきらう。壱岐ではそういう猫をヒテワレネコと謂い、主人を見棄てるといって家に飼うことを忌む。鉢割れの鉢は頭のことであろうが、何か狸の八文字と関係がありそうにも思われる。狸の顔の斑は皆八の字のように分れて居て、この顔で人を見るのだから気味悪がられて居た」と説明している〔柳田 一九三八〕。

また、『日本俗信辞典』には「鼻筋の白く通ったネコを八割れといって、飼うことを嫌う〈神奈川県津久井郡〈相模原市〉〉。これはイヌについても同じである。千葉では、黒毛が八文字になっていて白いところが頭の後ろまで通っているネコを八割れといって、家の旦那を憎むので飼わぬという。ネコは魔物だといわれているが、特に八割れネコを忌む〈埼玉県大宮市〈さいたま市〉〉。ネコの八割れは化ける〈三重県阿山郡〈伊賀市〉〉」とある〔鈴木 一九八二〕。香川県では、顔の真中に筋があるリョウガオの犬を嫌うという。リョウガオは両顔の意味であろうか。

いずれにしてもハチワレを忌む俗信は少なくない。ハチワレのハチについては「鉢（頭）」と「八」の二通りの説明がみられる。人を化かすことで知られる狸にも同様の模様があるのは興味深い。『改訂綜合日本民俗語彙』のハチムジナの項目には、むじな（狸）には八の字の形をした毛があるとの伝承を紹介したあとに「或いは頭にこの八の字が現われているという土地もある」と記されている〔民俗学研究所　一九五五〕。

頭のまん中で左右に分かれた模様を嫌うのは、後述するように、一つのなかに同じものが同時に二つ存在する現象を忌む民俗といってよい（第九章参照）。また、鼻筋から頭にかけて走る毛が左右対称の模様を作り出している点に注目すれば、板橋作美が説く「真ん中で不思議が起きる」現象として捉《とら》えることもできる。

板橋は、部屋の中央で生ずる怪異談や「三人で写真を撮ると真ん中の者が死ぬ」という俗信などを取り上げて、ある条件のもとで出現する中央・真ん中という境界が惹起《じゃっき》する不思議や異常性について論じている〔板橋　二〇〇三〕。

ハチワレの俗信は、家の通り抜けの禁忌を想起させる。いくつか例を示してみよう。

・家の表から裏へ通り抜けてはいけない（奈良・和歌山・鳥取・佐賀）
・家を通り抜けるとその家は栄えない（岐阜・福岡）
・通り抜けは不吉（京都府美山町）
・商売屋は裏から表へ通り抜けられるのを嫌う（愛知県）

・小屋の通り抜けはいけない（和歌山県本宮町）

板橋は、通り抜けの禁忌について「家を通り抜けると、その家が表と裏の真ん中になってしまうから」と解釈している〔板橋 二〇〇三〕。この俗信の報告記事には、ときどき「入ったところから出よ」という注が施されている場合がある。(3) 入ったところから出ないのは、「墓場からの帰り道」で述べたところの行きっ放しに等しく、それは非日常的な行為と認識されてきた。「入ったところから出よ」というのは、見方を変えれば「出たところから入れ」ということである。

通常どこの家でも出入り口はきまっている。それを違えるのは、葬式のような特別の場合に限られ、平生は忌むべきこととされてきた。出棺《しゅつかん》の際に出入り口ではない座敷から草履履きのまま直接外に出るのは、死者の霊が戻ってくる手段を予《あらかじ》め奪い去る行為といってよい。このことで私が印象深く感じた話がある。愛媛県西予市野村町の石井今朝道氏（一九〇二年生れ）が、奥さんが入院先の病院から家に帰ってきたときのやりとりを語った場面である。

ほいて、朝の八時半ごろじゃっつろか、我が家《うち》へ戻《もん》たら、
「やぁやれ、戻《もん》たぞ我《わ》の家へ」
言うたよ。そいて、

「私《うち》は出る時（病院に行く時）炊事場のもとから出とるけ、あれから入れてや」

言う。〈妙なこと言うねや〉思《おも》たけんど、

「ここから出たんじゃけ、ここから入《はい》らにゃいけん」

言うけ、本人が言うようにして入れたよ〔常光　一九九三〕。

奥さんが炊事場の出入り口から入ることにこだわったのは、「出たところから入る」という言い伝えが心理的な拘束としてつよく働いていたことを物語っている。

通り抜けの禁忌には、行きっ放しの不安と同時に、表から裏に通り抜けることで「家を左右に分けてしまう」という一面をもっている。この点では、ハチワレの禁忌とも通じている。同じ俗信でも違った視点から読み解いていけば、そこから新たな意味と関係の輪が広がっていく。やや飛躍するが、ハチワレを忌む心意の延長線上には、「山を割る」という禁忌なども交錯しているように思われる。

山を割るとは、富士山でいえば、南口から登って頂上を通過し北口に下山すること、またはその反対のコースで歩くのを忌む伝承である。西海賢二は、山を割ることに関する文献を紹介して次のように述べている。

・文政八年（一八二五）に『隔掻録』には「北口ヲ吉田口ト云、南口ヲ須山口、須走口、大宮口、村山口云フ、五口各村名ヲ以テ呼フ也、須走口ハ山上八合目ニ至リ吉田口ト合シ、村山口ハ幾計モ無大宮口ト合ス、故ニ山上ニハ吉田口、大宮口、須山口ノ三口トナレリ、南ヲ表トシ、北ヲ裏トスレトモ」とあり、続けて「南より登りて北へ下り北より登て南へ下るを山を裂といふて忌む」南すなわち駿河国側から登り甲斐側に下山、そして甲斐国側から登り駿河国に下山することを忌むことがあったことが紹介されている。

・幕末の万延《まんえん》元年（一八六〇）の『富士山道知留辺』にも「行者ハ南ニ登リテ北ニ降リ、北ニ登リテ南ニ降ルヲ御山を裂クト称シ、（中略）忌む事なり」とほぼ同内容の「山を割る」ことに関連しての記述がみられる。しかし、文政期のものと万延期いずれも十九世紀の文献には北口と南口を使っての「山を割る」（山を裂く）ということは明確にされているのに須山口・東口に関わっての「山を割る」という文献はほとんど皆無である（西海 二〇〇一）。

表（南）から裏（北）へ、その反対に裏から表へのコースを山上越えに歩くのは、まさしく、富士山を真ん中から二つに割ってしまう行為にほかならない。山を「割る」とか「裂く」という意識の根底には、一つのものを二つに分割することへの不安が内在している。南から北へ（またはその逆コースで）山を割るように歩けば、歩き通した道筋を境として同じ形のものが一つの山に左右にできてしまう。これはハチワレを忌む伝承と同じ想像力の範疇《はんちゅう》にあるといってよい。行為主体の側からいえば、山を割るのは「真ん中」という境界性をおびた行為そのもので、異常な事態が発生する危険な状況を意味している。ただ、「山を割る」禁忌は、歴史的な経緯のなかで意味が付与されてきているので、単純に俗信の問題として理解するわけにはいかないが、おそらく、両者のあいだには通底する伝承の論理が働いているにちがいない。

《注》

（1）この伝説については、一九七九年に桂井和雄が『生と死と雨だれ落ち』（高知新聞社）で紹介している。

（2）一口呼びの伝承は高知県に顕著にみられる。たとえば、土井卓治は、安芸郡北川村の葬制として「野帰りには草履をはきかえ、小石を肩越しに投げ『戻りを見い』といいながら後をふりむかずに帰る。和田では帰りがけに立ち止り、死者の名前を一口呼んでから再び埋葬地へ引き返して墓参し、新しい草履に履き替えて帰る。」「七日のシアゲには亡者が帰ってくる。六日の夜は死んだ時と同様に、座敷に死者の蒲団を北枕に敷いて供物を供え、またヨトギの時に集った人は必ず集る。もし来られないときは着物をもってくる。来ていないと死者が捜す。喪主が北向きの戸をあけて死者の名前を一声呼ぶ」といった事例を報告している（土井　一九九七）。また、『改訂綜合日本民俗語彙』のヒトコエヨビの項目には「愛知県知多郡日間賀島では、出棺のときに『水よ』と呼ぶのを一声よばりでする」とでている。

（3）「通り抜けは不吉。玄関から入ったら必ずもとの玄関から出る」（京都府美山町〈南丹市〉）、「他人の家を通り抜けするものではない。自分の家の場合でも、入ってきたのなら入ってきた所から出る」（和歌山県白浜町）、「妊婦や夫は、他家を訪問した時は入った所から出よ」（沖縄県）などという。

《引用・参考文献》

板橋作美　二〇〇三「俗信における怪異について―真ん中で不思議が起きる」『日本妖怪学大全』小学館
糸満市史編集委員会　一九九一『糸満市史　資料編12　民俗資料』糸満市役所
井之口章次　一九七五「妖怪の地域性」『日本の俗信』弘文堂
桂井和雄　一九七九『生と死と雨だれ落ち』一三〇～三五頁　高知新聞社
桜井魯象　一九六四『金峰郷土史　第二集』日置郡金峰町教育委員会
鈴木棠三　一九八二『日本俗信辞典』角川書店
多田道太郎　二〇〇二『からだの日本文化』四一～四二頁　潮出版社
常光徹　一九九三『土佐の世間話―今朝道爺異聞』一〇九頁　青弓社
土井卓治　一九九七『葬送と墓の民俗』四一・四三頁　岩田書院
戸川安章　一九五二「チシキマイのことと訪れるものの呼び声」『民間伝承』一六―一〇　二〇～二一頁
仲田栄松　一九九〇『備瀬史』ロマン書房

那覇市企画部市史編集室　一九七九『那覇市史　資料編第二巻中の七』那覇市企画部市史編集室
西海賢二　二〇〇一「山を割る・片参り考―伝承と文芸のはざまで」『民俗学論叢』一六号　相模民俗学会
本川の民話編集委員　一九九四『本川の民話（第三集）』三六〜三七頁　高知県土佐郡本川村教育委員会
丸山顯徳　二〇〇五「雄略天皇と一言主神の邂逅」『古代文学と琉球説話』三弥井書店
民俗学研究所　一九五五『改訂　綜合日本民俗語彙』第三巻　一二三四頁　平凡社
村山道宣　一九八二「おらび声の伝承―声のフォークロア」岩田慶治『環東シナ海文化の基礎構造に関する研究―壱岐・対馬の実態調査』昭和五六年度科学研究費補助金研究成果報告書
柳田國男　一九三八『禁忌習俗語彙』四六・六一頁　国書刊行会
柳田國男　一九四九『海村生活の研究』三五一頁　国書刊行会
柳田國男　一九六八『柳田國男全集』四　二九五頁　筑摩書房
山口彌一郎　一九五二「イナバツ・チシキマイ・カスミ等―信仰の地域的支持の経済的形態」『民間伝承』一六―八　二八頁

第九章 「同時に同じ」現象をめぐる感覚と論理

二人の人間が同時に同じ言葉を発するという、会話中の偶然の一瞬にまつわってさまざまな伝承がある。二人の人間が同時に口にした同じ言葉がぶつかり合った瞬間、そこにはどっちつかずの宙に浮いた状況が発生する。「同時に同じ」という差異を失った時空は、ある種の危険であると同時に、二人の間に優劣（勝ち負け）を生ずる原因とも認識されてきた。

本章では、「同時に同じ」をキーワードにして、私たちの日常生活のなかにこの現象を避けようとする心性がさまざまな形で伝承されていることを明らかにし、その民俗的な論理を解明する。とくに、相孕《あいばら》みや双子に関する習俗には、両者の間に勝ち負けの関係が生まれるのを忌む傾向が根強くみられるが、この問題についても「同時に同じ」という観点から論究する。

1 同時に同じことを言ったとき

ハッピーアイスクリーム

一九九三年の暮れ、ある忘年会の席で「二人の人間が同時に同じことを言ったとき、どうするか」という、ちょっと変わった話題がでて場が盛り上がったことがあった。その時の詳しいやり取りは忘れてしまったが、なんでも「ハッピーアイスクリーム」と、先に言ったほうがアイスクリームをおごってもらえるという言い伝えがあるそうで、そのことをめぐって意見が飛び交っていた。筆者自身は初めて耳にする事柄だったので、議論には参加しないでただ聞いていたが、しかし、なぜそのようなことをいうのか、その後もずっと気になっていた。

そこで、一九九六年と九七年に、大学生を対象に「会話中に二人が同時に同じ言葉を言った時どうするか」という簡単なアンケートを実施してみた。協力してくれたのは、都内の大学に通う一年生から四年生まで二九一名で、そのうち七八名（男子一五名・女子六三名）から、つぎのような具体的な報告を得ることができた(1)。まずは、その内容と回答者数を列挙してみよう。

・「ハッピーアイスクリーム」と言う（一一名）
・「ハッピーアイスクリーム」と先に言ったほうが、相手からアイスクリームをおごってもらえる（一二名）
・「ハッピーアイスクリーム」と先に言うと、なにか良いことがある（一名）、願い事がかなう（一名）

・「ハッピーアイスクリーム」と言って、相手の腕などにさわる（一名）
・「ハッピーアイスクリーム」と言って、すばやく相手にさわる。さわられたほうはアイスクリームをおごらなければならない（五名）
・「ハッピーアイスクリーム」と言って、相手の肩をたたく。たたかれたほうはアイスクリームをおごらなければならない（二名）
・「ハッピーアイスクリーム」と言って、相手の肩を両手でたたく。先にたたいたほうが長生きする（一名）
・「ハッピーアイスクリーム、いち、に、さん」と言って、相手にふれる（一名）
・「ハッピーアンドアイスクリーム」と言う（一名）
・「ハッピーアンドアイスクリームお返しなし」と言う（一名）
・「ハッピーアンドアイスクリーム」と先に言ったほうが、アイスクリームをおごってもらえる（一名）
・「ア、ハッピーアイスクリーム」と先に言ったほうが、アイスクリームをおごってもらえる（一名）
・「ハッピーチョコレート」と言って、先に相手にさわったほうが相手からチョコレートをおごってもらえる。チョコレートの部分は、ケーキ、ステーキなど自分の好きなものにかえることができる。（一名）
・「ハッピーブー」と言う（一名）

・「サーティワン」と言う（一名）
・「サーティワンアイスクリーム」と先に言ったほうが、相手からアイスクリームをおごってもらえる（一名）
・「ダブルソフトクリーム」と先に言ったほうが、相手からソフトクリームをおごってもらえる（一名）
・「ハモった」と言う（一三名）
・「ビンゴ」と言う（二名）
・「シンクロした」と言う（一名）
・「バディ」と言う（一名）
・「どっぴんしゃん」と言う（一名）
・「はっぴょうきゅうぴょうお返しなし」と言う（一名）
・「どん」と早くいったほうが勝ち（一名）
・「ぺこぽん」と先に言ったほうに良いことがある（一名）
・「あいうえお」と言う（一名）
・「かぶってる、かぶってる」と言う（一名）
・「ポッピー」と言って相手の頭をたたく（一名）
・「ポピー」と言って相手をたたく。先に「ポピー」と言われそうになったら、相手の言葉に合わせて「ポピー」と同時に言うと、たたくことができる。これを「ポピー返し」という（一名）。

・「おにく」と言って、相手の腕の肉をつかむ（一名）

・相手に先にさわったほうがよい（二名）

・相手の髪を引っ張る（一名）

・相手の頭をたたく。先にたたいたほうが良いことがある（一名）

・相手の肩をポンとたたく（一名）

・相手のおでこをたたく（一名）

・相手の膝にさわる（一名）

・相手が「ストップ」と言うまで、先にたたいたほうがたたき続ける（一名）

・左右の人差指をのばして指先をくっつけ、二人以外の人に手刀で切ってもらう（二名）

・「前世が兄弟（姉妹）（双子）だよ、きっと」など、なぜか「前世」という言葉がでてくる（一名）

会話中の偶然の一瞬に、これだけの言葉としぐさが伴っているのは驚きである。個人差があるが大まかに分類すると①言葉だけのもの、②言葉と同時に相手の身体に触れるもの、③相手の身体にふれるだけのもの、④指切りのしぐさを行なうもの、にわけられる。意味の不明なものもあるが、「ハッピー系」とでも称すべき例が最も多い。

「ハモった（ハーモニー）」「ビンゴ」「シンクロ」「バディ」などは、二つあるいはそれ以上のものから出る音声や数字、映像などを同調させる内容を意味する点で、まさに発話の同時現象と同調した言葉である。また、同じ二つの言葉がぶつかった直後、互いに顔を見合わせて一瞬言葉がとぎれた場面で「天使が通った」とか「神様が通った」というそうだ。

これらの言葉やしぐさは友だちを通じて覚えたケースが多いが、小中学時代に読んだ雑誌で「ハッピーアイスクリーム」という言葉を知ったと答えた学生が数名いた[2]。

野村典彦（一九六五年生まれ）によれば、昭和五〇年（一九七五）頃、東京都足立区の小学校では「ハッピーアイスクリーム」を「ハッピーもんじゃやき」とか「ハッピー一〇〇円」などと言い替えたりしていたという。野村は、当時人気のあった岩館真理子《いわだてまりこ》のマンガの影響もあったのではないかという。確かに、岩館真理子作「初恋時代」（『プチマーガレット』創刊号、集英社、一九七六年一〇月）には、女の子が同時に同じことを言った直後、

「いまはやってるのよ　これ　ふたりが同時におんなじことばをいっちゃったとき　ハッピー・アイスクリームって先にいったほうが勝ちなの」

「いえなかったほうは」

「アイスクリームおごるので――す」

という場面がでている[3]（図9-1）。また、水沢《みずさわ》めぐみ作「チャイムがきこえる前に」（『りぼんオリジナル』一九九〇年初夏号、集英社）にも同様の一場面が描かれていて、この言葉

図９‐１　岩館真理子「初恋時代」『プチマーガレット』創刊号、集英社、1976年　©岩館真理子/集英社

が広く知られるようになった一端がうかがえる。

ただし、同時に同じことを言った直後に何らかの言葉を発して相手に触れたりすることと自体は、マンガ雑誌で取り上げられるよりももっと前から行なわれていた。吉田チヱ子さん（一九二四年生れ）や橋本よね子さん（一九二四年生れ）の体験では、昭和初期に東京麻布の本村小学校では、二人が同時に同じ事を言ったときは、逸早《いち》く「おいも」と言って相手の肩をたたいたという。吉沢千恵子さん（一九三一年生れ）は、東京の小学校に通っていたころ「ハッピーお返しなし」と言って相手の肩をぽんとたたいたといい、先にたたかれるとたたき返すことはできなかったという。東京都出身で一九三八年生れの女性からも、小学生の頃「ハッピーお返しなし」と言ったと教えていただいた。(4)

告している。

「同時に同じ」が忌まれる理由

同様のことはロシアでも行なわれている。この点に注目した斉藤君子はつぎのように報告している。

サハ（旧称ヤクート）からの留学生男女ふたりと大学の食堂へ行ったときのことである。たまたまふたりが同時に同じ言葉を口にする場面に遭遇した。そのとき女性のほうがすばやく相手の髪の毛をつかみ、早口でなにやら口走った。わたしが説明を求めると、こんな答えが返ってきた。ふたりが同時に同じ言葉を口にしたとき、どちらか早い方が相手の髪の毛をつかんで「わたしの幸せ、いつくるの?」と尋ねる。相手は、「今日の晩」とか、「明日の晩」とか適当に答える。するといいことがあるというのだ。これを聞き、わたしは忘れていた幼い日の遊びを思い出した。わたしの故郷岐阜市では女の子たちの間で盛んにこれとよく似たことが行なわれていた。同時に同じ言葉を口にすると、相手の頭の上に手をのせ、その手をすばやく自分の頭の上に移動して、「知恵もらった!」と叫ぶ。早い者勝ちなので先をあらそったのを覚えている。なにしろ相手に遅れをとると知恵を取られて頭の中がからっぽになるような、いやな気分に襲われるので、結構真剣だった[5]〔斉藤　一九九九〕。

一九三四年生まれの女性の体験でも、子どもの頃に広島では、相手の頭をたたいて「知

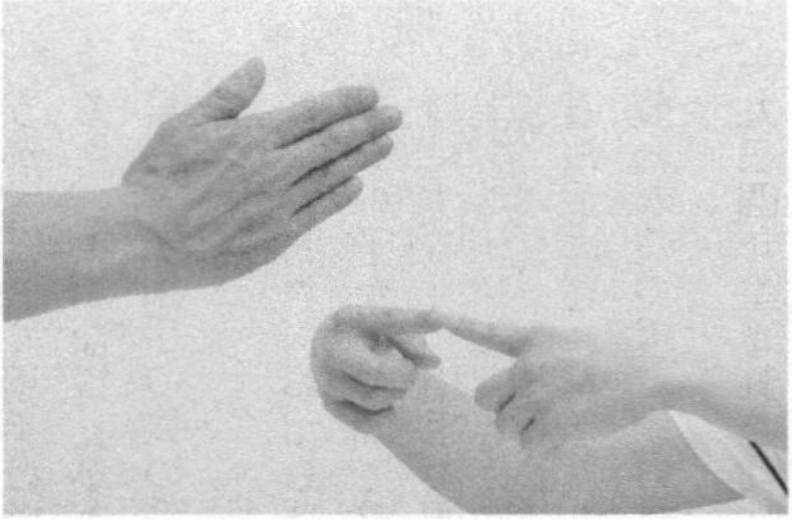

図9-2　くっつけた人差指の先を手刀で切ってもらう

恵もろた」と叫んだという(6)。こうしてみると、子ども向けの雑誌などに掲載されるより前から行なわれていたのは間違いない。身近な言い伝えをヒントに描かれた俗信が、メディアを媒介にして広く流通していった経緯が推測できる。

それにしても、これらの言葉やしぐさには一体どのような意味があるのだろうか。何人かの大学生に聞いてみた。しかし、ほとんどの学生は言葉遊び的な感覚で行なっていて、それ以上の何かをこの言葉やしぐさに感じているというわけではなかった。ただ、なかには一瞬生理的にいやな気分になるという学生もいた。

しぐさに関しては、相手の身体に触れるとか、たたくケースがほとんどだが、アンケートのなかで二人の学生が「左右の人差指をのばして指先をくっつけ、二人以外の人に手刀で切ってもらう」（埼玉県狭山市・同県岩槻市〈さいたま市〉出身の女子学生）という方法を書いているのは注意を要するだろう（図9-2）。これは、子どもたちの間では、蛇や黒猫に出合ったとか、誰かが汚いものに触れたときにエンガチョなどと言って、そばにいる者がそれを移されるのを防ぐためのしぐさの一つである。また、蛇を指さしたときにも行なわれる一種の縁切りの呪《まじな》いといってよい。

発話の同時現象に伴う言葉やしぐさに対する意識は、今日、ほとんど遊び感覚の域を出ないが、しかし、以前には、この現象はただの遊びというよりも、二人の関係にある緊張を生みだす原因であったらしい。それが、右に紹介したようないろいろな形で伝えられているのではないかと予想される。二人の人間が同時に口にした同じ言葉がぶつかり合った瞬間、そこにはどっちつかずの宙に浮いた状況が発生する。「同時に同じ」という差異を失った時空を、忌むべきある種の危険（不安）として避けようとする感覚があったにちがいない。青森県津軽地方で「二人して一緒に物言えば一人早死にする。相手を叩けば免れる」〔佐々木　一九六七〕というのは、そうした危険性を暗示している。素早く言葉をかけたり相手に触れるのは、両者の間に発生した緊迫した関係を解消する手段であろう。「ハッピー」という言葉は、この危うい現象を制して幸運を先取りする意味で登場し、のちにこの言葉に尾ひれがついたと考えられる。

二者の関係が混然となったどっちつかずの状態は、先に行動を起こしたほうの意図に支配される。斉藤が子どもの頃「相手の頭の上に手をのせ、その手をすばやく自分の頭の上に移動して『知恵もらった！』と叫んだ」というのは、逸早く意思表示をして相手の身体に触れたほうが、相手の〈能力〉を吸引できることを示している。

斉藤自身「なにしろ相手に遅れをとると知恵を取られて頭の中がからっぽになるような、いやな気分に襲われる」と述べているように、さわられた方の〈能力〉はさわった方に移動し、両者の間に優劣（勝ち負け）が発生するのである。「ハッピーアイスクリーム」と先に言って、相手をたたくとアイスクリームをおごってもらえるという遊びは、こうした論理の延長線上の発想といえるだろう。

2 「同時に同じ」をめぐる民俗

箸わたしの禁忌

同じ言葉の衝突にまつわる言い伝えについて、現代の若者たちの報告を交えながら紹介してきたが、これと共通する行為や現象を避けようとする心性は私たちの日常生活の随所に生きている。二人の人間、あるいは二組の集団が一つの対象に対して同時に同じ行為をする、もしくは、一軒の家のなかに同時に同じ状態の二人の人間がいることを忌む伝承は根強く残っている。

(a)火を吹き起こすときは二人一緒に吹き合うな（宮崎県えびの市）
(b)二人同時に火を吹けば一人が病気になる（青森県弘前市）
(c)火を吹くとき二人同時に吹くと先に止めた方が死ぬ（岐阜県藤橋村〈揖斐川町〉）
(d)二人して一緒に火吹っつけば双生児もつ（青森県金木町〈五所川原市〉）
(e)二人で一緒に火を吹くとお多福になる（富山県氷見市）
(f)二人で火を吹き合うと腹痛をおこす（福岡県田川市）
(g)二人で火を吹きあうと喧嘩するようになる（福岡県北九州市）

(h)火を二人で吹くと親に早く別れる（岐阜県垂井町）

(i)二人で一緒に火を吹いたとき「爺婆《じじばば》」と言わなければ仲違いになる（長野県北安曇郡）

(j)火を起こすときは二人で吹くな。吹くときは「臼杵」と言って吹け（岩手県江刺市〈奥州市〉）

(k)二人が同時に火を吹くとき、一人が「火吹いた」と言えば、他の一人が「灰吹いた」と言いつつ吹けばよい（徳島県小松島市）

同じ火（一つの火）を二人の人間が同時に吹き合うことを忌む俗信で、分布は広く、ほぼ全国的といってよい。同じ言葉の同時現象は偶然に支配されていて不可避的な要素がつよいが、「同時に火を吹く行為」は事前に回避することが可能であるところから、一般に「〜してはならない」という禁忌として機能している。先に挙げた「ハッピーアイスクリーム」のように、その場の緊張関係を打ち消す言葉やしぐさが、発話の同時現象に多くみられるのは、予見できない危険という偶発性に対応するために導入された解消手段で、いわば現代の呪い言葉である。

「二人が同時に火を吹くな」という禁忌を犯した際には、いずれも不吉な結果が想定されている。(i)の「爺婆」と(j)の「臼杵《うすきね》」は、言葉以外の同時現象に付随している点で数少ない事例といってよい。「爺婆」と「臼杵」は、どちらも二つ揃って一組（一対）の存在であるが、それぞれは〈男と女〉〈搗《つ》かれるものと搗くもの〉という異なる性や役割をもっている。

つまり「一組のなかの異なる二つ」であって、優劣のない不即不離の関係を表している。この言葉の力は、そうした「一つが二つ」の原理で、「二つが一つ」になった同時現象の混沌《こんとん》状態を打ち消し、双方の関係の距離を鮮明にする点に認められる。[7] これに対して(k)は(i)(j)の回避の方法とは異なる。「火吹いた」「灰吹いた」は、吹いている対象が違うと言い立てることで同時に同じ現象をカムフラージュしている。[8]

禁止行為に違反したときの予想される結果には、死とか病に関するものが目立つが、(d)のように双子に連想が及んでいるのは、かつて、双子が忌み嫌われる対象であったという以上に、「二人で同時に火を吹く行為」と「二人が同時に誕生する」という、双方が帯びている「同時に同じ」という類似性を考える上で示唆に富む。

(a)箸と箸で挟み合ってはいけない（佐賀県東脊振村《ひがしせふりそん》〈吉野ヶ里町〉）
(b)食物は二人で挟むと縁起がわるい（岐阜県川島町〈各務原市〉）
(c)箸と箸で挟み合いすると、喧嘩する、親子の縁がうすくなる（奈良県）
(d)相挟みを忌む。二人で一つの物を挟み合うのは火葬場の骨拾いのときするから（広島県）

箸と箸で物をやり取りする箸わたしや、一つの食べ物を二人ではさみ取る二人箸は、食事中のタブーとしていまでもよく耳にする（中島一九九〇）。みっともないからなどと説明されたりするが、もともとこの行為を嫌うのは、同じ食べ物（一つの食べ物）を二人の人間が同時に挟み合った状態を忌むところからでたものであろう。

「二人で火を吹き合うな」という事例でもそうだが、禁忌を犯せば「負けた方が死ぬ」「二人が病気になる」「喧嘩《けんか》をする」「親子の縁がうすくなる」などと心配するのは、同時に同じ現象が孕んでいる激しい侵犯性を物語っている。「物差しを取り合うと貧乏になる」（愛知県）とか「物差しを手から手へ渡すと仲がわるくなる。どこかに一度置いてから取ってもらうとよい」（京都・奈良）というのも、一つの物を二人が同時につかむ点で箸わたしと共通の連想が働いている。

「火のついたローソクを手渡しするものではない。一度、火を消してから新たにつける」（高知県東津野村〈津野町〉）のも同想である。田中久夫《たなかひさお》は兵庫県朝来市《あさご》多々良木《たたらぎ》の調査の時に「『先生、ここらでは箒を決して手渡してはいけないといっています。それは箒を通してその人の知恵が相手に伝わっていくからです。必ず、箒は置いて渡さなければなりません』と、話をして下さった方がいた」と報告をしている（田中　一九九九）。箒を手渡し《ほうき》すれば「知恵が相手に伝わる」というのは、発話の同時現象の際に「知恵もらった」と叫んだという先の斉藤君子の体験と共通する。

両者のあいだに通底する論理が読み取れる。相挟みを忌む理由として、(d)では火葬場における骨拾いをあげているが、物差しの手渡しについても、江戸時代後期の淡路国では葬礼の際に「物さしを手より手に渡した」ことが『諸国風俗問状答』に記録されている（中山　一九四二）。葬式の場でみられる行為だから普段の生活では避けるとの説明は一般的といってよい。

(a)餅を二人で引っ張って食うのをヒッパリモチといって忌む（広島県）
(b)ひもを二人で引っ張りっこすると、死んだ人（青森県五所川原市）
(c)一枚の着物を二人で縫うな（岐阜県川島町〈各務原市〉）
(d)二人で一枚の着物をほどくものではない（長野県北安曇郡）
(e)ひき臼を二人で掃除するな、死んだ人の真似だ（愛知県）
(f)掃除をするとき二人一緒に箒を使ってはいけない（福岡県田川市）
(g)座敷と庭（上と下）を同時に掃いてはいけない（福岡県田川市）
(h)足と足をこすり合わせて洗うものではない（長野県北安曇郡）

それぞれの行為は異なっているが、(a)〜(e)は同一物（餅《もち》・ひも・着物・臼）に対して二人の人間が同時に同じこと（引っ張る・縫う・ほどく・掃除）をするのを避けろといっている。(g)は、通常であれば座敷を掃き終えたあとで庭を掃く、あるいはその逆というぐあいに一定の順序にしたがって、いうならば時間差をつけて行なうべきところを、二箇所を同時に掃くという行為によって、異質の空間である座敷と庭の境界が溶解してしまう危険性を暗示している。それは、異なる対象の差異が失われる危うさといってよい。

(a)や(b)のように、一つの物を二方向から同時に引き合う行為の延長には、やや唐突かも知れないが綱引きが想起される。綱引きは常の日に行なう行事ではなく、小正月や中秋の名月などに行なわれてきた。中央で結び合わせた一本の綱（同一の対象物）を、左右に分かれた二つの集団が引き合う。つまり、同時に同じ行為をするという相称的な形式をもつ。

全身全霊、総《すべ》てを一本の綱に集中した力と感情の衝突のなかに、双方が融合した興奮状態が生まれる。力と力の緊迫した衝突（同時性）は、やがて均衡が破れ勝ち負けという形で決着をみる。綱引き行事には、年占《としうら》的な性格がみられたり、一方の側に神の意志が付与されている場合もあり、それゆえ、ときとして神と人との交流を可能にする原理を内在している。

綱引きに限らず、一つの対象をめぐって拮抗《きっこう》する二つの力がせめぎ合うエネルギーの激しさは、さまざまに姿を変えて立ち現れてくる。偶然の接触から起きることもあれば、一定の形式を具《そな》えた文化として演出される場合もあるが、絶えず繰り返されていくのは、それが、常に人間の営みの根源的なところから湧き上がってくる情動に根ざしているからであろう。

前に挙げた八例はいずれも葬送習俗との関係が深い。生と死、この世とあの世の認識には逆転した世界像が観念されている。平生忌まれる事柄の根拠として、よく「それはお葬式のときにすることだから」と言われる。そう言われて葬式の場面を想起し、なるほどと頷《うなず》くのだが、しかしその逆転の関係のあり方は、本質的には、死に関する事柄のほうが日常性を基準に逆転しているのであって、その逆ではない。

「一枚の着物を二人で縫うな。葬式のときそうするから」というのは、裏返せば、一枚の着物は一人で縫うのが通常のあり方として認知されていることを前提にしている。死の儀礼の場で浮き彫りになる倒立像は、禁忌として日常生活に影を落としているが、しかし、この倒立した像そのものが、私たちのなかに当たり前として染み込んでいる日常の秩序や論理をかえって顕在化させている。

「同時に同じ」をめぐる独特の感覚は、さまざまな文脈のなかに変換された姿を見出《みいだ》すことができる。

(a)嫁入りのとき嫁と嫁が行き合うと負け勝ちがつく。いずれかの嫁が嫁ぎ先から出る（新潟県）
(b)嫁入りと嫁入りが道で遇うと生死が生ずる（愛知県）
(c)二組の結婚式を同じ日にすると一組は負けて別れるようになる（佐賀県東脊振村〈吉野ヶ里町〉）
(d)掃除していて塵を取るとき、二人が一緒に一つの塵取りに掃き入れると仲がわるくなる（奈良県）
(e)粉すり臼を二人で起こすものではない（新潟県赤泊村〈佐渡市〉）
(f)米を二人で量ると双生児を生む（佐賀県東脊振村〈吉野ヶ里町〉）
(g)二人で向き合って洗濯するな（青森県木造町〈つがる市〉）
(h)二軒を一軒にした家からはよく病人がでる（広島県）
(i)一つに黄身が二つある卵を食べると双子が生まれる（東京都）
(j)若い夫婦は敷物の敷合目に寝ると双子を生むゆえ、これを避けねばならぬと信ぜられた（沖縄県伊是名村）

(k)鉛筆を両方から削ると、馬鹿になる（長野県北安曇郡）、親が死ぬ（愛知・鹿児島）
(l)二人が同じ時刻に同じ家から出て、ちがった方向へ行くことを忌む（愛知県）
(m)昼と夜の境に、外の光と灯の光と二つのあかりで衣を裁つことを忌む（高知県）
(n)嫁（婿）の名前が姑（舅）と同じときは名前を変えないとよくない（鹿児島県）
(o)家の内外から、二人が一時に敷居を越えるのを相跨《あいまた》ぎとよんで忌む（高知県）
(p)蜜柑の袋の二つくっついたのを食べると双子ができる（兵庫・和歌山）

(a)と(b)は嫁入りという二組の同じ集団がぶつかること（同時性）から生じる勝ち負けの危険を説いたものだが、このような場面に遭遇したときには、道を譲った方が負けとなる（岡山）とか、仲人が先に扇子をあげた方が勝ちとする俗信もある（愛知県）。

ただここで「同じ」といっても、(e)のように何か一つの物に対して二人が同じ行為をするという場合の「同じ」と、(n)の同姓同名がもたらす「同じ」とではその実態は異なる。同じ言葉、同じ行為、同じ状態、同じ姿形など、「同じ」と認識する基準はまちまちである。もっとも、まちまちであることが、この俗信が多様な場面に移し替えられて変異形を生成し、創造的な関係の可能性を拓《ひら》く条件でもある。(h)の「二軒を一軒にした家からはよく病人がでる」は、やや変わった例だが、(i)の「一つに黄身が二つある卵を食べると双子が生まれる」伝承と裏腹の言い方で、一つの空間（家）のなかに二つの同じ物（家）が同時に入っていると解釈すればよさそうだ。

(j)の例も各地でいう。長野県では「畳の四枚合わせの所で子供ができると双生児になる」といい、長崎県北松浦郡生月村《いきつき》(平戸市)では「畳の敷き合わせの上に女が寝ると双子を産む」という。江戸時代に刊行された『宜應文物語』に「二子をうむハ、いかなる事にて候や」という問いに「妻、ひとりにして、二子を生する事、ふしぎなり。是ハ、男女、たゝみの、しきあひに、ねて。いんよく、おかす、此時、とまりたる子は。二子と成ルと、おほへたり」「ある女房。もゝの、はつなりを、とり候へは、よくとしには、まん中に、われめあり、といへり。かくのことし、たゝミのしきあひに、あやかり、子のかたち、二つになり。たましゐ、二つ来るもの也」とみえている(朝倉他一九九九)。似た感覚は、現代の若者たちの生活のなかにも生きている。福島県出身の女子学生によれば、教室のちょうど中心の場所に二人が座席を合わせて座っていると早死にするといわれ、たまたまその位置になると中心からずらして座ったという。

(k)の鉛筆の両方が削られた形は、同じ姿が一本の鉛筆の両端に同時に存在するところから、上下(先と頭)の関係を失った不安が隠されている。両頭の蛇を不吉な前兆として恐れるのも同想であろう。(m)は自然光と人工の光が同時に交錯する場での縫い物を避けているが、これは、昼でも夜でもない境界の時間の曖昧《あいまい》さを忌む例といってよく、「昼間、灯りをつけるものではない」という禁忌とも繋《つな》がっていよう。

(p)もよく言われる俗信の一つだが、これについては鎌田久子《かまたひさこ》が「鹿児島県指宿市の報告に『みかんの二子を一人でたべると双子が生れる、もしたべるなら二人で半分ずつ、一人は笑いながら、他の一人は怒った風してたべるとよい』とあり、もしたべるなら と限定して、二人の相反する行動をあげている。これは同一でないことを強調したもので、二つが一体でないこと、すなわち異なったみかんの袋ということを強調したもので、明らかに、みかんの双子が、人間の双子に作用することをおそれたものである。異なった表情をすることによって、各自のたべたみかんは同一ではないということを示し、みかんの双子状態が、人間にまで感染することを予防しようとするものである。あるいは二つという要素を、このような行動によって消し去ることが出来ると信じているのである」と述べている〔鎌田一九八二〕。

相孕みと勝ち負け

ここまで取り上げてきた俗信はこれから述べる、妊婦の相孕みや、双子の習俗とも深い関係をもつと推測される。相孕みについては、桂井和雄の「相孕み覚え書き」に、つぎのような記述がみえる。

高知県の西南端に近い浦分、幡多郡大月町小才角では、以前一軒の家に、妊婦が二人同居するのを相孕みと呼んで忌みきらったそうだが、さらに一軒の家で、妊婦と家畜、愛玩用の犬猫などの妊娠している状態も相孕みと呼び、妊婦同士の場合よりも、厳しく忌むふうがあったという。そのため牛馬を飼育していた時代の農家では、相孕みと知ったとき、博労《ばくろう》を呼んで交換したり、犬猫などの場合には、他家に引き取ってもらったりしたという。同い年の子どもは勝ち負けができるともいい、負けると病気したり、不幸になるとも言ったり、同い年の生き物は飼うものでないとも言われたりしたという。（中略）高岡郡東津野村芳生野《よしうの》（津野町）では、一軒の家に同じ年に生まれる予定の妊婦が二人いるのを忌み、どちらかが育ちにくいという。生き物が妊娠している場合には、その生まれた子を捨てるという。高岡郡仁淀村泉川《いずみがわ》（仁淀川町）では、妊婦のある家で、同じ年に生まれる生き物を飼うのを忌むと聞いた〔桂井 一九八三〕。

何らかの点で同じと認識される二つの行為や状態であっても、そのこと自体では特別の意味をもつ対象ではなくて、それが相互に影響力が及ぶと考えられるある緊密な関係や時間の同時性のうちにおいてはじめて境界性を帯びた存在と見なされる。

いうまでもなく、家はそこに住む人間や動物（ときには庭木）を含めて濃密な影響関係で結びついている生活の場である。二人の妊婦、あるいは妊婦と妊娠している家畜が「一軒の家」に同時に存在するのを忌む習俗は方々にある。

萩原法子《はぎわらのりこ》は、『いちかわ民俗誌』（崙書房）のなかで千葉県市川市の産育儀礼について「二つのお産はどちらかが負ける。二年前のNHKの朝の連続ドラマ〝おしん〟で、佐賀地方の習俗として、一つの屋根の下で二つのお産があると、どちらかの子が死ぬといわれることから、姑は娘のお産があるため、嫁であるおしんが、同じ家で出産することを拒否する場面があった。ドラマでは、姑ばかりがそのことを強く信じている風だったが、実際には、かなり一般にそれを忌む風潮があったようだ。ここ市川でも、一年のうちに二つ家で二つのお産があると、どちらかが負けるといわれ、それが犬猫のお産でもいけないとされていた。北国分の田島ハツさん（明治四二生）は、母親の出産の時、飼い猫が先に子を家で産んでしまったので、仕方なく、別棟になっている物置で産み落としたという。棟が違えば良いのだ。普通、第一子は実家に帰って産むものだが、北国分の中村ふみさんは、ちょうど同じ頃お姉さんが実家で産んだので、自分は実家に行けなかったそうだ」と報告している〔萩原 一九八五〕。

長野県北安曇郡では、一家内に二人の妊婦があれば勝ち負けがつくといって忌む。愛媛県でも、相孕みは「いずれか一方が負けて生児の育ちが悪い」（今治市）「一方が負けて死ぬ」（宇和島市）といって、相孕みを機に別居するとか、兄弟夫婦または姉妹は分家する（今治市）という。同県津島町（宇和島市）では妊娠した家畜はケガエ（家畜の交換）をする。とくに猫は嫌われるようで「猫と一緒にお産すると負傷するといい、猫を実家につれて帰るか、嫁が里方とか他所へいって出産する」（南・北宇和郡）という〔愛媛県 一九八四〕。

ただ、場合によっては家という単位でなくても、姉妹が同時に妊娠したときにも勝ち負けができる（愛知県）という土地もあり、影響が及ぶとされる範囲を血縁などのつながりに求める例も散見される。

石塚尊俊《いしづかたかとし》は、妊娠中の忌について論じたなかで相孕みの習俗を取り上げて、次のように述べている。

いま一つ、相妊みの禁忌ということがある。すなわち妊婦が妊婦の家へ手伝いに行けば悪いとするものである。これも現代感では割り切れないことで、いまならば互に訪問し合い、見舞い合うであろうことを、昔は極度にいましめ、つとめて接触しまいとした。しかもところによっては、この考えを家畜に対してまで拡大し、家の女が妊娠しているとき、たまたま家畜がみごもることがあると、これをただちに手離すようなことをしたという。こうしたことから考えると、ここで大事なことは、結局そうした行為によって体が穢れるかどうかということより、いわば成長する魂に対する他の魂からの影響ということであろうと思われる〔石塚 一九七八〕。

妊婦が他の妊婦の家を訪れることで、一時的に相孕み状態が発生するのも嫌われたことがわかる。石塚が言うように「成長する魂に対する他の魂からの影響」を忌むのであろう。ただ、本論の関心は、そのような相互の魂に影響を及ぼしかねないと心配する心意の底に流れている民俗的な論理である。いずれの事例も、「同時に同じ」というあいまいで流動的な状態をそのまま放置すれば、相互の影響関係に不均衡が生じ、勝ち負けで表現されるような何らかの異常事態が発生することを予告している。

そこで、相孕みが判明するといずれか一方が転居するとか、相手が家畜であれば妊娠した犬猫を他家に引き取ってもらったり、生まれた子を捨てることで回避するのである。とくに猫との相孕みを忌むのは、この動物が魔性のモノとしての属性をつよくもつからであろう。これらの俗信は、一軒の家には一人の妊婦という考え方があるのかとも思うが、高知県中村市（四万十市）や同県檮原町では「一軒の家で妊婦が妊娠しあっているとき、さらに一人同い年に生まれる予定の妊婦か、妊娠した生き物を同居させると、相孕みの競合を避けることができる」という〔桂井 一九八三〕。

家の中における相孕みの勝ち負けは、逃げ場がなく相手の影響力を分散できない、つまり、二つの同じものの相称的な対立関係において生じるという意味であろうか。そうであれば、どちらか一方を除去するか一つ加えることでシンメトリックな対立関係は解消される(9)。

双子の命名

相孕みの危険とその解消のためにいずれか一方が他所《よそ》に移ったり、生まれた家畜を殺したりするのは双子の伝承と似ている。双子の民俗に関する報告は多いが、次の資料は、斉藤たまの聞き書きによるものである。

・「双子もたいそう忌み嫌われた。人々は双子を産む人を『畜生腹』だという。人間なら一人こそ産め、一度に二人も三人も孕むのは犬、猫の仲間だというのである。長崎の島原半島の西、千々石《ちぢわ》町（雲仙市）の飯岳たねさん（明治四十一年生れ）がいった。『昔は恥のごとして、〈あん人は双子持ったげな〉と恐ろしげにして見た。片われ嫁にもらえば是非とも双子持つという。それだから嫁とりには厳しく身元調べる。これは行く方でも同じだ』。こんなだから双子を産むのは、これから子を持つ若い女たちにとっては限りない恐怖であったろう。それがどれほど大きなものであったか。三重の南島町古和（南伊勢町）のあたりでは双子産んだ人と吊ものをいやがった。吊ものとはモッコを担ぐ時のように、一つものを両端を二人して持つことだ。『心得ある人はこれから子産むほどの人とは吊らへんな』と明治三十四年生れのこんさんはいう」

・「双子も何か尋常でないものの手が加わって生れると見たのだ。それだからこれも鬼子同様、容赦のない扱いを受けた。島原半島、小浜町木指《きさし》ではこんなにいった、『双子の一人は殺す。それで警察沙汰になったところもある』」

・「滋賀の上山町（ママ　土山町か）鮎河でおはるさん（明治三十年生れ）の観察に、『昔は双子がよくあったが不思議に片方しか育っていない』とする。その不思議もそこのところにあるのだろう。この村ではおはるさんが嫁に来て以来六十三年間に双子が七組あった。うち二人とも育っているのは一組だけだという。その一組の中の女は今年嫁に決まった。奄美大島でもこの習いは厳しいものだった。生勝《いけがち》のちゅまばっけ（しま婆さん）が話した。『双子は生れるとすぐに片方殺した。人に知られないよう〈口から出《いじゃ》すなよー〉という。双子の片われのことは、双子《ふたつぐわ》の片《かた》コという』」

〔斉藤　一九八五〕。

小田亮《おだまこと》は、双子について「通常は一度に一人しか子を産まない人間にとって、多産である動物と同じ特徴をもつ、人間と動物の間に位置する存在であった」と述べて、双子として登場する英雄の神話に言及している〔小田　一九九四〕。「人間なら一人こそ産め、一度に二人も三人も孕むのは犬、猫の仲間だ」との発言には、一人の人間は一人の子どもを産むものだという思考が根底にある。一産一児がふつうとされてきたなかで、双子の出産を人びとはどのように受け止めていたのだろうか。

男子と女子の双子を夫婦子《みょうとご》などといって、福の神だとか将来幸福になると喜ぶ土地もあるが、しかし、多くは斉藤たまの報告にみられるように、異常な出来事として忌み嫌われてきたといってよいだろう。板橋春夫《いたばしはるお》は「ふたご誕生の民俗――双生児観の捉え方とその変容」で、そうした偏見が取り払われてきた戦後の経緯の一端をつぎのように述べている。

> 戦後の高度経済成長で庶民の生活が豊かになり、近代医学の発達によって未熟児が丈夫に育つ時代である。昭和三十年代にはテレビが普及し、さまざまな歌謡曲が多くの人々を楽しませた。特に双生児のデュエット歌手「ザ・ピーナッツ」の登場は、わが国の双生児観を大きく変える役割を担うことになった。戦後の高度成長と共に民主的な時代の流れの中にあって、戦時中の封建的なものの考え方が一掃されていった。

まさにその時期に登場した双生児歌手の存在を見過ごすことはできない。ザ・ピーナッツは和製ポップス界の草分けで（中略）ブラウン管の人気者となり、日本映画「モスラ」でも重要な役をつとめた。初めて双生児が人々の前に奇異な目でみられるのではなく、アイドルとして親近感をもって迎えられた。十六年間の現役生活の後、昭和五十（一九七五）年に引退した。ザ・ピーナッツの本名は、伊藤日出代（エミ）と月子（ユミ）である。芸名のエミとユミはともかく、本名は日（太陽）と月で一対の命名である〔板橋 一九九八〕。

双子の姉妹であるザ・ピーナッツの登場が、双生児を含めた多胎児に対する偏見が徐々にうすれていった時代を象徴するできごとであったことがわかる。

ところで、板橋がザ・ピーナッツの本名を「日（太陽）と月で一対の命名である」と、双子の名前の問題に触れているのは興味深い。一人の人間から同時に二人の子どもが生れるのは、同時出産という意味で前後関係の無い二人の子どもが一軒の家のなかに存在することになり、それは従来、魂の干渉を惹起する危険な関係と見なされてきた[10]。一対の命名の動機はこの危険な関係と結びついていると考えられる。

因《ちな》みに、松竹《しょうちく》映画の「松竹」は、創業者の白井《しらい》松次《まつじ》郎《ろう》、大谷竹次《おおたにたけじ》郎《ろう》という双子の兄弟の名前に由来するし、百歳をすぎてからの活躍が話題になったきんさんぎんさんも双子の姉妹である。双子で生れた子に「松・竹」「金・銀」「日・月」「鶴・亀」といった一対のものに因んだ命名がよくみられるのは、双子という同時に同じ現象が誘発する危険を、一対のものの力にあやかって、勝ち負けのない一組の関係として維持しようとするためであろう。一対のものの在り方は「二つで一つ」とも「一つが二つ」とも言い換えることが可能である。「松・竹」「金・銀」でいえば、「植物」と「鉱物」という共通のレベルでのある親密な結びつきを示しているが、しかしそれぞれは異なる性質や属性からなっている。

相孕みと双子は、一つの家に同じ状態の人間が二人いる点で共通しており、どちらか片方を切り離すことで解決しようとする方法もそっくりである。斉藤たまの報告を読むと、三重県度会《わたらい》郡南島町（南伊勢町）では、一つの物、たとえばモッコの両端を双子を産んだ人と二人で持つことを忌むという。これは、同一物を介して同時に二人で同じ行為をすれば、両者の差異が無化して相手の影響を受けかねないという意味で、同類の伝承に「双生児を産んだ人と機を引っ張ると双生児を産む」（長野県北安曇郡）がある。日々の生活場面で「同時に同じ」を回避しようとする心意の根幹には、かつて双子を忌み嫌った観念がつよく影響を及ぼしていると考えられる。

二度あることは三度ある

双子の出産は、一人の人間が同時に二つの同じ事をすること、と言い換えられるが、「二人で一枚の着物を一緒に縫ってはいけない」という場合は、二人の人間が同時に一つの同じ事をするのを忌むことである。表現の方向が入れ替わっているが、いずれも〈一人の人間は一人の子どもを産む〉〈一枚の着物は一人で縫うもの〉という意味で、本来一対一をもとにした一続きの単位として把握されるべき事柄が、同時に二つの同じものや行為にわかれることの異常性を物語っているといってよい。

たとえば「田を一筋だけずっと植え通し又は刈りとおして、二つにわける様になることを栽切刈切《うえきりかりきり》と言って忌む。そうすると双子が生まれるという（三河北設楽）。又植別れと言って左右に分れて行くことも同じ理由で忌む」（柳田 一九七五）。同様に「出別れをすると何れかが災難に遭うといい（美濃）、二人が同じ時刻に同じ家から出て、ちがった方角へ行くことを忌む」（柳田 一九七五）なども、共通の論理を下敷きにした発想が働いている。猫の尾や狐の尾の先が二つに分かれたものを妖怪として異状視するのもこの範疇に入るだろう。

これを裏返した言い方をすれば、箸や履物のように同じものが二つ同時に存在することが文化の枠組みのなかで本来的な在り方だと認知されているものは、二つが一つに融合する、あるいは片方の欠如や過剰、ズレや取り違えは異常な力の発現、異界性と繋がっていく可能性を示唆している。

両方の黒目を鼻筋に寄せる歌舞伎のニラミ芸も、目を一つに重ねるところからくる呪的な力で、民俗でいえば一つ目の妖怪が放つ邪視と関わるものであろう。絵巻などに登場する三つ目の鬼は過剰である。「後産がおりなくて困る時には、下駄と草履を片方ずつ履いて便所にいく」（群馬県岩島村〈東吾妻《ひがしあがつま》町〉）という俗信について、飯島吉晴が「事態を転換するために此の世に意図的に不均衡な状態を作り出し、異界の力を流入させる、つまり胞衣をおろさせる手段だと考えられる」と指摘しているのは、対のものを故意にアンバランスにすることで発動する呪力の一面がうかがえる〔飯島一九八六〕。

形のうえからは、片袖《かたそで》や一本箸、碾臼《ひきうす》の片方をめぐる伝承の非日常性が想起される。あるいは、神仏の前で手を合わせるのも、向かい合う相手（見えない世界）との交感を促すしぐさであろうか。ポンポンと柏手《かしわで》を打つことなども関連する問題として捉えられるかも知れない。視点を変えれば、分岐と統合を同時に体現した形である股木《またぎ》（Y字形）の境界性とも通低する課題である。「同時に同じ」の感覚は、村内で同年齢の者が死んだときに餅や鍋蓋《なべぶた》などを耳に当てて凶報を聞かぬようにする耳ふさぎの習俗とも通ずる一面がある。⑪

ところで、江戸時代の後期、みちのくを歩いた菅江真澄は、寛政六年（一七九四）一〇月七日に田名部の郷（青森県むつ市）でこんな光景を目にしている。

男の、橋の上より砧の槌を河に投入たるは、家のうちにて一とせに人ふたり身まかれば、かならず、みたり死べうことのあるといふをとゞむるまじない也とか〔内田他一九八二〕

ごく短い記述だが、砧《きぬた》の槌《つち》を川に投げこむ理由を簡潔に説明している。一軒の家のなかで一年の内に二人の人間の死を恐れるのは、先に述べた一つ屋根の下で二人の人間が同時に孕んだ状態を忌む相孕みと表裏の関係にあるとみられる。「同じ」の概念に振幅があるのと同様に「同時」という概念にも幅がある。正月を起点とする一年の区切りは、前年までとは違うまとまりをもった同質の時間で、その年の内に生起した出来事は前後の時間差ではなく、横並びの同時性のレベルで認識される場合が少なくない。

一家のうちで一年に（同時に）二人の人間が同じく死ぬのは、「同時に同じ」がもたらす危険な状態の発生にほかならない。相孕みや双子の誕生でいえば、どちらかに「勝ち負けが生じる」といわれるように、そこから何らかの差異化（優劣・凶事）が表面化してくる。ところが、死という最悪の事態の同時現象においては、勝ち負けの対象であるべき当事者が存在しない。真澄が「かならず、みたり（三人）死べうことのあるといふ」と記しているように、その危機は残された家族に向かい、新たな死という形で決着をみようとするのであろう。

武藤鉄城《むとうてつじょう》は「東北地方には（中略）横槌降ろしということがある。それは、一家に、年内に死人が二人あったりすると、『二度あることは三度ある』といって、死人の又続くことを忌んで、二度目の死者の棺に、犠牲の意味で紙を貼って人の顔を描いた横槌を一つ入れてやる」と報告している〔武藤 一九八四〕。新潟県でも、一軒の家で同年内に、または間をおかずに二人死んだ場合には、わら人形を作って二人目の棺に入れるとか、横槌に縄をつけて葬列の最後の人が引っ張っていったという〔新潟県 一九八二〕（図9-3）。

沖縄県平良市（宮古島市）では「同一家から死人が年内に二人出た時は、必ず鶏を殺し箱に入れて、墓に入れねばならない。二度あることは三度ある」という〔具志頭村史編集

委員会 一九九〇〕。大正一四年（一九二五）に刊行された佐喜真《さきま》興英《こうえい》の『シマの話』には、沖縄中部地方に伝わる習俗として「一年内に一家に二人以上死亡する時は二度目の葬式の時に鶏一羽を埋めた。Nukuyo Nukuyo といって哭きながら埋めたので、これをヌクと称した。三人目の死者を出さないがためであった」とみえている〔佐喜真 一九二五〕。

こうしてみると、真澄が目撃した砧の槌は、三人目の身代わりとして川に投げ入れられたものだとわかる。不安を後に残さないための呪術といってよい。武田明の調査によれば、香川県では妊婦が死ぬことをマルジニといい「三豊郡詫間町荘内（三豊市）では、棺の中に入れるときに夫の下駄の片方を尻の下にしかせて埋める。また棺の中に藁人形を入れるが『二つあることが三つになってはいけない』と唱える」という〔武田 一九八七〕。「二度ある事は三度ある」という諺は、同時に二人の死が発生した場合の危険がもたらす新たな不幸をいったもので、こうした習俗の論理を背景にして成立しているのではないかと考えられる。[12]

図9-3 「横槌」
（新修京都叢書刊行会『新修京都叢書 第12巻 都名所圖會拾遺』光彩社、1968年）

これまで、「同時に同じ」がも

たらす緊迫した関係をもっぱら危険という側面からみてきたが、ただ、この行為が発現する境界性はそれぞれのコンテクストのなかで多様な機能を秘めている。たとえば、『旅と伝説』六巻一号には、藤原相之助《ふじわらあいのすけ》が報告した秋田県のカジリワケの婚姻習俗が紹介されている。

> そうしている間に婚家の主人が羽織袴で出て来て恭しく一礼して「どうかお上がりあって、お祝いしてたんせ」と再三再四懇願します。するとその中の代表者だけが、仕方がない、思い切ってと言うような風で、座敷に上がり込み、祝い膳で御馳走を受けて後「サ祝いす」とて、一片の煮大根に二本の箸をさして、二人で箸の一本づつを持て、新郎新婦の並んで座ってる前に進み出て「肴だんす」という。新郎新婦は、この一片の煮大根を二人で同時に食わなければならないのです。しかも手を出さずに口で咬り分けなければならないので、二人の頬と頬とがピッタリと、くっつくのですから、さなきだに恥かしくて顔を上げ得ないで居る二人には、大きな難事業ですが、このお肴を受けないわけには行かぬので、幾たびか試みては果たし兼ねます。その度に外部に群がり居る青年等から、随分赤面させられるような批評交りの喝采が起こります。そうしてどうにかとう〳〵二人が咬り分けると外から拍手が起こりそれで目出度く新郎新婦が村の一対の若夫婦として承認せられる事になります〔藤原 一九三二〕。

二人の姿を想像するだけでも微笑ましいが、ハレの場で、一膳の箸にさした一つの煮大根を二人で一緒にかじるというのは、本来一人で行なうべき一連の行為を二人で同時に行なうことで両者の間の境界を取り去り、新郎と新婦が一体化するとともに、新婦が新たな世界に参入する意味をもっている。報告者の「それで目出度く新郎新婦が村の一対の若夫婦として承認せられる事になります」という説明は、この行為（同時に同じ）に内在する力が儀礼として可視化された役割を端的に物語っている。

《注》

（1）國學院大學、成城大学、桐朋学園大学短期大学部の学生に協力してもらった。アンケートは、一九九六年一二月、九七年一一月に実施した。二九一名のうち、男子学生七三名、女子学生二一四名、不明四名。出身地は関東地方が多いものの全国に及んでおり、アンケートで見る限り地域的な特色は読み取れなかった。本文で引用したほかに「はあ、先にしゃべって」「どうぞどうぞ」「真似すんなよなぁ」という例もあった。また、一人で二つ知っていた学生もいた。

（2）ほかにも、「ハッピーアイスクリームと言う。早く言ったほうがいいらしい。高校二年のときに妹に教えられた。妹は雑誌で見つけたらしい」（千葉県に住む二一歳の女子学生）という報告があった。

（3）野村氏のご教示のあとで、榎本直樹氏から「初恋時代」の資料を送っていただいた。

（4）一九九八年一月二九日に、渋谷区立千駄ヶ谷社会教育会館で行なわれたシルバーカレッジに講師として招かれた際に受講生から聞いたものである。

(5) 斉藤君子は、「同時にふたり」または「同時にふたつ」の現象を避けようとするタブーがスラヴでもいわれていることを紹介している。たとえば「ふたりで同時にひとつの鏡を見てはいけない。同じ男を好きになり、苦しむことになる(ロシア)」「ふたりが一本のタオルで手を拭いてはいけない(スラヴ全体)」「二本の箒で床を掃いてはいけない(スラヴ全体)」「ふたりで揺り籠を運んだり、揺すったりしてはいけない(全スラヴ)」「ふたりでひとつのものをかじってはいけない(ロシア)」など〔斎藤 二〇〇〇〕。

(6) 前掲(4)のシルバーカレッジで受講生から聞いたものである。

(7) 同時現象には、「二人の頭がぶつかるともう一度ぶつける。そうしないと、ぶつけられた方の家が火事になる」(栃木県出身の女子大学生)という俗信も聞いた。板橋作美は「鉢合わせしたときはもう一度鉢合わせしなければならないという俗信と同じく二度おこなうことによってその行為が無効化するという考え方」のあることを指摘している〔板橋 一九九七〕。まったく同じ行為の再現は一度目の行為がもたらした状態を反転させる。それは一度裏返したものをもう一度裏返すことで元の状態に戻すことと似ている。

(8) 二人が同時に火を吹く現象ではないが、『石見日原村聞書』に「田を植える時(中略)同じ所へ二人がいっしょに植えたり、一把の苗を二人がいっしょに手をのぞかせたりした時には『あまて』といいます。これを言わないと手の時は手が、足の時は足が痛くなります。」とでている〔大庭 一九七四〕。あまて(甘手)は、おそらく、にがて(苦手)に対する言葉で、災厄を打ち消す意味を帯びている。

(9) 鎌田久子は、双生児と三つ児の関係について「同じ多胎児であっても、双生児は忌むべきものとされている地域でも、三つ児は目出度いというのである。長岡博男の『目出度い三つ児』には、加能地方では、三つ児を生めば大変めでたいといい、その子供にそれぞれ、扶持があったという」と述べて、「一つには偶数と奇数の観念である。一子と三子とはいずれも奇数という点で一致し、割り切れぬ数として、無限に永続するという思想である。それに対し、双生児、四つ児はいずれも偶数であり、割り切れる、即ち零になり、無という考え方である。或いは相対するものとして、互いに対立する数字から、そこに勝負けの結果を予想し、あえてそれをさけようとする考え方である」と指摘している〔鎌田　一九八二〕。

(10) 厳密な意味で同時に出産するわけではないし、兄弟、姉妹の序列もつけられるが、常に同時性を帯びた属性が強調される。一対の命名については、鎌田久子が「多胎児の民俗―双子を中心に」で「双子の生れた時は、二人で一対になる名、鶴亀とか、松竹などの名称を、それぞれの頭字にして、鶴吉、亀吉とか、松夫、竹夫、松子、竹子などとつけるか、あるいは頭文字を同一にする例が多いとか、この風習もほぼ全国的で、いずれも二人を一体とみる思想に基づくものである」と述べている〔鎌田　一九八二〕。

(11) 井之口章次は「学校制度のととのわぬ時代には、同齢者――同い年の者のあいだには、眼に見えない何かの脈絡があって、同級生以上に強い結びつきをもっていた。もちろん同齢者ならだれでもということではなく、毎日顔をあわせるような、村落共同体の中での同齢者についていうことである」と述べて、鍋・釜などの容器の蓋を用いるのは「根源的には、霊魂の動揺をおさえしずめる心持」であり、耳をふさいだ餅を川に流し捨てるのは「餅を一種の形代《かたしろ》として、身についているかも知れない同齢者同士であるための忌を、自分たちの生活圏から外へ送り出そうとするものである」と解釈している（井之口 一九七七）。井之口のいう「同齢者同士であるための忌」は、一定の条件のもとでの同時性が引き起こす危険（忌）と響き合っているが、いずれにしても、物を耳に当てるのは凶報を聞かぬしぐさといってよい。一方、大藤時彦が紹介した『華頂要略』の天文三年（一五三四）三月二五日の条にみえている耳ふさぎは、年長者が本人の後ろから年齢を問うと、実際の年より一つ多く答えている（大藤 一九四七）。餅で耳を覆うこともしたと思われるが、同時に一歳年上の関係を設定し、死者との同時性をずらすことで忌を回避しようとしている。死者と年違いにさせる方法は現在も行なわれていて、『新潟県史』（資料編22）には「年違いの餅」（青海町・名立町）、「ヒトットシモチ」（栃尾市）などの名称が紹介されている。長岡市太郎丸や中里村（十日町市）では同年齢の者が死ぬと、餅を搗き「年取り魚」と称して魚を食べるといい、天水越（十日町市）でも「年取り」といって魚を食べ、豆を炒《い》ってその人の年より一つ多い数の豆を食べるという。

(12) この習俗（二つ葬式）について沼崎麻矢は、連続する死の不安という視点からつぎのように述べている。「連続死習俗は『また続いて死ぬ』と意識されて行われる特殊な行為である。その意識は、いつ起るともわからない連続する死が不安なのであろう。つまり『連続する死』は次の死への不安という『異常性』を生みだし、それを回避するために木槌・人形が用いられる。こうした特殊な葬式を行なうことで心の秩序をはかっているといえる。木槌や人形を用いる連続死習俗からは、その死が『異常である』との認識がうかがえ、こうした習俗を総称して『異常死習俗』と捉えていくことが可能になる。例えば二つ葬式では、先ほど示した事例を見ても『一家で一年のうちに……』と、此の習俗には条件が多い。『一家で』というのは、死の影響が家族に及ぶという意識と考える。つまり、社会の中ではイエは最も小さい共同体であり、様々の年齢の人間が一緒に暮らしている。年老いたものから順に亡くなるのが通常である。しかし、『一家で二人以上の死』というのは、その年序とも言うべき約束に反したことになり、これが『異常』と認識されると考えられるのである」（沼崎二〇〇四）。

《引用・参考文献》

朝倉治彦・伊藤慎吾編　一九九九『仮名草子集成』二四　一一頁　東京堂出版
飯島吉晴　一九八六『竈神と厠神』一四〇頁　人文書院
石塚尊俊　一九七八「産の忌」井之口章次編『講座日本の民俗3　人生儀礼』一二四頁　有精堂出版
板橋作美　一九九七「南瓜と蛇と泥棒（一）―俗信の論理（四）」『東京医科歯科大学教養学部研究紀要』二七
板橋春夫　一九九八「ふたご誕生の民俗―双生児観の捉え方とその変容」『民俗学論叢』一三　相模民俗学会
井之口章次　一九七七『日本の葬式』筑摩書房
岩館真理子　一九七六「初恋時代」『プチマーガレット』創刊号　集英社

内田武志・宮本常一編　一九八二『菅江真澄全集』二　未來社

愛媛県　一九八四『愛媛県史　民俗下』二八一頁　愛媛県

大藤時彦　一九四七「耳塞餅」折口信夫編著『柳田國男先生古稀記念文集　日本民俗学のために』橋浦泰雄

大庭良美　一九七四『石見日原村聞書』一一三～一一四頁　未來社

小田亮　一九九四『構造人類学のフィールド』一七七頁　世界思想社

桂井和雄　一九八三「相孕み覚え書き」『土佐の海風』五三頁　高知新聞社

鎌田久子　一九八二「多胎児の民俗—双子を中心に」『日本常民文化紀要』八　成城大学大学院文学研究科

具志頭村史編集委員会　一九九〇『具志頭村史　I』具志頭村役場

斉藤君子　一九九九「ロシアのハッピーアイスクリーム」『なろうど』三八　ロシア・フォークロア談話会

斉藤君子　二〇〇〇「悪魔には二本ロウソクを立てよ」『なろうど』四一　ロシア・フォークロア談話会

斎藤たま　一九八五『生とものの け』一〇五～七頁　新宿書房

佐喜真興英　一九七四『シマの話』（『日本民俗誌大系』一所収　角川書店）

佐々木達司　一九六七『津軽ことわざ辞典』青森県児童文学研究会

武田明　一九八七『日本人の死霊観』一〇五頁　三一書房

田中久夫　一九九九「箒とその俗信覚書―出産儀礼の中から」『祖先祭祀の展開―日本民俗学の課題』清文堂
中島恵子　一九九〇「豆の横箸―箸使いの禁忌をめぐって」『女性と経験』一五　女性民俗学研究会
中山太郎　一九四二『校註諸国風俗問状答』五三四頁　東洋堂
新潟県　一九八二『新潟県史資料編22　民俗・文化財一　民俗編Ⅰ』二四七頁　新潟県
沼崎麻矢　二〇〇四「異常死の民俗―連続死習俗を中心に」『民俗学論叢』一九　相模民俗学会
萩原法子　一九八五『いちかわ民俗誌』二〇一頁　崙書房
藤原相之助　一九三三「秋田県生保内、田沢付近」『旅と伝説』第六年新年号　三元社
武藤鉄城著作集編集委員会　一九八四『武藤鉄城著作集1』二二五頁　秋田文化出版社
柳田國男　一九七五『禁忌習俗語彙』六四・六六頁　国書刊行会

終　しぐさと呪い

本書はこの十年ほどのあいだに書いた論文をまとめたものである。序でも触れたように、しぐさや身体に関する呪的《じゅてき》な伝承という点では共通の枠組みのなかに収まるが、ただ、それぞれが自立性の強い個別の内容を扱っているために、特定の課題に沿って論理を展開していく構成にはなっていない。できるだけ、各章のテーマが全体の構成のなかで意味のある繋《つな》がりをもつように心がけてはきたが、必ずしもうまくいっているとは言い難い。読んでいただいた方には、方向性が定まらずにやや雑然としているという感想をもたれたのではないかと思う。それでという訳でもないが、最後に、各章のまとめを簡単にしておきたい。

第一章の「息を『吹く』しぐさと『吸う』しぐさ」では、息を「吹く」しぐさについて、邪気を吹き祓《はら》うという呪的な機能だけでなく、状況に応じて多様なはたらきがある点を明らかにした。たとえば、『弘法大師行状絵詞』の蜂に襲われてうそぶく少年を描いた場面の背後に「口笛を吹くと蜂が逃げる」との俗信があることを示した。「吸う」しぐさでは、漁師と遊女のあいだで伝承されてきたねず鳴きを取り上げて、豊かな幸や福運を引き寄せる意図をもっておこなわれてきた点について論じた。呼気／吸気の息づかいが、それぞれの伝承群の意味や機能の方向性を基本的に規定していることが理解できる。

　同じ身体部位の対照的なしぐさが意味の上でも同様の関係を示す例は、第二章の「指を『隠す』しぐさと『弾く』しぐさ」において、「隠す」か「弾《はじ》く」か、つまり指の動きが「内」に向かうか「外」に向かうかで、表意作用の方向が入れ替わることと共通している。「隠す」しぐさでは、霊柩《れいきゅう》車に出合ったら親指を隠す呪《まじな》いに注目し、指を隠すしぐさが本来、爪先《つまさき》から侵入する邪悪なモノを防ぐ狙いをもっていたことを明らかにするとともに、この伝承が時代とともに変容している実態を紹介した。「弾く」しぐさでは、爪弾きを取り上げた。爪弾きは嫌悪の情を表したり排斥の目的でおこなわれてきたといってよい。日常見かけることはほとんどないが、高知県物部村（香美市）のいざなぎ流の祈禱《きとう》のなかに伝承される爪弾きから、その民俗的な意味をさぐった。

　第三章の「股のぞきと狐の窓」では、これらのしぐさ自身があべこべの関係を同時に体現した形で、異なる世界にまたがる境界的な性格を帯びていることが、異界や怪異現象を覗《のぞ》き見る伝承の背景にあることについて論じた。股のぞきのしぐさの呪的な特徴として、①妖異《ようい》の本性を見抜く②未来の吉凶を見る③異国を見るといった、本来見えるはずのないものを見ようとする発想が認められる。ほかにも、狐の窓、袖《そで》のぞき、股木《またぎ》の伝承などの民俗に注目して、空隙《くうげき》をとおして覗き見るというしぐさがもつ呪的な機能について述べた。

　第三章で取り上げた股のぞき、狐の窓、袖のぞきのしぐさに共通しているのは、妖異や邪悪なモノの影響を遮断し、自らの姿を隠した上で相手を覗き見る点だが、こうした思考は、第四章「『後ろ向き』の想像力」で扱った後ろ手の民俗とも深くかかわっている。後ろ手は、相手に背を向けることによって異界や妖異とのかかわりを拒否しつつ、その一方でそれらに働きかけていくという二面性をもっているからである。非日常的な世界と接触する際のしぐさには多様な形態がみられるが、そこには共通の民俗的な思考がはたらいている場合が少なくない。

第五章「動物をめぐる呪い」では、これまでにもしばしば論議されてきたニガテやマムシュビの呪力に関する資料を整理し、不思議な言説を生む背景について述べた。また、猫や蛇を殺した場合に、祟《たた》りを防ぐ狙いでその動物を食う民俗を取り上げ、「食う」という行為が、遺骸《いがい》に残る執念を分離し、体内に取り込んで同化することで、祟る側と祟られる側の関係を無化する点について論じた。

第六章「エンガチョと斜十字」は、『平治物語絵巻』信西巻に、生首を見る場面で指を交差させている人物が描かれているのに注目し、それが子どもの遊びにみられるエンガチョのしぐさに類似している点を指摘した。指を交差させた形は斜十字を表しているが、この形は私たちの身近な生活の場に生きている。斜十字をめぐる多様な民俗文化を取り上げて、民俗的な意味について考察した。

クシャミは民俗学のテーマとしては馴染《なじ》みが深い。第七章「クシャミと呪文」では、自らの意志では制御し難いこの生理的現象に対する人々の意識や感覚が、さまざまな俗信を生み出している実態について述べた。また、クサメの呪文をめぐる解釈について一つの見方を提示するとともに、現在、南西諸島に色濃く伝承されているクシャミの由来譚《たん》を取り上げて、昔話と俗信の関係について分析した。

第八章「『一つ』と『二つ』の民俗」では、一声だけ呼びかけるのを忌む俗信に注目し、それが妖怪伝承や葬送習俗に顕著にみられるところから、この世と異界との交流を示す性格をおびている点を明らかにした。また、「一つ（一回・一杯など）」に関する多様な俗信が、何らかの意味で非日常的で異常や不安定を示す傾向がつよいのに対して、「二つ」には日常的で正常や安定を示す傾向が認められる。また、「一つ」と「二つ」の関係のありかたは、「行き」と「帰り」、「片道」と「往復」の関係に置き換えて理解することで、新たな解釈が可能な俗信群に注目し、心意の面で交錯している点を指摘した。

第九章「『同時に同じ』現象をめぐる感覚と論理」は、「同時に同じ」をキーワードにして、民俗事象を読み解いたものである。「同時に同じ」という事態は、そこにどっちつかずの宙に浮いた状況が発生していることを物語っている。差異を失った時空は危険であると同時に、当事者の間に優劣（勝ち負け）を生ずる原因ともされてきた。相孕《あいばら》みや双子の習俗では、両者の間に勝ち負けの関係が生れるのを忌む傾向がつよい。私たちの日常生活のなかにこの現象を避けようとする心性が実に多様な姿で伝承されていることを明らかにし、その民俗的な論理を解明したものである。

本書では、目に留まった絵画資料はできるだけ用いることにつとめた。絵巻のなかに描かれたしぐさの重要性に注目したものとしては、早くに澁澤敬三《しぶさわけいぞう》編『絵巻物による日本常民生活絵引』（角川書店）という画期的な仕事がある。しかしその後、民俗学ではこの分野の研究は停滞ぎみである。むしろ、歴史学の分野などから魅力的な研究が展開されてきた。本書での研究は微々たるものだが、しぐさの民俗学的な研究においては、今後、絵画資料の活用は重要性を増すものと考えられる。

ところで、しぐさと呪い（呪術）はどのような関係にあるのだろうか。呪い・しぐさについて、私自身は一般的な概念を前提に自明のように使ってきたが、しかし、あるしぐさをお呪いと呼ぶ場合、そのように看做《みな》す（感じる）主体の問題を含めて、そこにどのような状況や関係がはたらいているのか、この点については十分な考察ができていない。

先日、家の近所のバス停で、バスを待っている人のうごきをそれとなく見ていて面白いことに気づいた。自分が乗るバスとはちがう行き先のバスが来たときにみせるしぐさである。下を向くかすこし顔をそむけて視線をそらす。バスに対して斜に構える。くるりと後ろ向きになる人もいた。ほかにも、半歩とか一歩さがる。運転手と目が合うと左右に手を振る。左右の腕を胸の前で交差させるなど、なかなか多彩だ。いずれのしぐさも、このバスには乗りませんという意思表示である。

バスに対して「後ろ向きになる」とか「腕を交差させて斜十字の形をつくる」しぐさは、第四章「『後ろ向き』の想像力」や、第六章「エンガチョと斜十字」で述べたように呪術的な意味をおびたしぐさでもある。両者とも、相手とは無関係であるとか何らかの拒否を表明しているが、ただ、これらのしぐさをバス停でバスに向かっておこなっても呪術とか呪いとはいわない。

本書で取りあげた例でいえば、妖異や神霊、異界といった人智を超えた存在や日常の外側の世界、ケガレのように忌避すべき対象がしぐさの向こうに想定されている。何らかの点で自らの力を超えていると看做す相手や願望と向かい合う関係のなかで、こちらの意図を達成するための手段として意味づけされるときそのしぐさは呪的な力を帯びてくるのではないだろうか。今後は、呪いの「力」を生成する場の関係性や想像力のあり方などを、深く注視する必要を感じている。

文庫版あとがき

二〇〇六年九月に『しぐさの民俗学―呪術的世界と心性』をミネルヴァ書房から刊行して、ちょうど十年になる。今回の文庫化に際しては、全体の分量の関係からすべてを収載することは叶《かな》わなかったが、この間、目にとまった新資料はできるだけ補うように努めた。

民俗学の魅力のひとつは、ふだん、私たちが自明のこととしてほとんど気に留めないような事柄を掬《すく》いとり、その背後に横たわる先人のものの見方や心意などを明らかにすることであろう。本書で話題にしたテーマも、身近な言い伝えにヒントを得たものが多い。

足元の伝承文化を対象化し、その意味を解いていく際に、俗信は有力な手がかりを提供してくれる。本書で論じた内容も、見方を変えれば俗信研究といってもよいであろう。豊かな民俗知を内包している資料としてはやくから注目されてきたが、しかし、今日の俗信研究は活発に展開しているとは言い難い。大学の授業では俗信の面白さと重要性を力説するのだが、学生の反応は芳しくない。一行知識にもたとえられるように、一般に短い言葉で表現される俗信は、研究対象としてはとらえどころのない伝承に映るようだ。

停滞している今ひとつの理由は、資料の収集が思いのほか面倒で多大な時間を要するためであろう。これまでに報告された俗信は膨大な量にのぼるが、それらは市町村史や民俗調査報告書等に分散していて、資料の集積とそれを広く活用できるシステムが確立していないからだ。そうしたなかで、国立歴史民俗博物館が公開している「俗信データベース」は便利である。ここには、動植物、身体、病気に関する俗信が数万件入力されていて、伝承地や出典が明記されている。

予兆・占い・禁忌・呪いを中心とした俗信は、民俗の領域にとどまらず多様な分野で機能しており、類似の俗信は諸外国にも数多く伝承されている。時空を超え、領域を横断する学際的な研究の取り組みが待たれる。

いささか、かた苦しいあとがきになったが、しぐさや身ぶりにかぎらず、心意や感性によせる諸研究に俗信はもっと活用されるべきではないかと思う。

文庫化にあたっては、原本の出版社であるミネルヴァ書房のご配慮に感謝いたします。また、編集を担当していただいた竹内祐子さんにお礼申し上げます。

二〇一六年七月

常光　徹

初出一覧

序　俗信と心意　新稿

第一章　息を「吹く」しぐさと「吸う」しぐさ
「息を『吹く』しぐさと『吸う』しぐさ―ウソブキとねず鳴きの呪術性」『国立歴史民俗博物館研究報告』第一〇八集　二〇〇三年　国立歴史民俗博物館

第二章　指を「隠す」しぐさと「弾く」しぐさ
1　「親指と霊柩車―しぐさの民俗」『世間話研究』六号　一九九五年　世間話研究会
2　新稿

第三章　股のぞきと狐の窓
「異界を覗く呪的なしぐさ」野村純一編『昔話伝説研究の展開』一九九五年　三弥井書店
「股のぞきと狐の窓―妖怪の正体を見る方法」『妖怪変化―民俗学の冒険③』一九九九年　筑摩書房

第四章　「後ろ向き」の想像力

「後ろ向きの俗信―異界と接触する作法」福田アジオ他編『環境・地域・心性―民俗学の可能性』二〇〇四年　岩田書院

第五章　動物をめぐる呪い

1　「にが手とまむし指」『西郊民俗』一六〇号　一九九七年　西郊民俗談話会

2　「祟りと摂食行為」『説話・伝承学』一二号　二〇〇四年　説話・伝承学会

第六章　エンガチョと斜十字

「絵巻のなかの呪術的なしぐさ」『聴く・語る・創る』四号　一九九七年　日本民話の会

第七章　クシャミと呪文

1　新稿

2　「クシャミの俗信と昔話」福田晃監修『伝承文化の展望―日本の民俗・古典・芸能』二〇〇三年　三弥井書店

第八章　「一つ」と「二つ」の民俗

1・2　「墓場からの帰り道」

「『一声』と『二声』、『片道』と『往復』の俗信―心意伝承の論理」野村純一編『伝承文学研究の方法』二〇〇五年 岩田書院

2 「ハチワレ猫の禁忌」 新稿

第九章 「同時に同じ」現象をめぐる感覚と論理

「『同時に同じ』は危険な関係」『世間話研究』八号 一九九八年 世間話研究会

終 しぐさと呪い 新稿

（本書をまとめるにあたって、既発表の論文については加筆・修正等を行なった）

●ら行

●わ行

●ま行

●や行

●な行

●は行

●た行

●さ行

●か行

索　引

●あ行

本書は二〇〇六年九月、ミネルヴァ書房から刊行された『しぐさの民俗学　呪術的世界と心性』を文庫化したものです。

引用文の一部には、今日の人権意識に照らして不適切と思われる語句がありますが、あくまで学問的な歴史資料として使用するものです。当時の歴史的状況およびその状況における執筆者の記述を正しく理解するためにも、原文のままとしました。

しぐさの民俗学《みんぞくがく》

常光《つねみつ》 徹《とおる》

平成28年 9月25日　初版発行
令和7年 6月30日　10版発行

発行者●山下直久

発行●株式会社KADOKAWA
〒102-8177　東京都千代田区富士見2-13-3
電話　0570-002-301（ナビダイヤル）

角川文庫 19985

印刷所●株式会社KADOKAWA
製本所●株式会社KADOKAWA

表紙画●和田三造

ISBN978-4-04-400032-5　C0139

JASRAC 出 1609222-510

◆◇◇

角川文庫発刊に際して

角川源義

第二次世界大戦の敗北は、軍事力の敗北であった以上に、私たちの若い文化力の敗退であった。私たちの文化が戦争に対して如何に無力であり、単なるあだ花に過ぎなかったかを、私たちは身を以て体験し痛感した。西洋近代文化の摂取にとって、明治以後八十年の歳月は決して短かすぎたとは言えない。にもかかわらず、近代文化の伝統を確立し、自由な批判と柔軟な良識に富む文化層として自らを形成することに私たちは失敗して来た。そしてこれは、各層への文化の普及滲透を任務とする出版人の責任でもあった。

一九四五年以来、私たちは再び振出しに戻り、第一歩から踏み出すことを余儀なくされた。これは大きな不幸ではあるが、反面、これまでの混沌・未熟・歪曲の中にあった我が国の文化に秩序と確たる基礎を齎らすためには絶好の機会でもある。角川書店は、このような祖国の文化的危機にあたり、微力をも顧みず再建の礎石たるべき抱負と決意とをもって出発したが、ここに創立以来の念願を果すべく角川文庫を発刊する。これまで刊行されたあらゆる全集叢書文庫類の長所と短所とを検討し、古今東西の不朽の典籍を、良心的編集のもとに、廉価に、そして書架にふさわしい美本として、多くのひとびとに提供しようとする。しかし私たちは徒らに百科全書的な知識のジレッタントを作ることを目的とせず、あくまで祖国の文化に秩序と再建への道を示し、この文庫を角川書店の栄ある事業として、今後永久に継続発展せしめ、学芸と教養との殿堂として大成せんことを期したい。多くの読書子の愛情ある忠言と支持とによって、この希望と抱負とを完遂せしめられんことを願う。

一九四九年五月三日